中国工程院院士
是国家设立的工程科学技术方面的最高学术称号，为终身荣誉。

中国工程院院士传记

冯叔瑜传

中国铁道科学研究院集团有限公司
李康平 编著

人民出版社

中国工程院院士传记丛书

本书编委会

主　　任：张志方　李学峰

副 主 任：路云军　赵有明

成　　员：韩自力　路海平　朱克非　史天运　蔡超勋

　　　　　邓彩屏　楼梁伟　孟海利　李康平　安哲立

　　　　　薛　里　杨年华　康永全　孙崔源　郭云龙

　　　　　孙鹏昌　刘一伟　蔡　洋　郭长青　吴　桐

　　　　　李泰澧　卢博祎　史家宁

责任编辑：杨瑞勇
封面设计：姚　菲

图书在版编目（CIP）数据

冯叔瑜传 / 中国铁道科学研究院集团有限公司编著 . -- 北京 ：
人民出版社，2025. 8. --（中国工程院院士传记系列丛书）. -- ISBN
978 - 7 - 01 - 027492 - 8

Ⅰ. K826.16

中国国家版本馆 CIP 数据核字第 2025600PL1 号

冯叔瑜传
FENG SHUYU ZHUAN

中国铁道科学研究院集团有限公司
李康平　　　　　　　　　　　编著

人民出版社 出版发行
（100706　北京市东城区隆福寺街 99 号）

中煤（北京）印务有限公司印刷　新华书店经销

2025 年 8 月第 1 版　2025 年 8 月北京第 1 次印刷
开本：710 毫米 ×1000 毫米 1/16　印张：16.5　插页：1
字数：208 千字

ISBN 978 - 7 - 01 - 027492 - 8　定价：68.00 元

邮购地址 100706　北京市东城区隆福寺街 99 号
人民东方图书销售中心　电话（010）65250042　65289539

总　序

　　20 世纪是中华民族千载难逢的伟大时代。千百万先烈前贤用鲜血和生命争得了百年巨变、民族复兴，推翻了帝制，肇始了共和，击败了外侮，建立了新中国，独立于世界，赢得了尊严，不再受辱。改革开放，经济腾飞，科教兴国，生产力大发展，告别了饥寒，实现了小康。工业化雷鸣电掣，现代化指日可待。巨潮洪流，不容阻抑。

　　忆百年前之清末，从慈禧太后到满朝文武开始感到科学技术的重要，办"洋务"，派留学，改教育。但时机瞬逝，清廷被辛亥革命推翻。五四运动，民情激昂，吁求"德、赛"升堂，民主治国，科教兴邦。接踵而来的，是国民大革命、10 年内战、14 年抗日和解放战争。恃科学救国的青年学子，负笈留学或寒窗苦读，多数未遇机会，辜负了碧血丹心。

　　1928 年 6 月 9 日，蔡元培主持建立了中国近代第一个国立综合性科研机构——中央研究院，设理化实业研究所、地质研究所、社会科学研究所和观象台四个研究机构，标志着国家建制科研机构的诞生。20 年后，1948 年 3 月 26 日遴选出 81 位院士（理工 53 位，人文 28 位），几乎都是 20 世纪初留学海外、卓有成就的科学家。

冯叔瑜传

中国科技事业的大发展是在新中国成立以后。1949年11月1日成立了中国科学院，郭沫若任院长。1950—1960年有2500多名留学海外的科学家、工程师回到祖国，成为大规模发展中国科技事业的第一批领导骨干。国家按计划向苏联、东欧各国派遣1.8万名各类科技人员留学，全都按期回国，成为建立科研和现代工业的骨干力量。高等学校从新中国成立初期的200所增加到600多所，年招生增至28万人。到21世纪初，高等学校2263所，年招生600多万人，科技人力总资源量超过5000万人，具有大学本科以上学历科技人才达1600万人，已接近最发达国家水平。

新中国成立60多年来，从一穷二白成长为科技大国。年产钢铁从1949年的15万吨增加到2011年的粗钢6.8亿吨、钢材8.8亿吨，几乎是8个最发达国家（G8）总年产量的2倍。水泥年产20亿吨，超过全世界其他国家总产量。中国已是粮、棉、肉、蛋、水产、化肥等第一生产大国，保障了13亿多人口的食品和穿衣安全。制造业、土木、水利、电力、交通、运输、电子通讯、超级计算机等领域正迅速逼近世界前沿。"两弹一星"、高峡平湖、南水北调、高公高铁、航空航天等伟大工程的成功实施，无可争议地表明了中国科技事业的进步。

党的十一届三中全会以后，实行改革开放，全国工作转向以经济建设为中心。加速实现工业化是当务之急。大规模社会性基础建设，大科学工程、国防工程等是工业化社会的命脉，是数十年、上百年才能完成的任务。中国科学院张光斗、王大珩、师昌绪、张维、侯祥麟、罗沛霖等学部委员（院士）认为，为了顺利完成中华民族这项历史性任务，必须提高工程科学的地位，加速培养更多的工程科技人才。中国科学院原设的技术科学部已不能满足工程科学发展的时代需要。他们于1992年致书党中央、国务院，建议建立"中国工程科学技术院"，选举那些在工程科学中做出重大的、创造性成就和贡献、热爱祖国、学风正派的科学家和工程师为院士，授予终身荣誉，赋予科研和建设任务，请他们指导学科发展，培养人才，对国家重大工程科学问题提出咨询建议。中央接受了他们的建议，于1993年决定建立中国工程院，聘请30名中国科学院院士和遴选66名院士共96名为中国工程院首批院士。于1994年6月3日，召开了中国工程院成立大会，选举朱光亚院士为首任院长。中国工程院成立后，全体院士紧密团结全国工程科技界共同奋斗，在各条战线上都发挥了重要作用，做出了新的贡献。

中国的现代科技事业比欧美落后了200年。虽然在20世纪有了巨大进步，但与发达国家相比，还有较大差距。祖国的工业化、现代化建设，任重道远，还需要有数代人的持续奋斗才能完成。况且，世界在进步，科学无止境，社会无终态。欲把中国建设成科技强国，屹立于世界，必须持续培养造就数代以千万计的优秀科学家和工程师，服膺接力，担当使命，开拓创新，更立新功。

中国工程院决定组织出版"中国工程院院士传记"丛书，以记录他们对祖国和社会的丰功伟绩，传承他们治学为人的高尚品德、开拓创新的科学精神。他们是科技战线的功臣，民族振兴的脊梁。我们相信，这套传记的出版，能为史书增添新章，成为史乘中宝贵的科学财富，俾后人传承前贤筚路蓝缕的创业勇气、魄力和为国家、人民舍身奋斗的奉献精神。这就是中国前进的路。

2012年6月

目录

序　言　　　　　　　　　　　　　　　　　周　镜　1

自序一　我的工程爆破之路　　　　　　　冯叔瑜　1

自序二　成功＝机遇＋实干＋人和　　　　冯叔瑜　5

引言　人生的高光时刻　　　　　　　　　　　　　1

第一章　胸怀大志的求学之路（1924—1955）　　　1

1. "天象"的暗示　　　　　　　　　　　　　　　1

2. 重责之下的难忘金句　　　　　　　　　　　　3

3. 囊中羞涩艰难求学　　　　　　　　　　　　　5

4. 学习秘诀就一个字：勤　　　　　　　　　　　8

5. 中考状元上工校　　　　　　　　　　　　　10

6. 为民族振兴而学　　　　　　　　　　　　　12

7. 无心报考却考中上海交大　　　　　　　　　14

8. 上海交大学习时光　　　　　　　　　　　　16

9. 勇于投身学生运动　　　　　　　　　　　　20

10. 加入重庆地下党组织　　　　　　　　　　28

11. 梦想成真　　　　　　　　　　　　　　　32

12. 到苏联留学去　　　　　　　　　　　　　35

13. 留学生活苦与乐　　　　　　　　　　　41

14. 第一次接触大爆破的奥秘与神奇　　　　44

15. 感受大爆破的魅力　　　　　　　　　　46

16. 喜获留学副博士学位　　　　　　　　　47

第二章　学成报国的成长历程（1956—1964）　　50

17. 投身新中国建设热潮　　　　　　　　　50

18. 鹰厦铁路大爆破首建奇功　　　　　　　53

19. 授人以鱼，不如授人以渔　　　　　　　55

20. 与毛主席合影　　　　　　　　　　　　60

21. 大爆破：从紧急叫停到全面恢复　　　　63

22. 三峡大坝初显身手　　　　　　　　　　66

23. 一炮筑坝出平湖　　　　　　　　　　　70

24. 总理指示：南水水电站爆破筑坝"力求成功"　　72

25. 从实践到理论的升华　　　　　　　　　74

26. 爆破技术在水利水电工程中的应用和前景　　76

27. 实践出真知　　　　　　　　　　　　　79

28. 创建爆破研究室　　　　　　　　　　　82

29. 狂风大浪之下的小冲击　　　　　　　　84

30. 全家团聚北京喜添丁 86

31. 成昆铁路"第一爆" 88

32. 深孔爆破第一人 89

第三章　爆破事业的开拓创新（1965—1984） 92

33. 科研创新团队的建设者和领头羊 92

34. "聚能爆破"创新研究在天路 94

35. 出尔反尔的反对者 98

36. 不安全的爆破就是犯罪 102

37. 主动的"防"与被动的"护" 104

38. 中国工程爆破第一人 106

39. 狮子山工程万吨级大爆破 110

40. 定向爆破筑坝：从实践到理论 112

41. 把爆破控制在毫厘之间 114

42. 北京长安街的大爆破 116

43. 水下爆破建奇功 119

44. 爆破 + 机械化 = 如虎添翼 123

45. 收获的季节 125

第四章　享誉国际的累累硕果（1985—1995） 129

46. 下海弄潮正当时　129

47. 专业事还要专业人干　133

48. 回顾铁路工程爆破三十年　139

49. 工程爆破的前景展望　143

50. 把大家组织起来　145

51. 累累硕果著作等身　148

52. 开拓地铁工程爆破新领域　154

53. 走上国际论坛　158

54. 铁面无私的冯评委　160

55. 离不开的科研团队　162

56. 当选中国工程院院士　165

第五章　桃李天下的科技巨匠（1996—2025） 170

57. 诲人不倦的冯老师　170

58. 培养我们自己的专业研究生　174

59. 培养爆破专业的博士研究生　178

60. 一日为师，终身为父　185

61. 年轻人心目中的冯院士　　　　　　　　189

62. 奖章的另一半　　　　　　　　　　　　198

63. 长寿之道　　　　　　　　　　　　　　200

附录　冯叔瑜大事年表　　　　　　　　202

冯叔瑜主要论著目录　　　　　　　　　231

序　言

　　冯叔瑜先生是中国工程爆破领域的大家，是年逾百岁的中国工程院资深院士。我们一起共事达半个多世纪了，20世纪50年代，冯先生留学苏联，专门学习工程爆破，组建并长期担任爆破研究室主任，至今从事工程爆破事业70余载。冯先生是国内最早把苏联的大爆破技术引用到我国铁路新线建设中，开创性地采用定向爆破、控制爆破、聚能爆破等技术，成功破解了三峡工程、成昆铁路、湘黔铁路、青藏铁路冻土等重大标志性工程爆破难题，并把爆破技术拓展到城市建设、地铁工程等诸多领域，是新中国成立后第一代工程爆破领域的领军人物，在中国工程爆破界享有很高的威望和学术影响力。冯先生作为爆破专家，还多次受到党和国家领导人的亲切接见。冯先生重视爆破理论研究和人才培养，发表了许多爆破方面的权威专著，培养出一大批铁路工程爆破领域的专业骨干，他们都传承和延续着冯叔瑜先生的学术思想和爆破事业。

　　冯叔瑜先生传记，全面客观回顾了一位中国工程爆破大家奋斗不息的精彩人生，对于我们弘扬老一辈科学家精神，推动中国铁路科技创新具有重要的现实意义和深远的历史意义。

百岁同镜于乙巳年春

自 序 一
我的工程爆破之路

冯叔瑜

1955 年底，我从苏联学成回国，被留在铁道部工程总局，与苏联爆破专家亚·伊·齐齐金一道去鹰厦铁路和宝成铁路工地推广大爆破施工方法。因为我学铁道工程专业，专攻石方工程爆破技术，正好学有所用。

1956 年 7 月，在铁道部举办的第二期爆破工程技术人员培训班结业后，我带领部分学员去四川内昆铁路的内宜段工地实习。号志口爆破工点距内江城不到 1000 米，线路斜穿过马鞍形的小山谷，两端相向的边坡都已挖成，中间马鞍形地带较平整，但还须向下开挖 10 米深才能形成全路堑。工地主管要求用大爆破方法开挖，这是我第一次独自负责的爆破工程。考虑到地形特点，石方只能向低边坡一侧作平地抛掷，而靠内江一端正对面 200 米左右有座仓库，不能受到破坏。因此，我设计了边坡和仓库都不受破坏的定向抛掷爆破，效果达到了设计要求，但工地主管认为抛掷方量只为 30%，未达到原定目标。我自己却感到试验成功的欣慰。

冯叔瑜传

1959 年初，我任三峡爆破组组长，在河北邢台东川口设计了一次定向爆破筑坝的小型试验，预计填筑 28 米的堆石坝。参与该项工作后，我对设计进行了修改，取消了一个将使坝体塌散过宽的药包，爆破效果很好，更增加了我对定向爆破技术的信心。

川黔铁路的阿锁寨工点距贵阳很近，铁路穿过一条深 10 多米的小沟，地形条件较好，1959 年设计用定向爆破筑坝方法填筑，当时小沟的涵洞已砌好，便因势利用，先不拆除涵洞支撑，并在其上垫了两米厚的松土作保护层。爆破后涵洞未受破坏，路堤也填好了。

这是铁路建筑中第一次用定向爆破筑成的路堤。

有了几次爆破实践，我初步摸索出了一些定向爆破筑坝的经验，找到了进行药包布置、选择爆破参数、利用当地的地形和地质条件等设计方法。1960 年广东南水水电站决定采用定向爆破填筑大坝，这是一座高达 80 米的大坝工程，国内许多单位都派人参加了它的设计、施工和科研大协作。此次爆破总装药量达 1394 吨，预计要爆落 100 万立方米以上的土石混合料填筑到坝体上。但在施工期间有人提出一个问题："这样大规模的爆破能填成多高的坝体？"众人查阅了大量国内外技术资料也找不出合适的计算方法，有些人用手摇计算机按弹道理论算了 3 个多月，计算的成果连自己也不敢相信。

当时在工地参加工作的朱忠节、马乃耀和我设想了一套计算方法。根据过去的实践经验，以每排药包能爆落并抛掷的方量和距离，最后全部叠加能堆成的高度来估算本次爆破填筑的高度和堆积范围。在此基础上我又推导了一个根据抛掷百分数确定填到坝上的方量来计算堆积总高度的公式。爆破后的情况与我们估算的结果十分相近，误差只在 10%以内，后来又加以补充修改，就形成了定向爆破筑坝的计算方法——体积平衡法。

其后我继续做了一些试验研究工作。1973 年在西安的长安石砭峪，再次进行定向爆破筑坝，总装药量 1500 多吨，爆破方量 130 多万立方米，其规模更大，效果更好。从此形成了一套定向爆破筑坝的设计计算方法，为爆破工程界普遍认同，以它计算并检验了全国已完成的 30 多座定向爆破筑坝，误差大多在 10%。

我在 1972 年有机会代表铁道部与日本大成公司座谈交流建筑工程方面的经验，该公司是想了解并打入我国的建筑市场，我被指定以物资管理人员的身份出席。会上介绍了一种叫作城市炸药 TN 的低威力炸药，但其传爆性能较好，传爆临界直径比一般工业炸药小很多，而价格却高出我国常用炸药的 5—6 倍。这种炸药用于城市建筑物拆除爆破安全可靠，对于城市和人口稠密的居民点房屋及工厂厂房改建与拆除都将起到极好的作用。座谈会上我们还看了该公司带来的城市房屋拆除爆破的影片和图片资料。

新中国成立以来，我们在工程爆破方面也经常遇到较复杂的环境，必须进行适当控制以确保附近建筑物和工程设施的安全。随着国家建设的发展，爆破工程的项目必然越来越多，对安全的要求也将越来越高，如果爆破技术不能提高，爆破的应用范围就会受到限制，或者给国家财产和人民生命安全造成损失。

通过这次座谈，我意识到发展控制爆破技术是我国工程爆破界提高技术水平、进入城市地区的新课题。要解决这个问题，必须控制爆破物体倒塌的方向、飞石距离、堆积塌散和震动的安全范围。进口价格昂贵的城市炸药 TN 固然好，但不如我们自己从爆破的布孔和起爆方法上去想办法。

此后，我在一些工作中尽量想办法摸索控制爆破的施工方法。特别是在改革开放以后，各地都有大量的建筑物和构筑物需要拆除或部分拆除，尤其是工厂、机关等工业建筑物的拆除和改建。如位于北京长安街北侧北京饭店的新建，北京站对面原科技馆拆除以新建国际饭店等工程，都在爆破技术上采取了分散装药和必要的遮盖防护措施，首先避免了集中装药引起过多飞石的危险，即便有个别逸出的飞石，也因药量小，飞散距离不远，万一打到局部地方，也可因事先采取了掩盖防护而不致受到损害，所以在这些爆破工程中均能较好地完成拆除任务，同时确保了周围环境的安全。

多年的实践经验，让我和我的同事们总结了一套控制爆破的设计与施工方法。这就是多打眼、少装药、避免局部药量集中的设计原则，并用微差起爆技术，控制爆破后建筑物起爆顺序和倒塌方向。现在已能做到控制建筑物的倾倒方向和爆破后碎块堆积塌散范围，同时也能保证爆破振动不影响附近居民和设施的安全。

目前在全国各地已兴起了城市控制爆破的热潮，承担工程爆破的专业公司近百家，其中绝大部分都是进行城市拆除爆破的公司，这已成为一个新兴的土建行业。

长期的工作和生活经验告诉我：一个人、一件事的成功与否，机遇是重要的因素。而机遇对于每一个人都会有的，但不是每个人都能抓住它，利用它，所谓"机不可失，时不再来"。然而，能否在机遇到来时合理利用，与个人的思想素质大有关系。这需要人们具有热爱专业并为之奋斗的坚韧不拔的献身精神。如果以个人利益为重，甚至弄虚作假，不以实事求是精神去对待，只能取得暂时的虚假荣誉，是经不住历史考验的。

自序二
成功 = 机遇 + 实干 + 人和

冯叔瑜

　　我觉得一个人活着一定要有奋斗目标，有志向，做实事。要实现奋斗目标，必须抓住机遇，脚踏实地，团结协作。

　　机遇对每个人来说都存在，只是稍纵即逝。以百折不挠的精神达到奋斗目标不是人人都能做到的，机遇只垂青那些善于抓住它的人。

　　1955 年我回国开始从事爆破工作时就下决心一辈子为之奋斗。但从"反右"到"文化大革命"，政治运动不断，钻研业务很不容易，虽然客观条件不好，但我始终没有放弃主观努力。我抓住各种机会参加了国内许多重大爆破工程的设计及施工的技术指导工作。比如，三峡爆破工程，鹰厦、贵昆、成昆和湘黔铁路爆破、黄埔港水下爆破、青藏铁路冻土爆破、七七工程爆破防护技术的试验研究等，我记忆犹新的是 1970 年底，湘黔铁路上马，这条东起株洲西至贵阳的铁路均是山区地形，爆破工作大有可为。当时铁道部基建总局的负责同志找到我，我感到机会难得，可以施展才华，报效祖国，得到实践经验，发展爆破学科，就马上答应下来，上工地，做调研，接着就把我们爆破研究室人员拉到现场，一干就是一两年，春节都是在贵州过的。湘黔线几十个爆破工点，各点的地质条件不同，采用的爆破方法也不同，每一次爆破前我们都像进行一场战役一样调查研究、计算分析、精心设计、精心施工，确保万无一失。如贵州凯里机务段工点，那里原是个山头，一边靠河，一边靠沟，要把"鲤鱼背"炸平，一部分抛到河里，一部分填沟，由于准备充分，结果定向爆破一炮成功。10多万立方米的工程如人工挖大约需用一年时间，定向爆破后只用了个把月，节省了经费和劳动力，加快了工期。湘黔线的爆破成功为我国铁路新线建设积累了经验，使我国铁路的爆破技术发展到新水平。

实现奋斗目标要脚踏实地一步一个脚印去干。我在20世纪50年代最早将苏联大爆破技术引用到我国川黔、内昆、湘黔等铁路新线建设中，取得良好的工程效果，我提出的大爆破药包布置理论和计算参数、定向爆破筑坝的设计理论和坝体堆积计算方法等已被国内工程部门普遍采用。我提出保护路堑边坡和路基稳定的计算方法，为建立爆破工程地质学奠定了基础。

关于大爆破技术运用50年代是有争论的。因为铁路爆破开始不考虑地质条件和工程目的，弄不好边坡就出问题，土石方不是下来过多就是过少，造成路基病害。宝成、鹰厦铁路都有这种例子。为解决大爆破带来的问题，铁道部1961—1962年委托我主持组织全路高校、工程局、设计院、铁路局49名技术人员到10条新建铁路调查，像医生看病一样，爆破工点一个一个了解，分析问题的症结。调查得出铁路爆破设计必须考虑地形条件、地质条件、工程目的等经验，这些经验运用于成昆、湘黔铁路，虽地质情况更加复杂，但引起的病害很少，为大爆破技术在铁路应用和发展开辟了道路。

铁路爆破工点多为穷山僻壤，条件十分艰苦。干我们这一行，要想出成果作贡献，非得有一种奉献精神不可。我们常常住简易工棚，吃简单饭菜，下工地只能靠两条腿走路，有时一天要走几十里山路。雨天一身水，暑天一身汗，冬天一身寒。艰苦的条件磨炼了我们的意志，忘我的劳动结出了丰硕的果实，当时我们爆破研究室在学术和技术方面，处于国内领先地位。

要想实现奋斗目标，还要上靠领导、下靠群众。"众人拾柴火焰高"，要做成一件事，有天时、地利，更不可缺少人和，科技成果往往是集体智慧的结晶，爆破和许多工作一样不是一个人能干得成的，必须大家同心协力。我1958年任爆破研究室主任后，就团结大家拧成一股绳，培养了一批批技术骨干，其中硕士研究生10名，博士研究生5名，爆破室成员从五六个人发展到20余人。我特别主张年轻人上现场实践这一课，实践出真知，实践出人才，经过现场摔打，我的学生们很多都具备了独立承担科研和工程任务的能力，成了独当一面的人才。

总结大半生经验，人生的奋斗目标不宜随便改变，有目标才有动力；人生短暂，晃来晃去时间过去了就可能一事无成，"少壮不努力，老大徒伤悲"；人生不会一帆风顺，要冲破重重阻力，克服种种困难；人不应当争名争利，要踏踏实实做事，老老实实做人。

引言
人生的高光时刻

1995 年 7 月 11 日，冯叔瑜先生迎来了他人生的高光时刻：新当选中国工程院院士的冯叔瑜先生在中国工程院第二次院士大会上，受到党和国家领导人的亲切接见。

这天，北京人民大会堂灯火辉煌，流光溢彩，中国工程院第二次院士大会在这里胜利召开。

上午 10 时，李鹏、丁关根、李岚清、邹家华、姜春云、吴阶平、宋健等党和国家领导人健步走入会场，亲切地接见了与会的全体院士，并与全体院士合影。随后，中共第十四届中央政治局常委、国务院总理李鹏向全体工程院院士发表了重要讲话。李鹏总理热情洋溢地号召工程院全体院士："下个世纪初期的发展规划蓝图，有许多新的工程在等待着大家，不少现有企业也要进行技术改造，调整产业结构，工程技术界大有用武之地。希望大家共同努力，为美好的明天而努力奋斗！"

中国工程院是全国工程技术界最高荣誉学术机构，作为中国爆破工程领域的战略科学家、爆破工程地质学理论奠基人、爆破工程科技首屈一指的领军人物、中国力学学会爆破专业委员会第一届主任委员、中国

冯叔瑜传

工程爆破协会首届第一副理事长、中国铁道科学研究院首席科学家、博士生导师的冯叔瑜先生，6 月刚刚当选中国工程院第二批院士，得到国务院正式批复。

在这个人生的高光时刻，冯叔瑜院士激动地流下热泪。往事如影，一生许多激动人心的难忘时刻，一幕幕由近至远，又浮现在冯叔瑜的眼前：

时光倒回到 1963 年 9 月，也是在这神圣的人民大会堂，敬爱的周恩来总理举行盛大酒会，招待参加北京科学讨论会筹备会议的中外科学家和工程技术专家。冯叔瑜作为铁路工程技术专家、新中国第一批赴苏联留学生代表，应邀参加了这次盛大酒会，亲耳聆听周恩来总理的谆谆教导和殷切期望，更加坚定了冯叔瑜献身祖国工程科技事业的理想信念。

1956 年 6 月 14 日，毛泽东、周恩来、朱德、陈云、林伯渠、邓小平、聂荣臻等党和国家领导人在中南海接见参加制定全国长期科学规划工作的全体科学家，并和他们合影留念。冯叔瑜作为铁路工程科技专家，受邀第一次走进中南海，受到党和国家领导人的亲切接见，并一起合影留念。

1950 年 6 月 15 日，西南军区和西南铁路工程局联合召开新中国第一条新建铁路成渝铁路开工典礼大会。负责筹建成渝铁路局工会和铁路宣传工作的冯叔瑜参加了开工盛典，聆听中共中央西南局第一书记、西南军政委员会副主席、西南军区政治委员邓小平同志发表热情洋溢的大会致辞，亲眼见证西南军政委员会副主席、西南军区司令员、中共西南局第三书记贺龙同志将一面绣有"开路先锋"的锦旗授予筑路大军。大会刚刚结束，第一筑路总队就高举"开路先锋"的旗帜开赴九龙坡、油溪工地，揭开了修筑成渝铁路的序幕。冯叔瑜及时组织宣传快报，将这一重大消息发布出去，同时在成渝铁路开始了冯叔瑜为之奋斗一生的工程技术实践。

1949 年 3 月，冯叔瑜光荣地加入了中国共产党重庆地下党组织，从一名穷苦大学生成为一名坚定的革命者，积极参加共产党领导的学生运动。在交通大学学生会主席周盼吾因领导学生运动受到国民党反动派追捕时，冯叔瑜勇敢地让周盼吾住进他的单身宿舍进行掩护，参加因《挺进报》事件而被破坏的中共川东地下党的重建工作。

1933 年 7 月，年方 9 岁的冯叔瑜被父亲送到私塾，开始他的求学读书生涯。早年读过的"四书五经"等早已记忆模糊，只有那次在父亲面前因为背诵不出《孟子·告子下》中的名句"生于忧患，死于安乐"，被当私塾先生的父亲用戒尺狠狠打破手掌，从此那句"天将降大任于斯人也，必先苦其心志，劳其筋骨"，让冯叔瑜永生难忘，并始终以此激励自己。在百岁之年接受笔者采访时，冯叔瑜依然能朗朗背诵这段名句。

时光倒转到 1924 年 6 月 20 日，冯叔瑜出生在四川邻水县一个贫苦农民家庭。冯叔瑜的父亲一直记得他出生这天乌云密布，雷雨交加，那雷声像隆隆的炮声一直响个不停，随着冯叔瑜出生的一声啼哭，突然天空拨云见日，雷雨骤停，好生惊奇……

第一章
胸怀大志的求学之路
（1924—1955）

这是一条艰辛之路，也是一条励志之路。冯叔瑜自懂事时起，便牢记父训，求学若渴，为获薄技在身，义无反顾地踏上活到老、学到老，终生孜孜不倦的求学之路。

1."天象"的暗示

冯叔瑜出生在川东华蓥山东麓谷地九龙镇平坝边缘一个村子的贫苦农家。

四川邻水县地貌轮廓岭谷相间，平行展布的华蓥山、铜锣峡、明月峡三个背斜山岭平均海拔 1000 米，主峰海拔 1704 米，是四川盆地底部最高峰，两个向斜为谷地。九龙镇是邻水县的一块风水宝地，与重庆渝北区、长寿区相交界，是川东一个集贸重镇。平坝水源充裕，稻田比较集中，是川东主要稻谷产地之一，比较富裕，因此九龙镇地主、富农、有钱人家也比较集中。

冯叔瑜出生好久了，父亲冯舜钦还念念不忘经常叨叨他出生那天奇

冯叔瑜传

怪的天象：不知那天隆隆不断的雷声意味着什么？冯叔瑜出生后雷声戛然而止又预示着什么？父亲请九龙镇上的几个算命先生算了好几回，也没说出个所以然来，父亲索性再也不去管它了，管它雷声是什么象征，父亲从自身的职业生涯就认准一个"技"字。冯叔瑜从小听父亲说过最多的一句"名言""金句"就是："纵有家财万贯，不如薄技在身！"多年以后冯叔瑜还认真地查了父亲这句话的出处，原来这句话并不是父亲的发明，而是《颜氏家训·勉学》里"谚曰：积财千万，不如薄技在身"。父亲说：咱家虽说祖祖辈辈在农村，但是自家没有土地。曾祖父给地主家打长工攒了点钱，就送祖父上私塾识了点字，读了些书，后来居然考上了清朝秀才，在家乡当上了私塾先生，也受到整个家族成员的尊重和支持。于是，从冯叔瑜的祖父那一辈开始，耕读人家子承父业的良好家风就传承下来。

冯叔瑜的父亲学习也很刻苦，只是还没等冯叔瑜的父亲考秀才，1905年清朝就废除了科举制度，但这也不妨碍冯叔瑜的父亲当教书先生。父亲告诫冯叔瑜说："技之易习而可贵者，无过读书也。咱家里地无三分、田无一垄，从曾祖父、祖父到父亲，三代人都是靠着能识文断字教人读书这一技之长养家糊口度饥荒。自古人生于世，须有一技之能。"

冯叔瑜从此再也忘不了父亲对他千叮咛、万嘱咐那句话时语重心长的样子！父亲反反复复跟儿子强调的关键词就是一个"技"字，父亲总是说："只要一技在手，吃穿要啥都有！只有一技之长，才能心里不慌！技多不压身，技高受人尊！我们的这一技之长，就是农民家的地、当兵手里的枪、地主囤的粮啊！"

多年以后，当冯叔瑜成名成家，成为中国工程爆破领域屈指可数的领军人时，他曾回想起父亲说他出生那天隆隆的雷声，还真是有点诡异。有人听说这个小插曲之后，跟冯叔瑜开玩笑说，天象也许是老天爷的暗示呢，预示冯叔瑜这一生都跟隆隆的炮声有着扯不断的密切关联。

冯叔瑜一笑了之，小时候他还真的每到天上打雷时，都会抬头看看天上，怀疑是谁在天上放炮，长大后学到一些科学知识后，便再也没有去一探究竟。如果天象跟他的职业生涯真是这么巧合的话，那么伴随着他出生的这隆隆雷声，还真有点像伴随冯叔瑜一生的工程爆破的隆隆炮声。每当爆破声响起，冯叔瑜依然还会抬头看天，隆隆的炮声之后大地在剧烈震颤，高高抛起的山体、瞬间碎裂的构件、滚滚翻腾的烟尘，完美地构成一朵朵礼花，在铁道线上、在高山峡谷、在江河湖畔美丽绽放。这是冯叔瑜最开心的时刻。

不管天象暗示着什么，父亲所说的人要有一技之长的这一个"技"字，从此深深地刻在他的心里，成为他终生不渝的践行目标和理想追求！即使冯叔瑜先生后来在爆破事业上功成名就、誉满天下，当选中国工程院院士，他也从不以科学家自居，依然谦称自己只是"薄技在身"，爆破行业里有那么一技之长的一个"技术人"而已。

2. 重责之下的难忘金句

冯叔瑜的母亲李崇俭是一位祖辈生活在农村的普通农家妇女，为人朴实，勤俭持家。因为家庭贫寒，生活艰难，母亲一生生育了 10 个孩子，只存活了 3 男 2 女。冯叔瑜排行老四，有一个大姐早早地出嫁了，一个哥哥离家当兵走了，一直杳无音信。父母带着冯叔瑜和一个哥哥、一个妹妹，靠父亲私塾教书的一点微薄收入艰难度日。

日子再难，父亲也不忘立家之本就是要有识文断字的一技之长！子承父业当私塾教书先生是家传祖业，到冯叔瑜这一辈还要继续传承下去。因此，父亲在冯叔瑜六七岁的年纪就开始在自己受聘教书的私塾教冯叔瑜读书认字，也省了一笔交私学塾师的费用。

父亲教冯叔瑜先从背诵《三字经》《千字文》开始，再读"四书五经"里的《孟子》《论语》《诗经》《礼记》……冯叔瑜从小就很有灵性，《三字经》《千字文》跟读上几遍就会背诵。可是到底还是年纪太小，一到学"四书五经"时就有点费解了，常常是父亲昨天刚教，冯叔瑜今天就忘。问何为"修身齐家治国平天下"？冯叔瑜要么一问三不知，要么所答非所问。因此，冯叔瑜从小也没少挨父亲手里"戒尺"的打。

封建私学塾师手里都有一把二尺来长的"戒尺"，"戒"为警戒、惩戒，"尺"为尺度、标尺。以戒为尺也正是私学塾师给学生立下的规矩，没有规矩，不成方圆。过去的许多名人大师从小也都尝到过戒尺的滋味。学生背书时，先生在一旁拿着戒尺，每停顿一次背诵不出来，就要挨一下戒尺打。父亲对别人家的孩子是这样立的规矩，对自家孩子怎么能破呢？何况别人家的孩子都睁大眼睛看着，于是冯叔瑜背诵不出来时，父亲也照打不误。

有一次，冯叔瑜在父亲面前背《孟子》"生于忧患，死于安乐"，有些句子一时半会儿想不起来，父亲手里高高举起的戒尺就已经打下来了。半本书背下来，冯叔瑜的右手掌早已被打得红得发紫，肿胀得老高。母亲看了心疼得直掉眼泪，但是母亲明事理，没有当着孩子的面责怪丈夫。母亲给儿子一边热敷止痛，一边说："你也别怪你爹狠，打你也是为你好啊！你好好地读书，把书都背会了，你爹就不打你了。"

就是因为这次挨打比较重，让冯叔瑜永远地记住了《孟子》"生于忧患，死于安乐"的金句："故天将降大任于斯人也，必先苦其心志，劳其筋骨，饿其体肤，空乏其身，行拂乱其所为，所以动心忍性，曾益其所不能。"

孟子的这段金句从此成为冯叔瑜一生的座右铭。在冯叔瑜先生百岁之年接受笔者采访时，他仍能流利地背诵这段金句，并很有感触地说："不是一番寒彻骨，哪有梅花扑鼻香。只有经过艰难坎坷的磨炼，才能不辱使命，负重前行。孟子的这段话坚定了我的意志，激励了我一生！"

这天冯叔瑜又挨了父亲的戒尺，小手被打得又红又肿，让母亲看了直掉眼泪，赶快打来冰凉的井水给冯叔瑜冷敷止痛，冯叔瑜就是忍着不让眼泪掉下来。

晚上等冯叔瑜睡下了，母亲私下里却对父亲抱怨说："你就不能把戒尺高高举起，轻轻落下，做做样子？自家孩子，真这么重地打下来，你于心何忍？"

父亲轻轻地摇摇头，不知道是表示懊悔，还是反对。

1933 年，父亲把 9 岁的冯叔瑜送到了一个教私塾的朋友那里继续学习。父亲在送叔瑜去上朋友私塾的路上说："不是爹不教你，教书的有个老规矩，就是自家的孩子还是要别人教。"

"嗯，我知道！"冯叔瑜懂事地点点头说，"我知道你是舍不得打我，让别人家先生打！"

父亲一下子抱住冯叔瑜说："老话说得好，棍棒之下出孝子，严师手下出高徒！你只要用心地好好读书，别人家的先生也不会打你。"

冯叔瑜还是点点头说："嗯，我知道。"

3. 囊中羞涩艰难求学

在别人家上私塾冯叔瑜果然读书学习更加刻苦认真，戒尺是少挨了，学费却是一分钱都不能少的。尽管私塾先生是父亲的朋友，但他也要靠教书挣钱过日子。

这天又到交学费的日子了，可是冯叔瑜两手空空，囊中羞涩。父亲的朋友顿时拉下脸来，厉声呵斥道："你回家去吧，回家拿了学费再来，拿不到学费就不要再来了。"

私塾先生的话深深地刺痛了冯叔瑜幼小的心灵。回到家里，冯叔瑜压根就没跟父母说要交学费的事，只说自己不喜欢那个私塾先生，不想再回去跟他学了。

父亲其实也知道一定是为了交学费的事，那个朋友也早就捎话过来催交冯叔瑜的学费了。可是家里实在凑不起那点供冯叔瑜上私塾的钱来，也是没法子的事啊！

就在冯叔瑜的父母为交学费的事一筹莫展的时候，村里本族的乡亲们知道了父亲的难处。小小年纪不上学读书，哪那行啊！村里本族的乡亲邻里都觉得冯叔瑜这孩子从小就有灵性、有悟性，是本族有出息的读书人的料，将来还指望着冯叔瑜学成回村教本家族的儿孙辈读书识字呢！于是村里本家族的长辈们纷纷解囊相助，凑齐学费接济冯叔瑜继续上学。

可是灵性的冯叔瑜也有点主见，说不再去上那个私学了，县城里有公学，比私塾先生教得好，他说服了父亲和本家族的长辈们，拿着乡亲邻里给他凑起来的学费，考入了邻水县立第一高等小学。县立高小不再只是教国学，也有了算术、国语和常识文理课程，学校还有个图书馆，不光有四书五经，还有文学、自然、地理、科学等书籍，为冯叔瑜打开了全新的知识领域。

这是 1937 年，冯叔瑜 13 岁。

1938 年，冯叔瑜从邻水县立高小毕业。他知道家里供他上学的难处，有心想弃学回家，打工干点农活，也能帮衬帮衬家里生活。父亲知道了，坚决地打消了他这个念头，训斥冯叔瑜说："咱家从你太爷到你爷爷，再到我，祖传三辈都是村里受人尊敬的教书先生，你们兄弟两个，就你还算是个读书成材的料。实指望你子承父业能接过我手里的教鞭，本家族长辈们资助你上学，也都指望着你将来教族人子弟读书识字哪！你怎么能这么没出息地就半途而废了呢！有句谚语说，要想给别人一杯水，自己就应有一桶水。你自己都没学好，将来怎么给人教书，授业传道？那不是误人子弟嘛！"

父亲的训斥其实也是一种激将，从小就不服输的冯叔瑜听了父亲的话，彻底打消了弃学务农的念头，开始认真复习准备考试。

当年邻水县仅有一所县立初级中学，每个年级只有一个班，一年级只招四五十人，可是全县四乡八镇报考初中的学生多达四五百人，真是十里挑一的录取率。但冯叔瑜还是凭着自己扎实的功底，顺利地考上邻水县立初级中学。

初中学生都住校，冯叔瑜每到学校放寒暑假的时候，都回家帮助家里干农活、插秧、收稻子。

可是天有不测风云。1939年，冯叔瑜还在邻水县城上初中一年级。这天，冯叔瑜正在教室上自习，突然有同学叫他出来，说村里有人来学校找他。他满心欢喜地以为家里托人带好吃的给他，谁知见到来人一脸愁容，并没有给他带什么东西，只叫他赶快回家。

回家？学校实行两周休一次连休两天，就是为了方便离家远的同学可以回家。这天也不逢周日连休，也没放假，回家就要请假，就要耽误功课。冯叔瑜有点为难，问，有什么事吗，非回去不可？

来人没说什么，只说让他赶快回家，有什么事回去就知道了。

冯叔瑜跟老师请了假，急匆匆赶回家，看到父亲卧病在床，已在弥留之际，父亲看到冯叔瑜回来，挣扎着病体叮嘱孩子："一定要用心读书，学得一技之长，继承父业……"

父亲因病去世，家中突遭不幸，一家人的生活顿时陷入困境，靠母亲带孩子在乡下种点菜、纺棉花棉线换点零钱，生活难以为继。这时，冯叔瑜不得已又动了弃学回家务农的念头。他跟母亲说了自己的想法，母亲虽然为今后全家人的生活着急落泪，但还是深明大义，反问冯叔瑜："你忘了你爹临终前怎么叮嘱你的吗？"

"可是我们一家人吃什么，用什么？"

这的确是个难题，就在一家人生活陷入困境的时候，又是本村家族会的族叔伸手相助。族叔知道本家族就数冯叔瑜聪明好学，本家族不能没有读书人，而冯叔瑜正是读书的好苗子，家族还有公产，于是，族叔倡议家族有能力的一齐接济助学，让冯叔瑜继续完成初中学业。

父亲当年的家训，本家族长辈的殷切期望，都激励着冯叔瑜继续更加努力地学习，立志学得一技之长，子承父业，以技为本，立家立业，报效家族。

儿时的冯叔瑜理想虽然没有那么崇高远大，但也非常切合一个私塾先生后代的现实、切合贫苦农民家庭的实际。父亲生前千叮咛、万嘱咐的一个"技"字，已经深深地刻在冯叔瑜的心里。

4.学习秘诀就一个字：勤

那年月，能送孩子上学读书的大多都是有钱人家。冯叔瑜是个例外，贫困家庭本没有钱，也要让孩子苦读书，只为子承父业，将来教书育人。本村族叔资助冯叔瑜的那点钱仅仅够交学费和维持最低生活，买书和课本就没有钱了。冯叔瑜也不气馁，上课就认真听老师讲课记笔记，生怕漏记一个字；下课就借同学的课本抄写，于是自己也有了"专版"的手抄体课本。从此，手抄写课本、笔记，反而成为冯叔瑜学习的一个捷径。这正应了那句老话：好记性不如烂笔头。冯叔瑜总结他从小学习好的秘诀就一个字：勤。手勤多抄，嘴勤多问，眼勤多看，总能学到别人学不到、记不牢的东西。

初中设立的课程比高小多，除了国语、算术、常识，还增设了物理、化学、英语、体育、音乐。冯叔瑜的笔记和手抄体课本也分科抄记，等到初中毕业时，他几乎"笔记等身"，就数他的笔记和手抄课本最多。这个良好的学习习惯竟然是因为贫穷而养成，直到上大学冯叔瑜都因为没钱买课本，于是课堂上他狂记笔记，课下狂抄课本，刻苦学习，锲而不舍。也正因如此，冯叔瑜的学习成绩总是优于同年级同学。

多年之后冯叔瑜回忆起这段学生生活还感慨地说："那时我家里穷，在学校不敢交朋友。因为交朋友你来我往是要花钱的。于是闲暇时间我只有一个爱好就是读书，跟书籍交朋友。"

因为没有钱买书，冯叔瑜就到学校图书馆借书看。那时小学都有图书馆，但是图书不多。初中图书馆的图书多，给冯叔瑜打开一片新天地。这期间，他读了鲁迅的白话文小说《狂人日记》《阿Q正传》，读了《三国演义》《西游记》《东周列国传》《说岳全传》等中国古典小说，还喜欢读张天翼的童话作品和小说。读了茅盾的长篇小说《子夜》之后，冯叔瑜还把《子夜》里的主要人物做了分析，给每个人写了人物小传。冯叔瑜说他那时候倒没有想过将来要当文学家，只是对文学产生了浓厚兴趣。读得多了，冯叔瑜便开始尝试着自己创作。冯叔瑜记得写了一篇散文投给四川的一家杂志社，居然发表了，令他兴奋不已。接着又尝试着创作短篇小说，以母亲为原型，写农民受地主欺压的故事，结果没有发表，令他很扫兴，从此就再没进行文学创作方面的尝试。不然中国也许会少了一个工程技术专家，而多一个文学家呢！

这期间给冯叔瑜印象最深的一本书，是他曾经读过的一本32开竖排本的《二万五千里长征》。冯叔瑜考进邻水县立初中的那年12月12日，国民党爱国将领张学良、杨虎城发动了震惊中外的"西安事变"，在中国共产党的努力下，蒋介石接受"停止内战、联共抗日"等六项主张，"西安事变"得以和平解决，开始建立了抗日民族统一战线的国共合作。因此，这本斯诺著、汪衡译的《二万五千里长征》才能够于1938年1月1日在黎明书局出版，邻水县城的书店也能买到了。读了《二万五千里长征》，冯叔瑜第一次知道中国有了共产党、有了工农红军。尤其是书的封面正中偏右为红色长方形底色，白色楷书竖印书名的下方是一排前进着的红军队伍，一下子让冯叔瑜想起来那年曾经有一支也是这样着装的队伍开进邻水县。这支队伍一看就有点不同于寻常的国民党军队，他们一不烧杀抢掠，二不欺压百姓，说话和蔼可亲，还帮百姓挑水扫院子干活做好事，听人说这就是从川北来的红军，他们是长征路过这里。

从此,"红军""抗战""中国共产党",深深地印在冯叔瑜的脑海里。

那是 1935 年,冯叔瑜才 11 岁。

5. 中考状元上工校

1941 年,冯叔瑜从邻水县立初级中学毕业。初中毕业同学们升学可供选择的高中、技校、中专学校很多,可是都不在邻水县当地,要报考就得去外地上学。于是,冯叔瑜报考了离家只有 120 多里、走路一天就能走到的四川省大竹师范学校,而且不孚众望考了个"状元"。能被专门培养教书先生的师范学校录取,让冯叔瑜感到距离父亲给他确立的人生目标又前进了一步。

这时同学们也都在选择各自报考的学校。冯叔瑜的同桌范同学想去重庆,重庆当时是抗战的陪都,比邻水县城大得多,可供选择报考的学校也多,于是撺掇着冯叔瑜一起去重庆。

"可是我已经报考大竹师范学校,而且是以第一名的成绩被录取了呢!"冯叔瑜打心里不想去重庆。他算了个账,从邻水县城去重庆 260 多里,比去大竹远了一倍的路程,走路要走两三天,将来如果去重庆上学花钱肯定比在大竹多很多,他家没有这个实力。何况上大竹师范学校出来当老师,也正如他所愿,如父亲所愿,如家族所愿呢!于是,冯叔瑜对范同学说:"我没钱,我就不去重庆了,你去吧。"

"你没钱我有哇,你的路费包在我身上了。去吧,去吧,一起去吧,重庆比大竹好玩多了!"范同学极力劝说冯叔瑜。

禁不住范同学劝说,反正是范同学请客,也不要自己花钱,冯叔瑜抱着去重庆看看玩玩的心态,被范同学生拉硬拽地拉到重庆。

冯叔瑜和范同学到了重庆,正好看到中央工校在招生,也不知道这个学校如何,只看校名带"中央"二字,感觉"中央工校"牌子亮、名气大,还是国民政府抗战前就成立的老牌学校,报考中央工校准没错。

范同学就报了名，冯叔瑜是陪范同学一起去报考，登记报考的老师以为冯叔瑜也是考生，顺手就把两个人的名字都写上了，就这样冯叔瑜阴错阳差真真正正地陪范同学又考了一回。

中央工校是 1937 年战前创立的学校，初创时名称是国立中央工业职业学校，1940 年升格为国立中央工业专科职业学校，后来更名为中央工业专科学校。中央工业专科学校分机土化电不同专业，冯叔瑜当时也不懂什么叫机土化电，就随便按顺序选了排名在前的中央工校专科机械工程专业，反正他是来陪考，又不打算真的上中央工校。他心心念念的还是上师范，将来毕业了当老师，那才是子承父业的一技之长。因此，考完之后，冯叔瑜也没钱在重庆多玩几天，就急急地回老家了。

冯叔瑜在家还没等到大竹师范学校的开学通知，就先等来了重庆中央工校的录取通知，而且一同报考的范同学和其他几个同学都没考上。这正应了那句俗话：有心栽花花不活，无心插柳柳成荫。

可是，上师范学校回来可以当老师，上中央工校毕业后都不知道能干什么。是去大竹，还是去重庆？这是个问题，让冯叔瑜有点纠结了。

冯叔瑜的同班同学知道了，说："去重庆，当然要去重庆上中央工校。我们想上还考不上，你考上了怎么能不去？"

冯叔瑜的儿时伙伴知道了，说："当然是去重庆了，重庆是陪都，是大城市，好玩的地方也多，比大竹小县城好，要上就去重庆上。"

本村的族叔长辈们知道了，说："上，这个工校是中央的，一定要上！咱村族群好不容易出了一个大学生，那是咱们整个家族的骄傲呢！有什么困难尽管说，有我们呢！"

就这样，冯叔瑜 17 岁那年初中毕业，上重庆中央工校机械工程专科继续深造。

6.为民族振兴而学

中央工校有中专和大专两个学制班，中专学三年，大专学五年。冯叔瑜考的是大专，要学五年。这五年免收学费、房费，但上学的路费是要自己花的。国民政府制定了《公立专科以上学生贷金暂行办法》，对战区内迁学生和教师实行救济的"贷金"制度，即全国公立专科以上学生发予贷金，每人每月 8—10 元，半额为 4—5 元。学校还给来自沦陷区的学生免费发罗斯福布做衣服。罗斯福布也称罗斯福呢，在当时是一种很好的精纺呢绒呢。

每当回忆起中央工校这段学习生活，冯叔瑜至今还记得在当时的抗战形势下，学校为了激励学生的爱国心和责任感，编写了激人奋进的中央工校校歌。记得歌词大概是这样的：

> 维我工校，艰难缔造，工业劲军责任重。
> 节舍栉比，工厂林立，以作为学立校风。
> 机土化电，分工合作，利用厚生功效宏。
> 手欲巧，脑欲灵，学成勤慎公忠之良工。
> 国防工业须建设，民族经济须振兴。
> 勉尔多士，敬兹使命，蔚为抗战建国之先锋。

学校歌、唱校歌，使冯叔瑜第一次明白了来中央工校的学习目的，不是为了将来当一个乡村私塾的教书先生，而是为了国防工业建设，为了民族经济振兴，为了当抗战建国先锋！因此，工业劲军责任重啊！从此，冯叔瑜学习意义得到升华，学习目的更加明确，学习动力更加十足。

中央工校机械专业的课程包括基础课和专业课。基础课程有数学、物理、化学、语文，还有军训，由军队的教官教，军训科目主要就是上操，每周有一两次的出操、跑步、走齐步、走正步。文化课程前两年主要还是基础课，数学第一年就学微积分，第二年学微分方程。第三年开始上专业课，专业机械课主要学机械设计、制图、金相等课程。学校还安排到工厂实习，学习机床操作等。那时中央大学也在沙坪坝，正好与中央工校相邻，中央大学的教师都兼着中央工校的课，借助这些便利条件，学生可以参观大学的实验室，课程虽然艰深，但为这些学子打下了深厚的工科基础。

当时受传统教育理念的影响，对师道要求至为严格。尽管战时条件非常艰苦，但中央工校上课的老师水平却非常高，好多都是留学回来的。学校也按照美国麻省理工学院的管理办法，号称要学习赶超美国麻省理工学院，上课的时候许多老师都是用英语讲课。许多都听不懂，只有拼命抄笔记，死记硬背。

多年以后冯叔瑜回忆说："说实话，当时上中央工校读机械工程我是稀里糊涂的。从小到大从来没接触机械，对机械没有一点概念。反正我的家乡也没什么机械，总感到学机械将来用不上，自己心心念念的还是将来能子承父业，当个教书先生足矣。"

在中央工校上学的三年里，冯叔瑜虽然没有课本，但他凭着坚韧的毅力，自觉学习和抄课堂笔记，晚上复习笔记，形成了自己的学习方法。

当年和冯叔瑜一起考上中央工校机械工程专科的有60人，第一年就有20多人留级。在中央工校学习到第三年，他们机械工程专科班有的同学对机械专业不感兴趣，考大学换专业走了，有的同学实在读不下去干脆退学回家了。冯叔瑜靠着不服输的一股子韧劲和顽强毅力，不但坚持下来了，而且还取得不错的学习成绩，有一个学期冯叔瑜因为学习成绩优异，还得到了学校发的奖品。到冯叔瑜离开中央工校的时候，他所在的班只剩下十几个学生了。

7. 无心报考却考中上海交大

1944 年放暑假时，冯叔瑜像往年一样准备回家干零活挣点学费，他已经在中央工校读三年级了，再有两年就大专毕业可以挣钱了。可是这个时候他邻水县的初中同班同学高中毕业来重庆报考大学，刚到重庆人生地不熟，当然就打听到在中央工校上学的冯叔瑜并找上门来了。同学见冯叔瑜同宿舍同学放暑假回家床铺空下来了，就住在冯叔瑜的宿舍，省了住旅馆的钱。有初中同学奔他而来，他就不好意思走了，只好留下来陪同学。他来重庆上学三年，对重庆已经很熟悉了，同学有什么不明白的就问他，冯叔瑜也主动带同学跑学校报名考试。

冯叔瑜对同学的热心肠，让大家很感动，于是干脆动员他："你也跟我们一起去考考吧。"

冯叔瑜听了一口拒绝："我考什么？我还有两年就毕业赚钱了。"

同学说："你毕业了也只是专科生。可是你的学习好，为什么不上大学呢？我们都能上大学，你一定可以的。"

"我没有毕业证，怎么报考？"

"那还不简单，我们给你弄一个。"

当时报考中央大学必须要有高中毕业证书，但是报考上海交通大学和重庆大学要求就没那么严，差不多学历就可以报考。于是有热心同学积极鼓动冯叔瑜也参加报考。万一考上了，想上大学了就上大学，不想上了还回中央工校上大专，又不影响什么。甚至还有同学给他自制了一张假的江苏中学的肄业证书，让他拿去报考。

听同学们这样劝说，冯叔瑜有点动心了。心想报考一下试试看，考一考只当是检查一下自己的学习成绩。考不上反正还可以继续上中央工校。可是万一考上了，就放弃不感兴趣的机械专业了。于是，在同学们的鼓动下，冯叔瑜报考上海交通大学，选择了土木工程专业，心想，将来毕业如果不能教书，那么学习土木工程就可以给家乡造屋盖房，也是一技之长呢。

当年高考报名资格查验比较松，考试还是比较严格的。上海交通大学招生考试第一场考数学，第二场考物理，数学、物理的成绩分别占50%、70%，生物、英语成绩占的比例不大。考试卷子发下来，好多报考的同学感觉考题很难，许多题根本就不会，有的干脆交白卷直接弃考走人，改去报考别的比较容易考的学校。由于冯叔瑜平时学习就比较扎实，学习成绩一直是上游水平，他参加考试的那个教室考到最后就剩下他一个人还在做题。事后同学们复盘考试情况，冯叔瑜说，看到最后只剩下他一个人还在做题，他也有些紧张，但他那股不服输的态度，还是坚持把题都认真做完。他当时还以为别的同学都做完交卷了，可谁知道许多同学交了白卷。

重庆大学的招生考试比上海交大要简单一些，只考英语和作文。可是冯叔瑜的运气不好，偏偏英语漏题了，成绩不及格；作文考试时，冯叔瑜连作文题说的那个地方都不认识，更别说写作文了，他对作文题的理解不是一个思路。

冯叔瑜跟报考中央工校一样，又是抱着陪同学考着玩的心态，反正报考又不要钱，只当是多一次练考，顺便也检验一下自己的学习成绩和学力水平。因此，考完之后冯叔瑜也不当回事，该陪同学逛街还陪同学逛街，该陪同学玩还陪同学玩。同学大学报考结束了，在重庆也玩得差不多了，大家就一起回邻水老家了，冯叔瑜也回到九龙镇的村里开始帮助家里干农活。

直到有一天大学招生在报纸上公开发榜了，在上海交大的录取名单上冯叔瑜的名字赫然在列。村里有人当作喜讯拿来报纸给冯叔瑜看，冯叔瑜都还不敢相信自己真考上了上海交大。他只是扫了一眼，就把报纸扔在一旁，十分淡然地说："也许是重名的考生，绝对不会是我，我心里有数呢!"

随后,冯叔瑜的录取通知书也递到他手上了,冯叔瑜却又为难了。他再次遇到两难选择:上海交大……上,还是不上?他想,中央工校再有两年就毕业了,就可以工作挣钱了。上大学,不能挣钱不说,又要花家里的钱。难啊!

本家族的族叔长辈亲戚朋友知道了,还是那句话:"人家多少人想上却考不上,你考上了怎么能不上?你上专科我们都能资助你,这回真上大学了,我们更要资助你了。"

就这样,冯叔瑜还没有从中央工校毕业,就转而在抗战时期迁来重庆的上海交通大学土木系继续读书。

8. 上海交大学习时光

冯叔瑜当时报考大学时还不完全了解上海交通大学是所怎样的学校,他的亲朋好友包括同学也没人知道得比他更多。当时只是感觉上海是个大城市,比重庆还要大,还要好,当然还是去上海上学比在重庆要好。入校以后才知道上海交通大学有着深厚的文化背景和底蕴,为冯叔瑜日后大学生活和学习创造了良好的环境条件。

上海交通大学创建于 1896 年,由盛宣怀先生和一批有识之士秉持"自强首在储才,储才必先兴学"的信念,在上海创办了交通大学的前身——南洋公学。建校伊始,学校即坚持"求实学,务实业"的宗旨,以培养"一等人才"为目标,精勤进取,笃行不倦,南洋公学成立后几经更名。1911 年更名为南洋大学堂,1929 年更名为国立交通大学,1949 年更名为交通大学。20 世纪二三十年代交通大学已成为国内著名的高等学府,被誉为"东方的 MIT"。抗日战争全面爆发后,大部分学校迁往重庆,交通大学也不能幸免,1940 年在重庆九龙坡设立分校,后分校改为总校,并于 1942 年成立国立交通大学本部(重庆总校)。

抗战结束后，1946 年迁回上海，称为国立交通大学；1949 年，新中国成立后改名为交通大学。1957 年，交通大学又分为上海、西安两部分。1959 年，两处独立建校，称上海交通大学、西安交通大学。

冯叔瑜在回忆这段报考大学的经历时说："我几次报考学校，起初都是陪同学报名考试，我并不真想考。结果却是报考的同学没考上，我陪考的却考上了。就这样阴错阳差、稀里糊涂地就上了中央工校和上海交大。上交大之前我对交大一点也不了解，录取进校之后，听老师介绍，才知道交大是个好学校。"

虽然抗战时期社会动荡不安，但在大学校园里依然要求十分严格，教师教学非常认真，同学们也养成良好的学习习惯。在这样的氛围熏陶下，冯叔瑜学习更加努力勤奋了。

冯叔瑜在上海交通大学的重庆校区只上了一年，就到 1945 年抗战胜利了，上海交大要迁回上海。在四川出生长大，从来没有离开四川的冯叔瑜不想离家太远去上海，想转学重庆大学。

族叔长辈知道了，都说去上海好，上海是大城市，比四川繁华，能去上海读书说明本家族冯家孩子有出息，你是为我们本家族争了光哩。

在亲戚朋友的劝说下，冯叔瑜决定远赴上海完成学业。亲戚朋友又给他凑了足足够买一两黄金的钱，冯叔瑜带着这些钱到了上海。在上海三年，冯叔瑜省吃俭用继续在上海交大读书学习。

上海交大当年的专业设置有土木、机械、电机、航空、造船、工管、化工、纺织、水利、轮机和电信等 11 个工科专业，冯叔瑜没有再继续学他感到枯燥无趣的机械专业，重新选择了土木工程专业。他觉得这是比当教书先生更有实用价值的一技之长。上海交大土木工程专业师资力量相当雄厚，大学一年级的主要课程有数学、物理、化学、国文等基础课程。大学第二年开始学习专业课，包括力学、建筑学、公路、水文、河工等课程。随着学习的逐渐深入，专业课程范围也越来越广，学到铁路信号、养护维修、管理合同等铁路专业内容，冯叔瑜学起来更有兴趣，感到大开眼界，心想，原来土木工程并不只是学习建筑盖房造屋，还要学习修铁路啊，那将来学成回家乡更能发挥自己的一技之长了！于是更增添了冯叔瑜学习的浓厚兴趣。

在上海交大学习，虽然专业课程设置内容更深更难，但是因为冯叔瑜喜欢，反而感觉比在中央工校的学习压力小了很多。随着专业课程学习的深入，冯叔瑜感到学习的压力也逐渐变大。交大考试很严格，甚至有点不近人情。如果有一门课少于40分要记过，两门课少于40分就要开除了。虽然可以补考，但是不能少于40分。交大教学考试越是要求严，越是激励冯叔瑜更加刻苦地学习。但是跟在初中和中央工校学习一样，冯叔瑜因为穷还是买不起课本，上课就用心听讲，拼命记笔记，晚上借来同学的课本对照着整理笔记，休息时间几乎都泡在图书馆看书学习。用一句现在的句式说，冯叔瑜在上海交大期间，不是在学习，就是在去学习的路上。虽然没有课本，但冯叔瑜学习始终能跟上前列，从来没有落在后面。

冯叔瑜上了大学之后，生活有了很大改善，但是因为家里穷，母亲没有钱资助他上学，因此冯叔瑜的大学生活显得比较拮据。来上海之前只带了亲戚朋友凑给他的生活费和一个破烂的行李卷，身上穿着的一套衣服，脏了都没有多余的衣服换洗。到了上海听说有旧衣市场，冯叔瑜便和几个贫穷同学相约到旧衣市场去买旧衣服穿。旧衣市场出售的许多衣服都是日本人投降回国时处理的旧西装，价格便宜，冯叔瑜买了几件西装。第一次穿上西装，看上去挺洋气，冯叔瑜得意了好一阵子。

大学食宿虽然免费，但是因为抗战时期物资缺乏，伙食供应比较差，基本上只能吃得饱，不能吃得好。每到开饭时，冯叔瑜和同学拿着饭盒到食堂排队打一份饭菜，饭菜是按照人头定量发放。有钱的同学嫌学校伙食太差就回家吃，这样他们的那份饭菜就留给冯叔瑜这些不能回

家的同学吃。抗战结束，
上海交大迁回上海后伙
食就好多了，有米饭，
有菜，有时偶尔还有点
肉等。冯叔瑜记得刚到
上海的时候，大家都没
喝过啤酒，也不知道啤
酒是什么味道，看到洋
人都喜欢喝啤酒，就很
好奇，也想尝尝。但是
啤酒太贵，对冯叔瑜这
些穷学生来说实在是买
不起。但是禁不住诱惑，
有天冯叔瑜和好几个同
学凑钱买了一瓶啤酒，

冯叔瑜在上海交通大学毕业照

大家轮流品尝一下。每个人第一口喝下去都不喝了，有的立刻就吐了，
说这是什么酒呀？有股子马尿的味道，真是难以下咽。那是冯叔瑜第一
次喝啤酒，现在回想起来都觉得好笑。随着内战爆发，到了1947年通
货膨胀严重，学校的伙食越来越差，有时几乎令人难以下咽，每餐饭菜
量也减少。为了补充同学们的营养，学校青年会和地下党组织开展学生
救济活动，冯叔瑜积极参加，他们到市场上买来黄豆磨豆浆送给营养不
良的同学喝。冯叔瑜主要负责磨豆子，干点体力活，在参加学生救济志
愿活动时，青年会和地下党组织还发一点补贴给志愿者，冯叔瑜因此还
积累了一点零用钱用在学习上。

　　上海交大西迁重庆的时候，冯叔瑜所在的学生宿舍是特别大的仓
库，一溜的大通铺，而且还是上下铺，上百个学生人挤人睡在一起，就

像住大车店。抗战胜利后，上海交大迁回上海，冯叔瑜才住上小房间的学生宿舍，一个房间住七八个人，也是上下铺，比在重庆时的条件改善很多。

上海交大迁回上海后，离冯叔瑜的四川家乡更远了，足足有 1800多公里。上海交大从重庆迁回上海后第一次放暑假，冯叔瑜高兴地去火车站买回家的车票，一问票价，从上海乘车换船辗转到重庆的火车票很贵，而且时间还不保证。他哪里能有那么多钱？冯叔瑜转而又去了航运码头，船票统舱最便宜，到重庆也不便宜。冯叔瑜捏了捏干瘪的钱包，只好放弃了回家的念想。

为了节省路费，冯叔瑜在上海两年寒暑假都没回家看望母亲，令他心中十分愧疚。冯叔瑜在日记中写道："我一想到家，想到母亲，心里就不免一阵阵地刺痛。一个不幸的家在父亲死去以后便开始了更加的不幸，好像一只破船在暴风雨中漂泊在大海，随时都有倾覆的危险，被大浪冲到遥远的天边，一家人也许就永远不得再见面了！所幸的是，母亲经受了许多不幸，受尽了人间的苦痛，受尽了一生未有的磨难，总算还健康地生活着，而我也从最煎熬的日子挺过来了，比较幸运的还在学校读书。抗战胜利了，但愿我们也都苦尽甘来，日子会一天天好起来。"

9. 勇于投身学生运动

上海交通大学有着光荣的革命斗争传统。早在 1925 年交大就建立了中国共产党第一个党支部，在上海解放前夕艰难险恶的白色恐怖中，中共交大地下党组织领导师生积极组织开展第二条战线的斗争，勇敢地开展护校运动，同国民党反动政府作殊死抗争，成为上海学生运动的中坚力量。这期间，冯叔瑜在思想上、政治上也日臻成熟，作为上海交大青年学生，冯叔瑜和广大交大学子一起勇敢地投入中共交大党总支领导的学生运动中去。

1946年12月24日，两名驻华美军在北平东单操场强奸了北京大学先修班女学生沈崇，史称"沈崇事件"。28日，北平《新民报》等几家报纸冲破国民党当局的封锁，公开报道了这一事件。28日当天，北京大学的民主墙上就贴满了表示要发誓雪耻的壁报。29日，北大召开系级代表和各社团代表大会。千余与会者以压倒性多数通过了要求严惩暴徒及其主管长官、驻华美军当局公开道歉、美军立即退出中国等三项决议，并成立了"北京大学学生抗议美军暴行筹备会"，作为负责组织相应活动的执行机构。国民党当局为遏制群众的反美浪潮，极力歪曲事件真相，并力图把美军暴行说成是单纯个人犯法事件。国民党特务公然对爱国学生施加暴力，更激起了学生们的愤怒，一场规模巨大的抗议美军暴行运动随即在全国展开。

事件传出后，北平、天津、上海、南京、武汉、重庆等全国数十个大中城市学生和各界人士约50万人，于1946年12月底至1947年5月，举行声势浩大的示威游行，抗议美军暴行。广州学生游行时与军警发生冲突，要求美军撤出中国，废除《中美商约》等。冯叔瑜义无反顾地参加了中共地下党组织领导的这场上海交大学生民主抗暴活动，向社会各界宣传"抗暴宣言"，和同学们一起上街游行示威，发传单、刷标语、喊口号，从学生运动中受到一次深刻的政治教育，对共产党有了初步认识。

1947年5月，国民党政府宣布要压缩教育经费，进行院系调整。教育总长朱家骅下令上海交通大学停办航运、轮机两系，取消一个学院，并改校名为南洋工学院。上海交通大学师生坚决反对，在中共交大地下党总支的领导下，交通大学近3000名学生发起声势浩大的护校运动，并组成护校委员会，冲破层层拦阻，自行开火车去南京请愿抗议国民党政府摧残教育、肢解交大的行为。

冯叔瑜传

冯叔瑜再一次和全班的同学一起去南京请愿，他们从学校步行到火车站，当时已经没有开往南京的火车了，于是学生们找到了一个运货的列车，车厢里满是鸡粪鸭粪，但是大家的激情很高，不顾火车的脏乱，直接开去南京。可是还没等火车开出上海，国民党军警为了阻止火车去南京，就把前面的铁轨拆掉了。但是土木系的同学又把铁轨装上，火车继续向前开。国民党军警接着拆，学生们就接着装，就这样拆拆停停，最终火车开到上海郊区的一个小站停了。大家在火车上坐了一晚上，经过与当局交涉，达成了一定共识，同学们就乘当局派去接学生的汽车返回学校。冯叔瑜记得，当时国民党当局派了几十辆汽车去火车站，一路往上海开，浩浩荡荡地招摇过市。上海交大学生自己开火车去南京请愿事件在上海交大校史网上有如实记载：

> 1947年5月，在中共交大总支的领导下，交通大学近3000名学生发起声势浩大的护校运动，冲破层层拦阻，自行开火车去南京请愿抗议政府摧残教育、肢解交大的行为，迫使政府当局勉强同意了师生们的各项要求。
>
> 5月13日清晨5时左右，学生们开始集合。全校95%以上近3000名学生分别登上了57辆卡车。队伍总指挥以及各大队、中队、小队队长均佩戴鲜明的袖标，俨然是一支纪律严明的队伍，待命出发。护校队伍正要开出校门时，市长吴国桢等人慌忙赶来，他们站在请愿车队之前双臂横拦，企图阻止车队出门。面对这种突发情况，几个纠察队员机灵地一边高呼"保护市长"，一边将吴国桢拽至路旁，请愿车队迅速开出校门。
>
> 请愿车队到达北火车站后，学生们井然有序地下车，列队进入铁路局旅客休息室。此时的北站内外，军警四处戒备，如临大敌，站内所有火车都已停开，旅客也被赶走，站台内空空荡荡，整个车

站只有交大近 3000 名学生和国民党军警以及零星的铁路职工。护校委员会联络组先与站方交涉购买团体票，北站站长声称，已奉上司命令，不卖票。后又说交通部次长凌鸿勋答应将陪同朱家骅 10 时半乘机来沪，约 75 分钟即可到达车站，不让学生们赴京。

11 时 50 分左右，吴国桢、田培林（教育部次长）、方治（国民党市党部主任）、潘公展（市参议会议长）、吴保丰等赶到北站，同护校委员会主席团成员进行谈判，力图阻止学生赴京。主席团成员提出"交通大学应名副其实成为交通大学"等 8 项要求。国民党当局方面，有的唱红脸，有的唱白脸，谈过来，谈过去，就是不解决实际问题，谈判毫无结果。

谈判过程中，张公纬指挥学生整队进入月台准备登车。此时，车站内已空无一车。没有车，怎么赴京？主席团成员商量后，决定组织几个小组，沿各条路轨分头寻找机车和车皮。在铁路员工帮助下，学生们终于找到了机车和车皮。一列由机械系学生傅家邦、丁仰炎等开动的火车驶进月台，广大学生一片欢呼，准备分批登车。

开上月台的列车只挂有 8 节客车，不够全体学生乘坐。这时，其他学生又在铁路员工暗中帮助下找到 27 节闷罐车车厢。傅家邦、丁仰炎等即将原列车开出站台，改挂闷罐车车厢，再次开进月台。学生们无比振奋，纷纷要求马上上车，开赴南京。山茶社员马上利用"打倒列强"的曲调，现场编写新歌词：

火车不开，火车不开，

自家开，自家开！

交大同学真正赞，

交大同学真正赞，

真正赞，真正赞！

学生们熟悉这首曲调，很快就学会了。在上海音专学生陈良的指挥下齐声合唱，士气十分高涨。

下午5时左右，吴国桢、潘公展、方治再次来到北站进行拦阻。他们借吴保丰之口说："朱部长限学生于6时半前退出月台，明晨8时上课，否则全部开除学籍。"吴国桢宣称："教育部已接受学生要求，倘再有越轨行动，要依法制裁！"绝大多数交大学生为朱家骅的一再失信所激怒，非但未被威胁所压倒，反而斗志更旺，强烈要求马上上车。此时，暨南大学、上海医学院、浙江英士大学的学生代表，冲破军警阻拦，来到月台，高呼"支援交大护校斗争！""欢送交大同学晋京请愿！"交大学生报以热烈的掌声和欢呼声，在场群众的情绪达到了高潮。

6时半，请愿团总指挥组织学生上了车。请愿车车头上贴着由穆汉祥书写的笔力雄健的"交大万岁"，车厢上贴着"国立交通大学晋京请愿专车"的红色大字。6时45分，汽笛长鸣，由交大学生自己开动的火车缓缓驶出车站，向南京方向进发。6时55分，列车开到麦根路大扬旗路口，铁路局奉当局的命令，竟将前方一段铁轨拆除，列车不得不停止前进。但是铁路工人却把拆下的铁轨和工具留在路旁。土木系学生立即把路轨重新铺好，列车继续前进。行驶了一段路，前面的铁轨又被拆除，这次把拆下来的铁轨也搬走了。土木系学生毫不气馁，将列车后面的一段铁轨拆下来抬到列车之前，补上被拆除的铁轨，列车又向西开进，到达麦根路车站。

晚上7时40分左右，全副武装的青年军202师一个营的士兵布阵在列车两旁。小股士兵想夺车门而上，阻止学生前进。学生们奋起抵御，把住车门，不让士兵窜入。许多当过兵的学生，前去向士兵做工作，力劝士兵不要干预。僵持到晚上9时20分左右，吴国桢、方治与交通部次长凌鸿勋、上海市公用局长赵曾钰等人来到麦根路车站，与学生代表又谈判了一小时，学生代表坚持要朱家骅亲临现场谈判，不同意仅由吴国桢等出面担保，谈判再次失败。晚上 10 时 45 分左右，列车又继续开动。靠近真如车站时，已是午夜时分。此时，国民党当局又将前面一大段弯道铁轨拆除。学生们一时找不到合适的弯道替补，同时机车里的水也快耗尽，列车已难以再前进。但学生们斗志不减，不肯下车返校。护校委员会主席团派人通知各个车厢做好应付军警冲击抓人的准备，让各大、中、小队长都把袖标撤下。面对可能来临的危险，绝大多数学生十分沉着，并不畏惧。

14 日凌晨 1 时左右，朱家骅终于坐着装甲车赶到现场。他用扩音器叫喊："交大学生集体中断交通，已经不是学生的行为了，你们要马上回校，不然就全体开除。"当时的形势十分紧张，青年军已在路口严密布阵，一场血腥的镇压迫在眉睫。

面对严峻的形势，如何对学生们进行引导，是摆在地下党组织面前的一个严峻问题。在此关键时刻，中共上海学委副书记吴学谦、国立大学区委委员浦作赶到现场，秘密找到国立大学区委委员吴增亮，传达了中央上海局书记刘晓、钱瑛的指示：要掌握有理、有利、有节的原则，当前形势不可硬拼，宜争取及时妥善解决，胜利返校，避开敌人的血腥镇压，保护群众积极性。当时，刘晓直接布置的"反饥饿、反内战"运动已经启动，如果交大学生先在护校运动中遭到镇压，对整个运动局面势将形成不良影响。根据这一精神，总支委员分头到各个车厢向党员传达，党员又分别向积极分子做说服工作。学生自治会党团负责人也派人上机车向傅家邦、丁仰炎等学生"司机"了解机车运转情况，研究执行刘晓同志指示的对策。

拂晓，学生们下车与公路上国民党当局人士隔着一条小溪对峙，支持主席团成员跨过小溪去和朱家骅谈判。当周盼吾、周寿昌等代表来到公路上时，朱家骅已经借机离开，只有吴国桢、蒋经国、宣铁吾、田培林、凌鸿勋等在场，他们把朱家骅亲笔签署的书面答复交给学生代表，内容共5条：(1) 交大校名不更改；(2) 轮机、航海两科不停办；(3) 学校经费依照实际需要增加，与其他大学平等；(4) 员工名额按班级人数照章增加；(5) 如有未尽事宜，师生及校友可派代表晋京面商。主席团经过研究，认为朱家骅本人已签字保证，护校要求基本达到。当即由周寿昌向全体学生宣读朱家骅签署的书面答复，由周盼吾表达主席团的意见："这次护校已经取得基本胜利，我们回校去继续罢课，再派代表到南京谈判，直到完全胜利为止。如果谈判达不到全部要求，我们再第二次全体到南京请愿。"学生们热烈鼓掌，欢呼胜利。随即分乘上海市公用局专门调来的40辆公共汽车凯旋返校。

5月15日晚，学生自治会召开系科代表大会，选出胡国定、丁仰炎等15名[①]赴京谈判代表，并决定继续罢课支持代表谈判斗争，直到护校要求全部达到为止。教授会也派出钟伟成、季文美两位教授代表共同赴京。经过谈判，教育部重新承诺了朱家骅签署的要求，并当即拨付了一笔经费。谈判代表在南京召开了记者招待会，介绍护校运动的宗旨、目的和经过，以取得各界人士的理解和支持。至此，交大护校运动胜利结束。

护校运动是国民党统治区爱国民主运动的重要组成部分，是对国民党反动统治的有力打击，在交大的历史上，在上海和全国爱国民主学生运动的历史上，谱写了光辉灿烂的一页，将永远留在人们的记忆中。1960年5月28日，毛泽东主席在上海视察中国第一枚

---

① 胡国定、丁仰炎、丁奇中、张公纬、朱葆城、吴振东、张海威、罗其森、张彭宝、胡庆燕、陶龙、奚祖纲、曹国祥、王志遂、程志远。

火箭（T-7M 火箭）时，当知道该火箭主任工程师、现场讲解员潘先觉是交大毕业的学生时，立即说道："啊，交通大学！是不是那个学生自己开火车到南京请愿的交通大学？"当得到肯定答复后，毛主席紧握潘先觉的手，赞赏之情溢于言表。[①]

亲身经历护校运动后，冯叔瑜的思想觉悟得到升华，认识到学生运动的革命性和重大意义，他很自豪自己所在的上海交大被誉为爱国民主学生运动中岿然不动的"民主堡垒"。从此，交大的学生运动开始走出校门，到南京开展五二〇大游行，当时的国民党政府派出大批军警镇压民主爱国学生运动，游行学生被捕28人，重伤19人，约500人遭毒打，但学生们在斗争中变得更加团结！

冯叔瑜至今还清楚地记得，有一天晚上，国民党特务按照名单来学校抓人，正赶上一个学生起来上厕所，发现情况就赶快敲钟，把大家都叫起来了，最后学生和国民党军警在操场上对峙，显示了学生在运动中逐步走向成熟。

学生们爱国护校的行为得到了各界的支持，但是国民党政府是不会放过爱国学生的，他们后来采取了新的战术，要把四个学生领袖包括中共地下党员周寿昌、周盼吾抓起来，试图以此阻止学生们闹事。当时的吴保丰校长为了保护自己的学生，想了一个办法，就用自己的小汽车把四个学生领袖偷偷运出学校保护起来。

也正是在参加学生运动中，冯叔瑜开始接触到中共地下党组织，其中就有中共交大地下党党员、上海交大学生会主席周盼吾，后来还成为冯叔瑜的入党介绍人。

1948 年 8 月，冯叔瑜从上海交通大学土木系铁道专业毕业，获学

---

① http://jdxiaoshi.sjtu.edu.cn/hhzc_view.jsp?id=105.

士学位。

若干年后，当冯叔瑜先生在铁道工程爆破专业功成名就时，有记者问他当初为何选择土木系铁道专业学习，冯叔瑜先生不无感慨地说："这还得从上中央工校说起。上中央工校的时候，我阴错阳差学的是机械专业。那时四川农村机械很不发达，农民劳作全靠人力畜力，因此我对机械没有一点概念，总觉得学了将来没有用。父亲当初送我读书，就是要我学得一技之长，以技夺人，子承父业，当教书先生。我到邻水县城读初小的时候，公路才修到县城，我第一次见到汽车，就把我震惊到了，汽车不用牛拉马拽，拉得比马车多，跑得比马车快。到了重庆又知道火车比汽车拉得更多、跑得更快，我就感到铁道火车有一种神秘感。报考上海交通大学的时候，我看到交大有个土木系，就问同学土木系是干什么的？同学说土木系就是学习盖房子的。再一看，土木系里又有我最好奇的铁道专业。我心想，上土木系学习盖房子，学铁道专业将来修铁路，将来毕业了回到家乡，又会给乡亲们盖房子，又能把铁路修到家乡，那该多好呀！可比在私塾当个教书先生出息多了。"

为百姓造屋，"安得广厦千万间，大庇天下寒士俱欢颜"；为家乡修路，难于上青天的蜀道，天堑变通途。

这不正是冯叔瑜先生求学之路的朴素愿望和大志所向！回想起父亲说他出生那天隆隆不断的雷声好生奇怪，现在看来，似乎冥冥之中冯叔瑜先生这一生便与隆隆雷声一般的爆破声结下了不解之缘！

10. 加入重庆地下党组织

冯叔瑜从上海交通大学毕业时上海还没有解放。由于冯叔瑜在校期间参加过学生运动，被国民党当局记录在案，大学毕业后，国民党当局就不给参加过学生运动的冯叔瑜分配工作。当年乡亲们资助他来上海的钱早已花完，身无分文的冯叔瑜偏偏又身处繁华都市，强烈的反差将毕业就失业的冯叔瑜顿时逼入困境。实在没办法，冯叔瑜就去找在暨南大学当教授的一个邻水乡亲。这位教授了解冯叔瑜的情况，念他是邻水家乡的乡亲，于是给上海当局青年部的部长写了封介绍信，为冯叔瑜申请了一点回家的路费。又托关系找了个船运公司，不要他的钱，搭了十多天的便船，这才又回到重庆。

回到重庆冯叔瑜依然举目无亲，找不到工作，衣食就没有着落。这时，有同学告诉他去找当年上海交大在渝校的系主任王达时教授试试。王达时教授是江苏宜兴人，1934 年毕业于交通大学土木工程系，1938 年获美国密歇根大学土木工程硕士学位。回国后曾任复旦大学教授、交通大学教授、工学院院长。见到自己钟爱的学生冯叔瑜前来求助，王达时教授很热心，与朋友联系一番后，便介绍冯叔瑜去成渝铁路工程局。当时重庆还没有解放，成渝铁路早已停工，王达时教授也不知道成渝铁路工程局是不是还在正常运转，只是说让冯叔瑜去试试看能不能给他安置工作。

成渝铁路最早是 1903 年（清光绪二十九年）7 月当时的四川总督锡良会同湖广总督张之洞联名奏请清政府修建川汉铁路的西段。1936 年，国民政府成立了成渝铁路工程局，次年开始接着川汉铁路西段修建成渝铁路。1947 年 5 月，由于国民党忙于打内战，整个工程陷入瘫痪，只在重庆到永川段修建了一小段路基、隧道、桥梁。国民政府以修路为借口，不知搜刮了多少民脂民膏，结果只是在地图上画了一条"虚线"。此时，重庆正处于解放前夕，工程依然处于瘫痪状态。

冯叔瑜来成渝铁路工程局报到时，接待他的一个管事的人对冯叔瑜说："铁路工程局都快垮台散摊子了，哪里还需要招人。"

冯叔瑜一听这话心都凉了，小心翼翼地递上王达时教授的推荐信，说："我是王达时教授介绍来的……"

那人草草地看了一眼推荐信便扔在一旁，说："推荐也没有用啊！

现在兵荒马乱的，谁还有心去修铁路？我们整天都闲着没事干，哪有工作给你干？"

冯叔瑜赶紧说："让我干什么都行，我能吃苦……"

也许是冯叔瑜当时表现得足够诚恳，也许还是王达时教授有面子，他的推荐起了作用，铁路工程局管事的人勉强让冯叔瑜留下来了，但是说好了，现在没有工资发，整个成渝铁路工程局都好几个月发不出工资了。不过在工程局可以管饭，对于大学毕业即失业、已经穷困潦倒的冯叔瑜来说，只要有口饭吃，就已经很满足了。

1949年11月30日，冯叔瑜永远也忘不了这个值得永远铭记的日子，重庆市宣告解放了！这天下午，中共川东地下党组织代表和重庆工商界代表乘轮渡过江到海棠溪，欢迎中国人民解放军入城。傍晚，解放军先头部队分几路在朝天门、储奇门等处进入市区，冯叔瑜也走上大街，加入欢迎解放军进城的群众队伍中。

这些天来，冯叔瑜一直在期待着重庆解放！因为他已经光荣地加入中国共产党重庆地下组织。每逢回忆起这段往事，冯叔瑜都记忆犹新，引以为荣。

冯叔瑜回忆说："解放前夕，国民党政府愈加疯狂，到处抓捕共产党员。中共地下党员、上海交大渝校学生会主席为躲避国民党追捕，从上海跑回重庆。有同学听说他是共产党员，唯恐躲避不及，都不敢收留他一起住。我不管他是什么党，只认周盼吾这个人好，上海交大在重庆办校的时候，他作为学生会主席，为学生仗义执言，做了不少事，给我留下深刻印象。于是，我就让他住在我的单身宿舍，算是救他躲过一劫。因为跟周盼吾住一起，周盼吾在平常交谈中给我讲革命、宣传共产党，在周盼吾的启发下我提高了对党的认识，也更加积极地向中共地下党组织靠拢。"

在周盼吾的启发帮助下，冯叔瑜思想上进一步提高了对党、对革命的认识，也积极主动地参与到党组织的行动中来。这年 3 月，经周盼吾介绍，冯叔瑜加入了中共重庆地下党组织，在周盼吾的领导下积极参加地下党组织的活动，迎接重庆解放。当时国民党政府只顾逃跑，已经顾不上抓地下党了，因此这时重庆地下党组织有了很大发展。

作为一名新党员，党组织给冯叔瑜的任务主要是利用他的合法工作身份，做好掩护、照顾地下党员和党组织有关资料的保管工作。于是，冯叔瑜努力按照党组织的要求，把自己和同志们保护得很好。他还积极地做一个铁路专家的思想工作，说服他们保护好成渝铁路建设的资料，以备将来为新中国的铁路建设服务。这个专家是冯叔瑜的交大校友，很看得起冯叔瑜，他把一些重要资料让冯叔瑜整理，把相关资料保管起来。冯叔瑜所在的地下党组织还参与了成渝铁路建设物资的保护，主要是国民党修路留下的一些物资和抗战的时候美国援华的一些军用物资，解放后这些物资成为新的成渝铁路建设的重要基础。

比冯叔瑜早一年考入上海交通大学土木工程系的校友胡晓槐，解放后历任天津市市政工程局党委书记、局长，天津市人民政府顾问。2003 年 7 月 26 日，胡晓槐在天津接受上海交大党史工作人员采访时，讲述说：

解放战争时期的上海交通大学是上海学生运动中的民主堡垒。抗议美军暴行、声援"二九"惨案、护校运动、声援"五二〇"惨案等学生运动风起云涌，一浪高过一浪。1945 年 9 月底国民党搞甄审，认定沦陷区专科以上学校为"伪学校"，学生须甄审合格后才能承认学籍。中共地下党组织领导学生们开展"反甄审"运动。当时学生自治会有"两周"：周盼吾是学生自治会主席，周寿昌是副主席。周寿昌原是交大沪校学生会主席，他功课好，待人谦虚，在学生中威信比较高，但是有时做事不够果断。周盼吾原是交大渝校学生会主席，他非常有魄力，敢于拍板一些事情。"二周"人性格不同，但是比较团结，配合得非常好，在组织学生运动中发挥了积极作用。

1949 年 3 月，由于介绍冯叔瑜加入中国共产党重庆地下党组织的周盼吾与中共上级党组织失去联系，冯叔瑜入党后没能及时与地下党组织接转组织关系，直到解放后才恢复联系。因此，冯叔瑜入党后这段时间算作中共候补党员，1951 年冯叔瑜转为中国共产党正式党员。

11.梦想成真

重庆解放前，由于成渝铁路工程处于瘫痪停工状态，工程局也无所事事，随时准备解散。冯叔瑜受中共地下党组织委派，以工会副主席的身份负责组织工会专门跟国民党当局作斗争。重庆解放后，成渝铁路工程局被中共党组织和人民政府接管，归并到西南铁路工程局，由西南军政委员会交通部部长赵健民兼任西南铁路工程局党委书记、首任局长，领导修建新中国第一条铁路——成渝铁路及康藏公路。

提起赵健民局长，冯叔瑜回忆说他是一位老革命，1932 年在济南读书时就加入中国共产党，在白色恐怖中冒死为党工作。解放战争时期，赵健民任中国人民解放军第二野战军第五兵团第十七军政治委员兼任军长，率部参加了豫东战役、淮海战役、渡江战役和解放大西南战役。解放战争 4 年中，转战南北，为解放全中国作出了贡献。

这时大西南刚刚解放，战争尚未完全平息，社会秩序也没安定，新中国财政十分困难。当时主持西南工作的邓小平在谋划西南经济恢复与建设时，首先想到的是兴修成渝铁路。铁路作为国家重要基础设施、国民经济的大动脉、大众化的交通工具，在经济社会发展中发挥着巨大作用。

新中国百废待兴，需要建设的项目很多，而且都是事关国防建设和经济命脉的大工程。据说成渝铁路建设方案送到毛主席的桌上时，毛主席思考再三并没有签字，而是直接让邓小平同志来中央当面汇报。毛主席说："小平同志，你告诉我，成渝铁路为什么要修？你若是能够说服我，我就签字，中央会全力支持修建；要是没能说服我，那这个铁路就先搁置。"

于是，邓小平同志向毛主席说明了加快修建成渝铁路的三个理由：

第一，西南地区有基础急需发展，重庆和成都是西南地区的中心城市，只有将这两座城市作为重点发展区域化经济，四川省的经济才能整体恢复。

第二，历史上成渝铁路已经修建多次，清政府和国民党政府都没有修成。如果新中国建成成渝铁路，党和政府在川渝人民心中乃至全国人民心中的威望都会大大提升。

第三，导致四川地区混乱和不能发展的主要原因就是交通，成渝铁路一旦修建成功，四川省的问题就会迎刃而解。

邓小平的三个理由，终于说服毛主席。成渝铁路建设方案很快得到中央批准。

难忘 1950 年 6 月 15 日，冯叔瑜参加了在成都举行的成渝铁路开工典礼，亲耳聆听邓小平同志发表了热情洋溢、激动人心的动员讲话。邓小平强调建设成渝铁路，是在经济与设备困难的条件下开始的，人民希望花钱少，事情办得好。中央同意调出一部分军队参加建设，也是为人民着想少花一些钱。许多困难问题，必须要以为人民服务的精神，逐步地求得解决和克服，并防止官僚主义倾向发生。邓小平致辞之后，贺龙同志将一面绣有"开路先锋"的锦旗授予筑路大军军工第一总队司令员李静宜。筑路第一总队高举"开路先锋"的旗帜，开工典礼当天就开赴九龙坡、油溪工地，打响了修筑成渝铁路的大会战。

冯叔瑜传

成渝铁路是党中央和中央人民政府决定在极其艰难的条件下开始自行修建的新中国第一条铁路。成渝铁路开工建设之后，冯叔瑜还在西南铁路工程局工会副主席岗位上负责宣传工作，经常下工地，到现场，组织一些宣传快报，宣传施工成绩进度、现场好人好事。在宣传工作中，冯叔瑜亲眼见证新中国第一条铁路建设，很有感慨地说："成渝铁路建设在新旧社会真是新旧两重天。"

冯叔瑜回忆说，1936 年国民党政府就成立了成渝铁路工程局，第二年开始修建成渝铁路，可是直到重庆解放，还一寸钢轨未铺，地图上始终是一条"虚线"。解放后，在中央人民政府和全国各地的支持下，1950 年 6 月 15 日成渝铁路重新开建，党中央确定了成渝铁路建设"就地取材"的修建原则，发动广大军民，先后共有 3 万多解放军官兵和 10 万民工参加，齐心协力，发扬苦干精神，以每日 5030 米的进度加快建设。到 1952 年 6 月 13 日，仅用两年时间就全线竣工，比计划工期提前 3 个月。1953 年 7 月 1 日成渝铁路全线正式通车。毛泽东主席为成渝铁路通车题词："庆贺成渝铁路通车，继续努力修筑天成路。"邓小平为《新华日报》题词："庆祝成渝铁路通车。"西南人民盼了近半个世纪的铁路梦想终于成为现实。冯叔瑜也梦想成真，在上海交大学习铁路工程建设终于学以致用，英雄有了用武之地。

在成渝铁路建设期间，冯叔瑜被组织上选送到西南革命大学参加为期 3 个月的学习培训。虽然只有短短 3 个月时间，但对冯叔瑜思想上、政治上的成熟进步起到了非常重要的作用，成为他求学之路最重要的环节。

西南人民革命大学是为了"适应西南地区解放后的和平建设，团结、教育、改造广大社会知识青年，培养为国家建设服务的人才"而建立的党校性质学校。西南人民革命大学总校设在重庆红岩村庞家岩，同时在成都、昆明、贵阳、川东、川南、川北、西康设立分校。当年第一期招收学员 2 万多人，冯叔瑜参加的是重庆总校学习，学员有 6500 多人，都是由解放后各政府机关团体推荐有志为人民服务的旧公教人员、失业文教人员、进步青年以及具有高中以上文化程度的青年学生。西南人民革命大学继承和发扬延安抗大的革命传统，每期集中 3 个月学习社会发展史、中国革命基本问题及时事政策等。结业后学员投入新中国的各项建设中去。建校后不久，西南人民革命大学又肩负起另一项重要历史使命，即负责西南地区的党员骨干和各方面干部的培训工作。到 1953 年为止，数千名干部从这里学成，走向西南地区乃至全国的实践前沿。

当时铁路系统专门组织了一个班，和冯叔瑜一起去的有十几个人。每天白天上一些马克思主义等政治课，晚上讨论。冯叔瑜在西南革命大学学习期间，思想认识有了进一步的提升，提高了革命素养。

在西南人民革命大学的学习很快就结业了。邓小平同志亲自到校为全体学员做毕业分配总动员报告，邓小平以《到实际工作中去接受考验》为题，号召广大学员到新中国建设实践中去发挥作用，贡献力量，有力地推动西南地区社会主义建设。通过这次学习培训，冯叔瑜的工作能力和水平也在成渝铁路工程实践中得以提高，多次受到领导的表扬。

12. 到苏联留学去

1952 年 7 月 1 日，随着成渝铁路全线竣工，开始筹备成都铁路局前身——成渝铁路管理局。成渝铁路新线管理处改组为重庆铁路管理分局，铁道部调上海铁路局副局长、原中国人民解放军第三野战军纵队参谋长赵锡纯担任西南铁路工程局副局长，同时兼任重庆铁路管理分局党委书记、分局长，筹备正式接管成渝铁路的运输管理运营。

冯叔瑜这时也由实习生转为成渝铁路管理局的工务员，局工会组建成立时，正式任命冯叔瑜为工会副主席，继续做工会工作。可是冯叔瑜毕竟是上海交通大学土木工程系毕业，学铁道专业的大学生，看到成渝铁路建设热火朝天、如火如荼，冯叔瑜有点坐不住了，多次跟领导提出请求改做技术工作，为新中国铁路建设发挥自己的一技之长。

的确，新中国铁路建设和管理急需专业技术人才。成渝铁路重新开工建设之后，铁道部从东北中长铁路、上海、济南、天津等局调来专业骨干300余人，从部队和其他部门抽调800余人，又从青年学生和民工中招考2000余人，至1952年底为3774人。通过举办训练班、开办夜校、举行技术讲座、订立师徒合同、组织点将台解答问题等方式，在短期内培养出了一批能独立作业的各种熟练职工。

冯叔瑜提出回归技术岗位工作的要求，得到领导的支持。1951年年中，冯叔瑜参加成渝铁路管理局组织的10余名专业技术人员，由赵锡纯局长亲自带队到北京铁道部学习，先在北京铁路局沧州工务段实习一个月铁路轨道维修养护作业，然后到北京听苏联专家讲铁路运营管理经济核算课。

这天是星期天休息，冯叔瑜学习之余到北京逛街景，走过前门大街正要走向天安门广场，忽然听到身后有人在叫，冯叔瑜回过头来，那人迎上前来有点气喘吁吁地说："还真的是你，太好喽！"

"你是找我吗？"冯叔瑜有点莫名其妙，听他说的是"铁路四川话"，夹杂着来自全国各地介于普通话与四川话之间的铁路特有方言，便感觉似乎有点面熟，一定也是铁路上的。

冯叔瑜的猜测果然没错，那人自我介绍说他是成渝铁路管理局科技处的处长，这几天一直在着急找冯叔瑜，他说："你看我找你都专门从成都找到北京来了。还真巧，总算找到你了，走，你现在就跟我走，到铁道部招待所集中，有领导还要见你呢！"

到了铁道部招待所，部机关一个叫杨梅的工会主席见了冯叔瑜这批来自全国铁路的年轻人，作了动员讲话。原来国家要选派一批大学生到苏联留学，铁道部给成渝铁路管理局分配了一个名额。因为冯叔瑜从上海交通大学土木工程铁道专业毕业，有大学学历，又懂铁路工程技术，还是中共正式党员，曾加入过中共地下党组织，政治可靠，于是经组织考察选拔，决定让冯叔瑜同这批年轻的铁路技术人员一道去苏联留学。留学之前所有选派人员先到北京大学再集中选拔考试。

这次留苏学生在北京大学的选拔考试，冯叔瑜又是一次考过，被正式列入新中国第一批赴苏留学生名单。第一批选拔出来的留苏学生不仅有大学生，还有战功卓著的解放军将领、意气风发的高中学生、踌躇满志的年轻干部以及经验丰富的技术人员。他们当中，年龄最大的已过40岁，最小的还不到20岁。

去苏联留学！去，还是不去？对冯叔瑜来说，当时既是一个惊喜，又是一个难题。

新中国成立之初，苏联是多少中国人向往的伟大国家，莫斯科是曾经点燃无数中国人心中激情的伟大城市。能被选派留学苏联学得一技之长报效祖国，冯叔瑜因此感到机会难得，十分惊喜。

然而令他为难的是他新婚还不满一年，妻子已经有孕在身，本来说好是出差来北京，学习一两个月就能回家团聚，眼下要出国留学一去就是几年别离，妻子一个人在家……难啊！

冯叔瑜的妻子向儒清是他重庆一个好同学妻子的亲戚，冯叔瑜和这位同学关系密切，常来常往。有一次，冯叔瑜的同学带妻子和向儒清一起来找他借点路费，冯叔瑜请他们一起吃饭时认识了向儒清——一个知书达理、举止端庄的漂亮姑娘。向儒清从重庆师范学校毕业，当时在重庆一所中学当老师，教语文、图画。向儒清的父亲在民族企业家卢作孚创建的重庆民生公司做普通职员。解放后卢作孚代表民生公司与交通部部长章伯钧签署《民生实业公司公私合营协议书》，成为新中国成立后第一家公私合营的大型企业，为长江航线最大的轮船公司，独占川江航运，兼顾多种经营。

冯叔瑜传

初次见面，向儒清给冯叔瑜留下了深刻印象，最重要的一点是，没想到面前这个美丽的女子向儒清居然是教书育人的学校老师，这不正是冯叔瑜最向往的职业吗？冯叔瑜为自己最终没能子承父业当老师颇感遗憾呢！

向儒清对冯叔瑜同样很有好感。冯叔瑜从上海交大毕业，有文化，有见识，举止文雅，谈吐不凡，尤其年纪轻轻就是共产党员，说明思想进步，积极上进，是个有为青年。两个人工作、生活都在重庆，相距不远，交往也不用写信，就直接相约见面开始交往起来。两个人认识的时候，冯叔瑜22岁，向儒清19岁。通过接触交往，两个年轻人情投意合，心心相印。1950年5月1日新中国第一部《婚姻法》已经颁行，倡导男女自由恋爱、婚姻自主，反对封建包办婚姻。于是，冯叔瑜和向儒清分别向单位报告，两个人结为恩爱夫妻，携手共同步入神圣的婚姻殿堂。结婚时没有举办酒席，也没有请客送礼，就像单位开会一样，朋友和同事到场参加，由领导正式宣布经组织批准两人结婚，然后颁发结婚证书，朋友和同事鼓掌祝贺，就完成了全部结婚仪式。这年冯叔瑜26岁，向儒清23岁。

冯叔瑜和向儒清新婚之后的一天，当初来找冯叔瑜借钱的那位同学偕妻特意前来祝贺，这才跟冯叔瑜道明："那次我们去找你借点路费钱，其实是个借口！"

冯叔瑜不明白，还问："是个借口？什么借口？"

同学的妻子正拉着向儒清说话，听冯叔瑜在问，笑着反问冯叔瑜："你都把我们家儒清娶回家了，还装啥子哟，问个什么借口。"说着便把向儒清朝冯叔瑜面前一推，笑着说，"就是这个借口！"

在场的人大笑，冯叔瑜也笑了，笑得很开心。

眼下组织上要选派他去苏联留学，妻子又有孕在身，就在冯叔瑜感到为难的时候，他在北京接到妻子从重庆寄来的信。在家的妻子其

冯叔瑜（右）在苏联留学

实先于正在北京学习的冯叔瑜知道组织上派他出国留学的事。妻子在给冯叔瑜的信中说，单位正派人到处找你，要派你出国去苏联留学呢！多好的机会，真难得，这也是组织上对你的信任。你就放心去吧，我也要外出去学习，咱们就比试比试，看谁先学成回来为祖国建设作出更大贡献！

　　1951 年 8 月冯叔瑜作为新中国第一批选派去苏联留学生出国，冯叔瑜的妻子向儒清第二年初就去了苏州东吴大学继续深造。东吴大学即现在的苏州大学，是中国第一所西制大学，由美国基督教监理会于1900 年创办。1952 年，东吴大学的文理学院、苏南文化教育学院和江南大学的数理系合并组建苏南师范学院，同年更名为江苏师范学院，在原东吴大学校址办学。1951 年东吴大学（苏州）旅台同学会推动在台复校。直到 1969 年才恢复完全大学建制。现在苏州大学与台湾东吴大学是姊妹学校。2000 年台湾东吴大学与同源的江苏苏州大学同庆建校一百年，2010 年两校再次同庆建校一百一十周年。

党和国家领导人高度重视留苏学生的派遣工作。毛主席在新中国成立不到 3 个月之时首访苏联的两个多月时间，专门于 1950 年 2 月 16 日晚 6 时，和周恩来总理在中国驻苏使馆接见了在苏联的中国留学生。毛泽东在讲话中谈到希望留学生做到三件事：第一，要努力学习，掌握好建设本领；第二，要艰苦奋斗，因为我们的国家还很穷，留学生在生活上不要同苏联同学攀比；第三，要锻炼身体，如果没有好的身体，即使学了很多的知识，将来回国以后也不能为祖国服务。应学地质学的留学生任湘的要求，毛泽东亲笔书写了"开发矿业"四个字，周恩来书写了"艰苦奋斗，努力学习"。

每当回忆起公派留学苏联的这段经历，冯叔瑜充满自豪与激情："党和政府对选派去苏联的留学生非常重视。1957 年 11 月 17 日，毛泽东主席率中国代表团参加苏联十月革命四十周年的庆祝典礼期间，毛主席和邓小平、彭德怀等中共中央领导人在莫斯科专门接见中国留苏学生。毛主席对留学生说的第一句话就是'世界是你们的，也是我们的，但归根结底是你们的。你们年轻人朝气蓬勃，正在兴旺的时候，好像早晨八九点钟的太阳，希望寄托在你们身上。'虽然那时我已经从苏联留学回国，但是毛主席对留苏学生的讲话，同样永远都激励着我不负重托，报效祖国！"

冯叔瑜说："当时新中国成立不久，百废待兴，国家经济十分困难。但是对我们赴苏留学生给予很高的待遇。1951 年 8 月，周恩来总理在百忙之中宴请欢送新中国第一批 375 名留苏学生。周恩来总理特别指示，出国留学生不能搞得面黄肌瘦，国家再穷，也要保证他们的健康。

出发前我们每个留学生发一个皮箱，每人一件皮大衣、两套新西服、两件衬衫等全套新衣裤，留学学费、住宿费等其他费用都不用我们个人管，全部都免费。每人每月还发 500 卢布助学金。那时汇率是一块人民币兑换两块卢布，相当于 250 块人民币。有人说连铁道部长每月也挣不到 250 块钱哩。"

1951 年 8 月 17 日，北京站。带着党和人民的殷切嘱托，冯叔瑜穿着一身崭新的西服，从北京站登上开往苏联首都莫斯科的全列卧铺列车，和新中国首批留苏学生一道启程，前往他们心中的世界无产阶级革命圣地——莫斯科，新中国第一次留学高潮的大幕由此拉开！

13. 留学生活苦与乐

新中国第一趟苏留学生专列从北京发出，到满洲里出境换轨进入苏联，走了一个星期才到莫斯科。苏联方面和中国驻苏联大使馆在莫斯科车站举行一个简短欢迎仪式之后，冯叔瑜和学习铁道专业的同学当天就在莫斯科车站换乘开往列宁格勒（今圣彼得堡）的列车，前往苏联铁道运输工程学院，在铁道建筑施工专业攻读石方工程机械化施工的大爆破技术。冯叔瑜的指导老师是苏联有名的 Д.Д.毕久金（Ъизюгин）教授。

铁道运输工程学院是苏联历史上第一所高等技术院校，也是苏联最优秀的铁道大学。1809 年俄国沙皇亚历山大一世成立交通军团时，就下设了交通工程学院，后来更名为亚历山大一世交通工程学院。学院最初开设了水上运输和陆地运输两个系，后来细分为四个系：水上运输、陆地运输、航空运输、军事运输。在此基础上，后来成立了四所独立的学院：列宁格勒水运工程学院、列宁格勒民航工程学院、列宁格勒公路工程学院、军事运输科学院。此后，列宁格勒交通工程学院更名为列宁格勒铁路运输工程学院（ЛИИЖТ），现在为圣彼得堡国

冯叔瑜传

立交通大学。

专业确定之后，留苏学生就开始了紧张的学习。为了早日学成回来报效祖国，冯叔瑜和每个中国留学生一样学习都非常刻苦努力。有的课程没有教科书，全靠记笔记。每次上课，冯叔瑜几乎总是坐在教室的第一排，认真听讲，用心记笔记，生怕漏掉老师讲的每个单词、每个语句。晚上自习的时候再重新整理一遍笔记，这样记得更牢固。当时苏联教授给中国留学生的评价是，教室里坐在第一排的不用看，几乎都是中国学生，勤奋刻苦是中国留学生最显著的标志。

冯叔瑜回忆当年留学生活，有苦也有乐。学习上的艰苦，冯叔瑜一点儿也不怕，他从小学习都以刻苦应对艰苦，习惯成自然了。冯叔瑜至今还保留一张苏联留学期间的作息时间表：早上 6 点半起床，早餐后开始自习；9 点上课，下午 1 点半下课；半小时午饭后上俄语课；下午 4 点下课去图书馆抄笔记到晚上 7 点；回宿舍晚饭后上晚自习，抄笔记，查字典，复习当天功课，预习第二天功课。留学 4 年，几乎从来没有在零点以前睡过觉。冯叔瑜说，开始由于语言不通、生活习惯不同，学习生活上虽然艰苦，但苦过之后，甘甜自来，乐便也在其中了。

1952 年暑假，学校派冯叔瑜和另外一个同学到西西伯利亚巴尔瑙尔市参观实习一个多月，从苏联轰轰烈烈的社会主义建设中，冯叔瑜学到了很多课本之外不一样的东西。

巴尔瑙尔市是阿尔泰边疆区的经济中心，西西伯利亚的一个铁路枢纽。1941—1945 年苏联卫国战争期间，成千上万的工业企业从苏联欧洲部分转移到包括阿尔泰边疆区在内的西伯利亚与远东各地。当时迁来巴尔瑙尔市的运输机械制造、仪器厂、锅炉厂和火柴工厂是阿尔泰边疆区的工业基础，有的还在建设或扩建中，四处都是轰轰烈烈的建设工地。巴尔瑙尔市地形地貌比较平坦，建设工地主要还是土方机械施工。只见挖掘机、推土机、铲运机、装载机、载重量数十吨的自卸车等大型土方机械在工地上穿梭轰鸣，气势磅礴。此时此刻，此情此景，不由得令冯叔瑜联想起他亲自参与成渝铁路建设的情景：成渝铁路施工条件极端艰苦、路料运力极为匮乏，没有大型机械化设备，就人工打眼放炮、挖山凿洞、挑磕运土、夯实路基……尽管面临诸多困难和挑战，但在中国共产党的领导下，成渝铁路最终胜利建成。为新中国铁路建设积累了宝贵经验，从此拉开了新中国大规模经济建设的序幕。回想这些，令冯叔瑜十分感慨：将来学成回国，我们的铁路建设也能用上这些大型土方机械该多好啊！

冯叔瑜在苏联留学期间

　　这天，在西伯利亚巴尔瑙尔市的一个旅馆里，冯叔瑜意外地接到从列宁格勒转来的妻子向儒清远在祖国重庆寄来的书信，他迫不及待地拆开信封，从里面掉出一张照片，他一开始笑了，以为是妻子的照片，待仔细一看就惊住了！这是一张约半岁大的婴儿照片，冯叔瑜立刻意识到这是他女儿的照片。因为他公派苏联留学，妻子怀孕、分娩、坐月子，他都不在妻子身边照顾，感到很内疚。妻子却深明大义，在信里勉励冯叔瑜努力学习一技之长，早日学成归来报效祖国。她和孩子不用他操心，都好着呢！妻子信中还说："你说咱们的女儿就叫冯苏丽，我完全同意，因为女儿就是在苏州出生的美丽姑娘嘛！"

冯叔瑜又开心地笑了，他给女儿起名叫冯苏丽，也许是跟他正在苏联留学相关呢。是夫妻所见略同，还是不谋而巧合，这都已经不重要了，重要的是他当爸爸了！

14. 第一次接触大爆破的奥秘与神奇

1953 年暑假，学校没有给冯叔瑜安排实习任务，而是发了一张休假证，让冯叔瑜去黑海边休假。

黑海是位于欧洲和亚洲之间的一个内陆海，在欧洲东南部地区和亚洲小亚细亚半岛之间。黑海虽然名曰"黑海"，但是并非黑色，海水依然很蓝，很平静，度假区风景很优美。冯叔瑜的这个暑期度假虽然没有具体参观实习任务，但是这一个月过得依然不轻松。他是独自一个人去黑海休假，跟当地工人吃住都在一起，身边没有既懂俄语又懂中文的老师、同学，正好为他营造了很好的俄语语言环境，环境也逼着他努力学习俄语。逛街、购物、游玩、海边钓鱼，他跟当地居民学习生活用语，晚上跟宿舍工人学习专业术语，用俄语跟当地人日常交流，为了今后的专业学习打下更好的俄语语言基础。

1954 年暑假时，冯叔瑜被派到齐加诺夫州的库万德克和乌克兰卡霍夫卡大坝工地实践。在齐加诺夫州苦晚德克一个叫科尔多克的露天煤矿工地，工人师傅带他坐车去现场看施工爆破。这是冯叔瑜第一次接触爆破作业，他看到现场工人打一排炮眼，然后往炮眼里填炸药，再依次点燃导火索，炮眼便也依次爆炸，震落一地碎石或煤块。他的第一感觉：这还不简单！火药本来就是中国的一大发明，距今已经有一千多年历史。小时候他读过《三国演义》等古典历史小说，里面都曾写到火药在军事上的应用，就是利用火药的燃烧和爆炸性能制造各种各样的火器用来打仗。他自己小时候逢年过节也会用零花钱买来爆竹放炮玩，还把爆竹埋进土里或者塞进老鼠洞里再点燃，那也是最原始的爆破呢！

可是当苏联导师给同学们讲解爆破理论时，冯叔瑜才第一次感受到爆破原来是如此奥秘和神奇，顿时兴趣盎然。导师讲解道：

爆破是利用炸药在空气、水、土石介质或物体中爆炸所产生的压缩、松动、破坏、抛掷及杀伤作用，达到预期目的的一门技术。爆破的理论基础是流体动力学，爆破学界对爆破现象和机理主要有三种不同的观点认识。

一是持能量平衡理论观点，认为内部装药爆炸所产生的能量，主要作用是克服土石介质自重和分子间黏聚力；在平地爆破形成的漏斗坑容积与装药量成正比。当只有一个自由面时，要求爆破后形成的漏斗坑有一定的直径和深度时（平地抛掷爆破），所需装药量与最小抵抗线（装药中心至自由面的最短距离）的三次方成正比，并与炸药品种、土石类别、填塞条件等因素有关。当有两个自由面时（露天采石爆破），如最小抵抗线不大，所需装药量与最小抵抗线的二次方成正比；如最小抵抗线较大，所需装药量与最小抵抗线的三次方成正比；其他影响因素与一个自由面相同。

二是持流体动力学理论观点，认为土石介质是不可压缩的理想流体，内部装药爆炸所产生的能量，可在瞬间传给周围介质使之运动，故可引用流体动力学基本理论和运动方程解决爆破参数的计算问题，由此推导得出土石方爆破药量的计算公式。

三是持应力波和气体共同作用理论观点，认为内部装药爆炸所产生的高温高压气体，猛烈冲击周围土石，从而在岩体中激起呈同心球状传播的应力波，产生巨大压力，当压力超过土石强度时，土石即被破坏。应力波属动态作用，开始以冲击波形式出现，经做功后衰减为弹性波。爆炸气体的膨胀过程近似静态作用，主要加强土石质点径向移动，并促使初始裂缝扩展。因此，根据土石性质的差异，采用相应的合理的技术措施，就能有效地满足不同的爆破要求。

三种理论观点各有各的道理，莫衷一是。

第一次接触到如此奥秘的爆破学理论，令冯叔瑜眼界大开。他又一次想到父亲要他一定要学习掌握一技之长作为安家立命之本的教诲，他再想起出国前参加新中国第一条铁路成渝铁路建设现场打眼放炮的场面，更加感到爆破技术太实用了。掌握这一技之长，无论是回家乡劈山凿石造屋盖房，还是逢山开路参加祖国铁路建设，都是英雄大有用武之地。于是，冯叔瑜如饥似渴地学习爆破理论，恨不得把导师讲的每一个字、每一个单词不光记在笔记本上，也刻在心里。冯叔瑜从最初接触爆破学理论时的懵懵懂懂，到最后融会贯通形成自己的一套爆破学理论，在国内外发表和出版了许多爆破学论文和理论专著，当然这是后话。

15. 感受大爆破的魅力

从齐加诺夫州库万德克的科尔多克工地实习回来，学校又组织同学们到乌克兰卡霍夫卡大坝工地继续学习实践。

位于第聂伯河的卡霍夫卡大坝当时正在建设中，施工正热火朝天如火如荼，大坝工地两侧时常传来隆隆的爆破声，这时在冯叔瑜听来也不再是震耳欲聋地令人生厌，而总是一种强烈的震撼在心底引起共鸣。卡霍夫卡大坝于1956年建成，不仅用于调节第聂伯河水流量，也有力地保障赫尔松州供电、克里米亚北部以及乌克兰南部生产生活用水。

与科尔多克煤矿工地的爆破不同的是，这里的爆破不是用来挖掘，而是用来填充，爆破产生的爆炸力将土石定向抛掷用来填充大坝坝体。苏联导师对此从爆破理论上作了进一步详细讲解：集中药包的土石抛掷爆破，其发展过程大致可分为应力波扩展阶段、鼓包运动阶段和抛掷回落阶段。在高压爆炸产物的作用下，爆破介质在不同阶段有不同的运动规律和轨迹。

理论讲解起来有点枯燥，但爆破现场参观却非常直观、形象、令人震撼！冯叔瑜亲自所见大爆破原来如此具有魅力，在冯叔瑜儿时的眼里，爆竹的爆炸只能粉碎，而工程爆破不仅可以粉碎，还可以填筑；不仅可以挖掘，还可以抛掷。冯叔瑜第一次亲眼所见，随着一声声炮响过后，大坝两侧成千上万吨的岩土被爆炸应力波掀起，瞬时形成鼓包升起并定向向外运动，最后准确地被抛掷回落在大坝坝体位置，然后就是推土机、铲运机、碾压机等各种大型施工机械开上去铲运碾压，爆破和机械施工大大地节省了人力，提高了工作效率。他立刻想到自己曾参加成渝铁路建设，如果那时我们也可以实行大爆破，那该多快、多好啊！

在苏联留学期间，冯叔瑜还去了库兹涅斯克钢铁基地的铁路建设工地和西伯利亚铁路大爆破工程工地现场实习，曾在西伯利亚大森林生活了半个多月，住在一个工人家里。实习结束时遇到连日阴雨，阻断交通，实习学生被困在西伯利亚大森林里又是半个多月。工人家储备的粮食吃完了，新的食品供应不上来，他们那些天只能顿顿吃土豆，煮着吃、蒸着吃、烤着吃，再蘸点盐，感觉饿了吃什么都有滋有味。

学校的理论学习和现场的实践实习，让冯叔瑜对工程爆破从理论到实践都产生了浓厚的兴趣，为他今后的钻研学习打下了良好基础。

16. 喜获留学副博士学位

转眼就到了博士毕业论文写作阶段，冯叔瑜选择的论文题目还是他最喜欢也最专注的爆破工程。冯叔瑜的论文理论联系实际，论述了爆破在工程实践中的设计和应用，并在论文里提出自己的独到见解，得到指导老师的充分肯定。

冯叔瑜常常怀念他留苏学习期间遇到两个很有名气的好导师。第一个指导导师利维洛夫，是著名铁路专家，曾任交通部部长；第二个指导导师是毕久金教授，主持过苏联多条长大铁路线的建设。毕久金亲自考过冯叔瑜的基础课。有一次毕久金教授突访留学生宿舍和冯叔瑜见面，见冯叔瑜正在读一本关于爆破方面的书，便从冯叔瑜手里拿过书来问了他几个有关爆破工程专业问题，冯叔瑜流利的回答令毕久金教授很满意。

在博士学位论文写作过程中，冯叔瑜坦陈遇到的最大困难是受留学生的学生身份限制，几乎没有工程爆破的实操经验，基本内容还是从书本到书本，爆破的作业流程是运用书本上的理论知识，然后根据自己的理解进行分析、推理、计算、论述。

冯叔瑜的博士学位论文完成后就该论文答辩了。当年苏联、东欧国家的教育体制对副博士的通过门槛很高、很严格。论文答辩前，要在图书馆贴出告示，登出300余字的论文摘要。答辩的时候允许其他人旁听，旁听的老师、专家和同学们也可以提问。在论文答辩前冯叔瑜找来同学反复演练了好几次，提高自己的应辩能力。正式答辩的时候，冯叔瑜自己先陈述论文的主要内容，答辩委员会的七八名委员轮番提出问题，到场旁听冯叔瑜论文答辩的二三十个人也有提问。由于冯叔瑜准备充分，胸有成竹地完美回答了答辩委员和专家老师的所有问题，顺利通过了博士学位论文答辩，获得苏联科学技术副博士学位。

苏联教育制度规定的研究生教育副博士学位是非常重要的学位阶段，体现了苏联学位制度的独特性。副博士学位从质量到级别、层次相当于我国的博士学位。当年我国留苏学生获得副博士学位的，回国后教育部认证中心就认证为博士学位。

1955年10月，冯叔瑜从苏联列宁格勒铁路运输工程学院毕业。

留学回国前冯叔瑜整理学习资料，十几大本学习笔记都是亲手抄写，不能扔；数十本珍贵铁道工程爆破专业书籍，不能丢；教科书、讲义、作业、论文手稿、留学日记，等等，一样也舍不得丢，一样也不能少。冯叔瑜留学几年，只要有点钱就都用来买书，专业的书要买，文学历史地理的书也买。临行前苏联朋友给他设计制作了一个一米见方的行李木箱装满了，才发现两个人都抬不动。没办法，只好重新做一个小点的行李箱，冯叔瑜情愿舍弃一些行李衣物，也要把珍贵的专业资料带回国。

每当回忆起四年来的苏联留学生活，冯叔瑜感到对他后来的学习研究工作都大有裨益，收获很大，以至于此生都与铁路工程结下了不解之缘，由一技之长而成为之奋斗一生的事业。

1955 年底，冯叔瑜和新中国第一批留苏学生一道，以优异的成绩结束了在苏联的 4 年学习回到祖国，立刻投身到新中国社会主义建设第一个五年计划实施的热潮中。

到基层去，让青春激情绽放在祖国母亲最需要的地方！

到一线去，用满腔热血书写着青年学子最华丽的篇章！

第二章
学成报国的成长历程
（1956—1964）

冯叔瑜学业有成，以一技之长报效祖国的成长历程，也正是冯叔瑜心心念念创建的铁道科学研究院爆破研究室和他为之奋斗一生的中国工程爆破事业初创时期。

17. 投身新中国建设热潮

啊，回来了，我亲爱的母亲！

啊，回来了，我亲爱的祖国！

从登上莫斯科开往北京的列车那一刻起，冯叔瑜和留苏学生的心就比列车更快地飞向祖国母亲的怀抱了！

冯叔瑜和留学生们身在苏联，心系祖国，每天通过苏联报纸电台的转载播报，关注着新中国日新月异的大建设大发展，为新中国社会主义建设的每一项新成就而高兴、而自豪！随着回国的日子越来越临近，他们心情愈加激动难捺，急切地盼望学成回国早日投入祖国建设中去。

　　终于盼到了学成归来的这一天，列车停在北京站基本站台，铁道部派车把铁路系统的留学生接回铁道部机关，有关领导对冯叔瑜回国表示热烈欢迎之后，并没有跟他们谈回国后的工作安排问题，而是给他们每人开了一张铁路公用乘车证，要他们先回家探亲，和家人团聚。

　　铁道部的这个安排让冯叔瑜倍感温暖。留学4年，离别4年，终于要和妻子团聚了，更加令冯叔瑜激动的是就要见到自己的宝贝女儿苏丽了。女儿出生时他这个当爸爸的没在身边就感到十分遗憾，如今女儿都3岁了，父女才第一次相见。冯叔瑜一想到这些，兴奋得在开往重庆的列车上一夜未合眼，直觉得这火车开得太慢、太慢！

　　夫妻重逢少不了互相亲切关心问候，之后便言归正传，妻子最关心的是："你这次回家是探亲，还是……"

　　冯叔瑜连忙回答："当然不是探亲，不是探亲，是留学毕业了，回国不去了！"

　　"不去了就好。成渝铁路局要从重庆搬去成都了，正好你在家，我们一起收拾收拾准备搬家。"

　　"可是……"

　　"可是什么？你不是留学结束了吗？"

　　"回来是回来了，可是领导说工作要重新分配，要到铁路建设最需要的地方去！"冯叔瑜想起铁道部一位领导在欢迎会上讲的话，"领导说了，现在正是新中国加快铁路建设时期。祖国需要你们，铁路建设需要你们，你们留学归来，是你们大显身手的时候到了。"

　　"我知道了，国家在经济困难的情况下，还花钱送你去留学培养你，当然要好钢用在刀刃上。领导派你去哪儿我都没意见，我都支持你！"妻子向儒清深明大义，听丈夫说铁道部先让他们回家，探亲回去再安排工作，向儒清不等冯叔瑜10天探亲假结束，就急急地催促他提前回北京。妻子说"你还是早点回北京，早点分配了工作心里踏实。铁道部分配你去哪儿工作我都没意见，分配了给我个准信儿，到时候我们娘儿俩探亲去看你。"

回到北京，冯叔瑜被安排在铁道部工程总局担任工程师。

铁道部工程总局成立于 1950 年 3 月，1958 年与铁道部设计总局合并为铁道部基本建设总局，1989 年 7 月 1 日，组建为中国铁路工程总公司，2003 年 5 月起隶属国务院国资委管理，为中央特大型骨干企业。2007 年 9 月由中国铁路工程总公司以整体重组、独家发起的方式设立中国中铁股份有限公司。中国中铁业务覆盖勘察设计、施工安装、工业制造、房地产开发、资源矿产、金融投资等多个领域，是全球第二大建筑工程承包商，连续七年进入中国建筑 500 强，2011 年排名榜首。这是后话。

铁道部作为政企合一的国家机关重要部门，铁道部工程总局是全国铁路工程建设的总负责。20 世纪 50 年代我国新线铁路建设发展较快，全国平均每年新建铁路约 1000 公里，每年完成土石方在 1 亿立方米以上，其中 1958 年、1959 年分别完成土石方 2 亿和 3 亿立方米以上。工程总局领导向冯叔瑜介绍情况说："目前在铁路建设的土石方工程中，还是大量采用爆破法施工，尤其石方工程必须采用爆破进行施工。我看了你苏联留学的博士论文，就是你专注的爆破工程，论述了爆破在工程实践中的设计应用，有理论有实际，还有自己的独到见解，苏联老师对你的博士论文给了很高评价。眼下正在建设的鹰厦铁路、宝成铁路等，主要是山区铁路，土石方工程量大、爆破作业多，难度也大，现场迫切需要你这样的爆破专家指导呢！"

冯叔瑜听了局领导的情况介绍，当即要求到现场去，到一线去，到铁路新线建设的爆破工程中去，积极投身到新中国建设热潮中去。

局领导笑了说："别着急，工程也不是一天两天的事。你刚来总局，先休息休息，熟悉一下机关工作环境，然后再……"

听局领导这么说，冯叔瑜反而更加着急了，说："搞爆破待在机关怎么搞？我的工作环境就应该在施工现场，要熟悉就到现场去熟悉。"

就这样，冯叔瑜连铁道部机关大门朝向都没搞清楚，行李往机关单身宿舍一放，就去了鹰厦铁路建设工地。这是冯叔瑜留学回国参加的第一条铁路建设。

18.鹰厦铁路大爆破首建奇功

厦门1949年解放之后，国民党军队还盘踞在距离厦门几海里外的金门岛上，不断对我大陆进行骚扰破坏，企图以此为跳板反攻大陆。尤其是我中国人民志愿军入朝作战后，国民党军队借机蠢蠢欲动，福建前线形势立刻紧张起来。

为此，1955年毛主席下了决心，命令中国人民解放军铁道兵司令员王震率铁道兵与福建、江西人民一起，尽快地修一条从江西鹰潭至福建厦门的铁路，加速社会主义建设，巩固海防前线，把前线所需要的军用物资设备及时运往福建厦门，随时准备狠狠地打击反攻大陆的敌人。

鹰厦铁路建设不但能够有力地巩固对台前线，还将结束福建省没有铁路的历史。周恩来总理曾在一次会议上说："解决美国第7舰队封锁台湾海峡以及台湾问题，要看'二王'：一个是王炳南在华沙和美国谈判；一个是王震率领10万大军修建鹰厦铁路。"可见鹰厦铁路建设意义十分重大。

王震上将接受了这一光荣的任务，带领十几万铁道兵立刻整装出发，奔赴鹰厦铁路施工现场。

鹰厦铁路北起江西鹰潭，在赣闽两省边境地区穿越武夷山地后，沿闽江支流富屯溪谷地延伸，到达南平附近的外洋车站，线路折向西南，顺着闽江另一条支流沙溪谷地修筑。然后在永安附近改向东南，穿越戴云山脉，进入闽南的九龙江流域，沿江而下，经过集美和厦门两道海堤

冯叔瑜传

（2010 年 1 月 30 日起改走杏林铁路大桥，集杏、高集两座海堤的铁路已拆除）到达厦门，全长 705 公里（含漳州支线 11 公里）。

鹰厦铁路沿线崇山峻岭地势险要，坡陡弯急。全线路基土石方 6800 多万立方米，平均每公里约 10 万立方米，最高每公里达 67 万立方米，最高填方达 37.02 米，最深挖方达 41.05 米。其中永安与漳平交界的戴云山岭头土石方工程最为艰巨，戴云山岭要削去近百米的山头，并在 40 公里距离内开凿 13 座隧道，修建 7 座大中桥梁、103 座涵洞，填挖土石方总量达 869 万立方米，平均每公里 18 万立方米。路堤填筑最大的地方，在 977 米长度范围内挖填土石方 60.4 万立方米，路堤填筑最高处 42 米，边坡长达 70 米。

如此大的土石方工程量，只有采取大爆破施工才有最佳功效。1956 年初，铁道部工程总局派冯叔瑜和正在中国帮助推广应用大爆破技术的苏联爆破专家 А.И.齐齐金一起参加了鹰厦铁路的大爆破施工设计，冯叔瑜还负责苏联专家与铁道兵爆破技术人员的沟通。

在苏联爆破专家 А.И.齐齐金的指导下，冯叔瑜大胆地将留学期间学到的苏联工程大爆破方法运用到鹰厦铁路建设中来，经过现场测量计算、设计方案、反复研究，最终确定了连续进行大爆破的施工方案，得到 А.И.齐齐金的充分肯定。方案实施中，冯叔瑜坚持在现场亲自指导施工人员打炮眼、凿炮室、装填炸药、点火引爆，先后进行 20 多次大爆破，在戴云山分水岭一举削平了 6 座山头，开凿出深 26 米、长 750 米的铁路通道。最大的一次爆破是在 1956 年 4 月，在分水岭南侧的 3 座山头上，铁道兵战士开凿了总长 866 米的 41 条大爆破导坑和 69 个药室，装进了 234 吨炸药，接上了总长达 7310 米的起爆电线。随着指挥员一声令下，山动地摇，蘑菇云升天。硝烟散后，80 米高的山头被夷平了，被掀翻的 40 多万立方米土石，将右侧的山谷填平。据统计，鹰厦铁路沿线 116 处大爆破工点，共爆破土石方 310 万立方米，节省劳力

188 万工天。

冯叔瑜学成归来，在鹰厦铁路建设大爆破中首建奇功，赢得了铁道部领导的赞扬，苏联爆破专家 A.И.齐齐金也连连对冯叔瑜竖起大拇指，给予高度评价。

举世瞩目的鹰厦铁路 1956 年 12 月胜利建成。1957 年 4 月 18 日，两列客车分别从江西鹰潭站和福建厦门站始发对开，标志着鹰厦铁路正式投入运营。1958 年，中央军委根据国内外形势，作出了炮击金门、牵制美帝，反对"两个中国"图谋的战略决策。解放军炮击金门的大炮弹药、解放军空军油料、航材，东海舰队 12 艘鱼雷艇等军用物资，迅速通过鹰厦铁路运至战区，短时间内神不知鬼不觉地在厦门前线完成大规模集结，有力地支援前线炮击金门的战略行动。

鹰厦铁路建设大爆破的成功经验，被总结成为"铁道兵经验公式"，在后来多条山区铁路建设中得到推广应用。冯叔瑜和苏联爆破专家 A.И.齐齐金一起从鹰厦铁路又到宝成、川黔、都贵等新建铁路建设工地指导爆破施工。这段时间，冯叔瑜和 A.И.齐齐金一起出差、一起工作，感到苏联专家对我们铁路建设尤其是爆破施工给予了很大的指导帮助，冯叔瑜也从中学到了留学期间在课本上学不到的实践知识，积累了宝贵的爆破施工经验。

19. 授人以鱼，不如授人以渔

在鹰厦、宝成、川黔、都贵铁路施工现场，冯叔瑜经常看到悬崖上打炮眼没有人的立足之地，铁道兵战士就用绳索把自己吊在半空中，用肩膀抵着风枪在悬崖上打炮眼、填炸药、点燃导火索放炮崩山。山坡上打炮眼风枪不够，为了抢进度就上人工打眼，战士们一个人手握钢钎，另一个人手抡八磅大铁锤，抡锤的战士每打一下钢钎，手握钢钎的战士就转动一下钢钎，炮眼就这样一分一分地往深里凿进。铁锤一旦抡空打偏，手握钢钎的战友必定皮开肉绽，血流如注，令人心痛！而战士们简单包扎一下，又抢起铁锤，喊着号子，继续打炮眼。冯叔瑜常常为铁路建设者那股豪情壮志、那股冲天干劲所感动。

同时，冯叔瑜又深切地感到铁路建设现场爆破最缺乏的不是人力、机械、炸药、器材，而是缺乏爆破专业技术人才。苏联专家和国内爆破技术人员有限，不可能逢爆必到，逐一指导。因此，有些规模比较小的爆破没有设计，也不计算，全凭施工人员自己摸索出来的一套老办法、老套路、老经验，而许多办法经验往往是用血的代价换来的。不少石方工程还是人工打眼放炮，或者手持风枪钻孔爆破方法，有的打炮眼，布局很随意；有的装炸药，药量很随意；有的点火起爆，时间控制很随意；有的对爆破力缺乏精确计算，安全防护距离很随意；还有的为了抢工期抢进度就着急乱放炮，许多爆破没有发挥应有的作用，不仅浪费了人力、物力，甚至引发安全事故，危及施工人员的人身和财产安全，爆破操作人员的严重伤亡事件时有发生。还有的乱爆破给路基、路堑造成震动性破坏，留下病害隐患，给运营期线路的维修、养护造成困难，要花费更多的人力、物力和投资去整治。

冯叔瑜在施工现场调研发现这些存在的问题，看在眼里，急在心里。自己纵有三头六臂，也不能跑遍每个工地去指导所有的爆破啊。他想起小时候当私塾先生的父亲给他讲过的中国那句古话叫"授人以鱼，不如授人以渔"，说的是传授给人知识，不如传授给人学习知识的方法。父亲说，教书育人跟这是一样的道理，吃鱼是目的，捕鱼是手段，一条鱼只能解一时之饥，却不能解长久之饥，如果想永远有鱼吃，那就要学会捕鱼的方法。因此，学习首先要学会学习的方法。

回到北京，冯叔瑜急切地向铁道部工程总局的领导汇报了现场情况，大胆建议尽快培养我们自己的爆破专业技术人员，提高工程爆破质量。

冯叔瑜的建议与工程总局领导的想法不谋而合。工程总局调研发现有的施工单位往往有种偏见，认为打隧道、架大桥的确需要技术，而土石方施工没有技术可言，无非是高了就挖，低了就填，遇到岩石挖不动了就炸。殊不知就是这个"炸"字大有技术含量，很有学问呢！工程爆破可不像小时候放爆竹那样，点着火药捻子一响完事那么简单，打眼放炮固然要靠有力气、小技巧、老经验，更重要的是要讲科学、有理论、靠技术！

工程总局领导给冯叔瑜介绍了当前全国铁路建设的大好形势。新中国成立以后，国民经济迅速得以恢复，而交通运输是经济活动的命脉，铁路尤为重要。1949年，全国能够勉强维持通车的铁路仅1.1万公里，而且无一条能够全线通车。广大铁路职工和铁道兵指战员在"解放军打到哪里，铁路就修到哪里"的口号下，修复了主要铁路线路。到1949年底，全国通车的铁路已近2.2万公里。到1952年底，铁路的营业里程增加到22876公里。在财政经济非常困难的条件下，国家在1950年决定建设铁路新线，先后动工兴建成渝线（成都至重庆）、天兰线（天水至兰州）和湘桂线的来镇段（来宾至镇南关）。新铁路的兴建，对活跃西南、西北物资交流，改善全国铁路布局，起到了重大作用。然而令铁道部工程总局领导感到头疼的事，就是随着铁路建设加快，工程开展项目增多，土石方工程爆破也大大增加，但是爆破事故频出，究其原因，还是施工现场缺乏有经验的爆破人员。

冯叔瑜冒昧地打断工程总局领导的话说，爆破不完全是凭经验，是凭技术，要讲科学技术！

领导笑了，接着说，是的，正因为这门技术非常重要，我们才迫切需要更多的爆破技术人才。

据铁道部工程总局的统计，长期以来石方工程的劳动生产率比较低，提高的速度也很缓慢。50年代石方工程的工效是0.8—3.7立方米/

工；采用爆破方法施工的，可以将工效提高到 10 立方米 / 工以上；而采用深孔爆破石方机械化施工的，最高可达到 14.7 立方米 / 工的水平。

工程总局的统计资料还表明，50 年代土石方工程费用只占新线铁路总投资的 21.6%—22.9%，劳动力消耗却占了 51.0%—56.6%；隧道工程所占总投资为 12.7%—13.3%，劳动力消耗则占 0.6%—8.1%。两者相比，石方工效只有隧道工程劳动生产率的 25%—31%。

工程总局领导对冯叔瑜说，你留学学的正好又是铁路工程爆破专业。总局的意思是你学成归来，给咱们铁路爆破技术人员培训班讲讲课，多多地培训工程爆破技术人员，越多越好！

这也正合冯叔瑜心意。他想的正是要把自己学到的东西传承给更多的人，把工程爆破这门技术推广开来，让铁路受益，让工程建设受益，最为重要的是让爆破施工人员受益，既保证自己的人身安全，又保证施工安全，大大提高工效。

接受培训任务之后，冯叔瑜认真准备培训课程，将从苏联留学带回来的工程爆破技术学习资料重点内容翻译成中文，自己编写图文并茂、通俗易懂的培训教材，编写教学讲义常常到深夜。

铁道部工程总局经过认真筹备，决定在铁路建设工地现场举办铁路建设工程爆破技术人员培训班，由冯叔瑜担任主讲老师。全国铁路在建工程各参建单位踊跃选派爆破作业人员参加培训，每期培训班都突破报名名额，人员多达五六百人参加，培训班举办 4 期，培养了 2000 多人。教室坐不下，就在大礼堂讲；座位坐不下，就站在过道、墙边、窗外听。冯叔瑜担任主讲老师系统讲解工程爆破技术，他讲课深入浅出，形象生动，受到大家热烈欢迎。

冯叔瑜讲爆破发展，从中国古代四大发明之一火药的发明开始讲起，讲到火药从 10 世纪开始在战争中应用，13 世纪开始用于军事爆破。19 世纪中叶，随着各种新型炸药的出现，爆破对象由土石扩展到混凝土、钢筋混凝土、金属等各种材料及其结构物。和平年代爆破技术被广泛应用于道路、机场、矿山、大坝等土石方工程建设中。起爆方法也由简单的火绳点燃法逐步发展为导火索点火法和电点火法，为扩大爆破的应用范围提供了条件。

冯叔瑜讲爆破理论，从炸药爆炸的化学原理和爆炸波的流体动力学原理讲起，讲到炸药瞬间爆炸后产生的爆轰波与爆轰气体传播给周围岩石的过程中，岩石或介质的破坏、移动和抛掷的规律；讲到各类型爆破原理，等等。

冯叔瑜讲爆破的方法和应用，从爆破的不同应用场景讲起，讲到在不同地形地质条件、采用不同药量、不同规模的爆破，讲到不同的爆破方法有着不同的作用和效果，等等。

冯叔瑜讲爆破技术的发展趋势，从进一步研究炸药的爆轰机理和介质破坏机理讲起，讲到研究建立各种数学模型，计算爆破参数，优化爆破方案设计；讲到研究实施爆破中提高炸药能量的有效利用率，最大限度地减弱其危害作用；讲到准确把握爆破技术发展趋势，研究最新爆破技术，满足工程建设需要，获取最佳效果；等等。

培训班上冯叔瑜结合他亲自参与过的鹰厦、宝成、川黔、都贵铁路建设爆破工程实例，从理论到实践，从爆破方案设计到爆破效果分析，深入浅出，讲得通俗易懂，非常受培训学员的欢迎。第一期参加培训回到施工现场的学员，立刻将冯叔瑜教授的爆破知识运用到实际爆破中去，果然大大提高爆破工效。再举办第二、第三、第四培训班时，参建单位根据自身需要超名额选送爆破人员参加培训，几百人座位的大礼堂坐不下，许多学员就靠着墙边、站在过道上旁听冯叔瑜讲课。每次讲课结束，学员们都团团围着冯叔瑜，一声高过一声地叫着"冯老师"，向他请教爆破技术方面的有关问题。

等冯叔瑜回到房间静下心来总结这一天的授课时，一时间他突然想起了父亲当年在私塾讲课的情景。此情此景，令冯叔瑜热泪盈眶，他心里默默地告慰父亲：父亲啊父亲！今天我子承父业，在大课堂给数百学子讲课的情景，您在天之灵可曾看到、可否满意？只不过我讲的不是您当年讲的四书五经、三纲五常，而是您曾要求我要有的一技之长；我教人不是读书做官，而是以一技之长更好更快地建设社会主义新中国！冥冥之中，冯叔瑜感觉到父亲宽慰地对他点点头笑了，冯叔瑜也笑了。

20世纪50年代是铁路建设工程爆破技术大发展的年代，许多新线建设项目广泛采用大爆破施工方法，加快了重点土石方工程的施工进度。这与铁道部工程总局重视爆破技术人才的培训不无关系，与冯叔瑜的精心教学、精心培养爆破技术人才不无关系。

20. 与毛主席合影

新中国成立后，党和国家的工作重心逐步从革命向建设转移，随着经济建设和文化建设高潮的到来，老一辈无产阶级革命家更加重视科学技术，并且领导全党开展科学技术革命。

这天，冯叔瑜在参加单位组织的政治学习中，从一本政治小册子里读到毛主席关于科学技术的重要论断。早在延安时期毛泽东就精辟地指出："我们应当重视专门家，专门家对于我们的事业是很宝贵的。"1940年2月5日，毛主席在延安陕甘宁边区自然科学研究会上讲话时说："自然科学是人们争取自由的一种武装。……为着要在自然界里得到自由，就要用自然科学来了解自然，克服自然和改造自然，从自然里得到自由。"

1941年1月31日，毛泽东给远在莫斯科的两个儿子毛岸英、毛岸青写信，用更通俗的语言表达了"自然科学是人们争取自由的一种武装"的思想。信中说："你们长进了，很欢喜的。岸英文理通顺，字也写得不坏，有进取的志气，是很好的。"接着殷切期望儿子，"唯有一事向你们建议，趁着年纪尚轻，多向自然科学学习，少谈些政治。政治是要谈的，但目前以潜心多习自然科学为宜，社会科学辅之。将来可倒置过来，以社会科学为主，自然科学为辅。总之注意科学，只有科学是真学问，将来用处无穷。"

1949 年 9 月，在全国政协一次会议期间，毛主席在会见科技界代表时充满感情地谈道："你们都是科技界的知识分子，知识分子很重要，我们建国，没有知识分子是不行的。"

读到这里，冯叔瑜又想起父亲当年对他的告诫：纵有家财万贯，不如薄技在身。有一技之长，方能安家立命。他更加坚定自己的人生选择，决心将学习钻研爆破技术作为自己终生的事业进行到底。

新中国成立后，党中央、国务院对投身社会主义建设的各类科学技术专家给予高度重视和关心。1956 年 1 月 14 日，中共中央在中南海怀仁堂专门召开关于知识分子问题会议。国务院周恩来总理清楚地意识到中国科学技术水平仍然很落后的现状，因此，代表党中央、国务院在会上郑重宣布：国家要组织科学技术人员制定《1956—1967 年科学技术发展远景规划》，立足当前需要，放眼未来发展，及时妥善地解决了科学技术发展方面的一些重要方针性问题。

这是中华人民共和国建立以后的第一个科技规划，规划确定"重点发展，迎头赶上"的指导方针。从 13 个方面提出了 57 项重大科学技术任务、616 个中心问题，并从中综合提出 12 个重点任务。该规划的实施成功地解决了第二、第三个五年计划中的中国国家经济和国防建设中迫切需要解决的一批科技问题，产生了以"两弹一星"为标志的一系列重大成果，创造了中国科学技术史辉煌的成果，使中国在短短七八年时间内，跨入现代科学几乎所有领域的大门。

冯叔瑜作为新中国第一批赴苏联留学的留学生代表，也被吸收参加编制十二年科学技术发展远景规划。在参加编制工作中，冯叔瑜一方面

冯叔瑜传

虚心地向老科学家学习请教，另一方面在自己熟悉的铁道领域，对铁道科研机构的设置和布局、铁路高等院校学科及专业的设置调整，以及铁道科技队伍的培养使用等方面，大胆提出自己的意见和建议，对铁道科技管理体制、体系的建立，起到了积极的促进作用。

1956年6月14日，毛泽东、周恩来、朱德、陈云、林伯渠、邓小平、聂荣臻等党和国家领导人在中南海亲切接见参加制定全国十二年科技发展远景规划的全体学部委员和科学家。冯叔瑜也有幸受到党和国家领导人的亲切接见，并与毛泽东、周恩来、朱德等党和国家领导人一起合影留念。这张半米多长的黑白合影照片一直珍藏在冯叔瑜的身边，他时常拿出来给同事和孩子们指认照片正中央是毛主席，毛主席的右侧是周总理，左侧依次是朱德、陈云、林伯渠、邓小平、聂荣臻等党和国家领导人。

同事们看到照片满是羡慕，孩子们看到照片十分惊喜，都问："呀，您还和毛主席、周总理、朱总司令一起照过相哩！哪个是您哪？"

冯叔瑜满是自豪地指着照片上的他说："你看，照片上第2排右边第7个就是我！"

每当回忆起人生的这一高光时刻，幸福的笑容就洋溢在冯叔瑜脸上久久不去。截至2022年，在第一代新中国留学生中，共产生了224位院士和学部委员。其中，103位当选为中国科学院院士，103位当选为中国工程院院士，5位入选中国社会科学院学部委员，13位入选中国社会科学院荣誉学部委员。他们不忘初心，肩负使命，为了社会主义新中国的伟大建设工程，无怨无悔地付出自己的智慧和力量，作出杰出贡献！

1958年，为了更好地发挥冯叔瑜的专业技术特长，更专心地从事爆破技术研究，铁道部调冯叔瑜到铁道部铁道科学研究院，在铁道建筑研究所任施工研究室主任、土工研究室副主任，工程师，重点研究铁路路基土石方的施工技术和机械化问题。

21. 大爆破：从紧急叫停到全面恢复

用一分为二的观点辩证地来看，凡事有其利，必有其弊，铁路工程大爆破也是如此。

在苏联爆破技术专家齐齐金的指导下，冯叔瑜实际操作参与，鹰厦铁路全线百吨级以上的大爆破有 116 处，爆破土石方 310 万立方米，最多的一次爆破填充炸药 200 多吨。有的一炮就基本炸开一条路堑或者定向爆破填充出一条路基，的确大大节省了人力，也大大加快了鹰厦铁路建设进度，仅用短短两年时间就全线建成通车了。

但是苏联爆破专家撤走后，大爆破的后遗症也逐渐显现出来。原来齐齐金是矿山爆破工程师，冯叔瑜在苏联所学的也多是矿山爆破。矿山爆破的特点是由点到面的剥离性爆破，对爆破面边坡和基底的要求不严，爆破药量越大，剥离出来的矿石越多，效益越高，因此矿山爆破追求一个"大"字。而铁路土石方工程爆破为线状成型爆破，设计计算不准必然会给边坡、路基的稳定性带来隐患，因此铁路土石方工程爆破追求一个"准"字。

1962 年的夏季闽北地区多雨。这年夏日的一天，闽北地区 24 小时雨量已达到 280 毫米，小时雨量超过 60 毫米。鹰厦铁路潘坊至洋口间区间 K245+300 处左侧堑坡发生大段坍塌掩埋了线路。一列正行驶在这一区间的货物列车值乘机车乘务员尽管已经高度警惕并密切瞭望前方线路，做好随时停车准备，但还是躲避不及，撞上塌方体，造成机车和机后三辆车厢脱轨的行车事故。受江西、福建持续暴雨影响，这已经是鹰厦铁路这个月内发生的第三起因塌方造成线路中断引发的行车事故。全国铁路在这个雨季虽未造成行车事故，但是线路中断的塌方还有 20 余起。

线路接连中断的塌方事故引起铁道部工程总局的高度重视，事故调查发现，鹰厦铁路建设土石方工程大爆破的同时，也容易造成铁路边坡、路基松动、崩塌等病害隐患。南方雨季来临，本来就已经松动的铁路边坡、路基受雨水冲刷侵蚀就会塌下来，造成线路中断，严重危及行车安全。

发现这个问题后，铁道部工程总局指定由冯叔瑜带队，组织全路科研单位、铁路院校和设计施工单位 40 余名专家技术人员，对鹰厦、宝成、川黔、都贵、贵昆等 10 条新建铁路线路 160 多处大爆破工点的路基、边坡现场进行调查，取得大量第一手资料。经过数据分析计算和系统研究，调研组的结论是：根据中国铁路路堑的特点，爆破设计必须充分考虑工点的工程地质条件和保证开挖成形的高陡边坡的完整性和稳定性，避免给今后的铁路运营带来事故隐患。

铁道部工程总局对冯叔瑜调研组的报告认真研究，在对铁路建设工程实例总结的基础上，一度决定今后铁路土石方工程不准采用大爆破方法施工。

工程总局的这一决定，反倒让冯叔瑜着急起来。他直接闯进总局领导的办公室向领导反映："为什么不准大爆破方法施工呢？"

"这正不是你们调研组的调研结论吗？"总局领导反问冯叔瑜。

冯叔瑜据理力争："调研结论是针对塌方事故本身的原因得出的，并不代表对大爆破施工方法的否定。大爆破固然存在一些后遗症，但这些问题完全可以通过改进爆破方法加以解决的。我们总不能因噎废食，因为出现这样或那样的一点问题，就把大爆破的作用完全否定了呀！大爆破能够成十成百倍地提高施工工效，何乐而不为呢！"

"可是行车安全总是第一位的。大爆破的后遗症造成边坡塌方、路基下陷，严重危及行车安全，我们也不能因小失大啊！"总局领导还是坚持局务会的决定。

"这些问题我们能够解决，一定能够解决！"冯叔瑜向总局领导一再打包票，保证尽快解决这些问题。

终于冯叔瑜从科学技术方面有理有据地阐述道理，说服和争取到工程总局领导的大力支持。冯叔瑜当面立下军令状，保证加快研究改进爆破技术的科学方法，解决大爆破后遗症，确保行车安全。

根据两年多在鹰厦铁路、川黔线等大爆破的施工经验，冯叔瑜认识到，如果要保证爆破工程的质量，在爆破以后不至于爆破碎裂的石块过大，不至于发生爆破清方后发生连续塌方，不至于因爆破而对路基、边坡造成破坏等，大爆破从开始阶段就要对爆破点进行详细的地质勘察、地形测量，对爆破方案进行精心设计。作为爆破技术设计中最重要的部分，就是铁路路堑的药包布置方法，将直接影响到爆破效果的好坏，关系着工程费用的高低。

经过理论研究和反复实验，冯叔瑜发现影响药包布置的几个主要因素：

一是地质情况。不仅要根据岩石的硬度以及岩石节理发育情况和风化程度，决定药包计算公式中单位用药量数值和药包的保护层，还必须考虑岩石生成的结构情况，以避免爆破后伤害边坡的稳定，造成大量塌方。

二是地形条件。爆破工程的地形情况，不仅要进行详细测绘，而且每隔 10 米要做出横断面图，还要把附近 500—1000 米范围内的情况描绘出来，最好由设计人员亲自到现场踏勘一遍，这样才能对设计作出全盘的考虑。

三是炸药的性能与起爆方法。冯叔瑜注意到了不同性质的炸药在相同的条件下，爆破效果是不同的。而以前由于我国物质条件所限，对炸药很少有选择机会。冯叔瑜对铵梯炸药、铵油炸药和胶质炸药的性能进行了分析，有针对性地研究了药包布置方法和起爆网路对爆破效果的影响，冯叔瑜根据已有的经验，提出尽量采用条形药包爆破方法与边坡设计相匹配。

在这些研究基础上，冯叔瑜提出了多种不同的药包布置方法。比如，双壁深路堑开挖，考虑到炸药耗用量较大，而且机械化施工条件较差，冯叔瑜综合设计了药包的布置模型和计算公式，并得到了经验验证。而在斜坡地面的单壁路堑开挖中应充分利用地形坡度，在这样的地形条件下用大爆破方法开挖路堑，必须根据地形地质结构的情况逐一提出设计方案。在半路堑的横断面内布置药包，必须根据各种特殊的地形条件结合地质情况，详细地考虑才能做出比较合理的药包布置。冯叔瑜认为，不能生硬地套用平坦地面路堑的药包布置方法，路堑内的岩石不能全部扬弃，不能伤害边坡和路基平台的稳定性，要避免过量废方。因此，在布置药包时，必须结合地形与地质的情况，具体地考虑每个药包的大小和位置，最后，在纵断面上适当调整全部药包的布置和它们的大小。

冯叔瑜的研究结论上报总局领导之后，得到总局领导的充分肯定，并在铁路土石方工程爆破中得到进一步验证，证明冯叔瑜的爆破方式方法切实可行，既大大地提高爆破工效，又最小程度地减少对边坡、路基的扰动破坏，为建成线路运行安全提供更加可靠的保证。

在冯叔瑜的努力下，铁道部工程总局在全路工程建设中逐步全面恢复大爆破作业，冯叔瑜改进爆破技术的研究成果在全路工程项目中得以推广应用，取得巨大效益。

22. 三峡大坝初显身手

就爆破技术而言，使用炸药爆炸瞬间释放出大量能量产生的高温和高压，用来破坏或移动物体，这一能量转换的科学原理是通用的。爆破技术既能应用于铁路工程，同样也能应用于水利、水电、矿山、航道等

冯叔瑜（前右三）在三峡工程建设工地

冯叔瑜（左二）在三峡工程建设工地

工程建设。

冯叔瑜的爆破技术专长在铁路工程领域取得显著成就，扬名路外，很快引起了国内工程界的关注。冯叔瑜调任铁道科学研究院施工研究室主任之后，接到的第一个工程任务不是铁路工程，而是三峡水利工程。从此，冯叔瑜爆破技术研究又进入全新的定向爆破筑坝领域一展身手。

建设三峡大坝工程是中国人的百年梦想。早在1919年孙中山先生在《建国方略》中就最早提出了建设三峡工程的设想。新中国成立伊始，三峡工程建设就引起了党和政府的高度重视。1950年初，国务院长江水利委员会正式在武汉成立。

1953年，毛泽东主席在听取长江干流及主要支流修建水库规划的介绍时，希望在三峡修建水库，以"毕其功于一役"。毛主席指着地图上三峡的位置说："费了那么大的力量修支流水库，还达不到控制洪水的目的，为什么不在这个总口子上卡起来？""先修这个三峡大坝怎么样？！"

1958年初，周恩来总理与两位副总理李富春、李先念一道，亲自查勘了三峡坝址，中央各有关部委、各有关省市负责人以及各方面专家和苏联专家等100多人参加，从武汉乘"江峡"轮溯江而上。在船上，周恩来听取汇报，主持讨论，仔细研究长江规划和三峡问题。在三斗坪还实地看了三峡坝址，并将坝址岩芯带回给毛泽东主席看。周恩来沿途经历十多天的劳累，顾不上休息，又于3月7日晚连夜乘火车由重庆赶往成都，出席中央成都会议。在成都中央政治局会议上，周恩来作了三峡水利枢纽和长江流域规划的专题报告。

1958年3月8日至26日，中共中央在成都举行了政治局扩大会议。毛泽东、刘少奇、周恩来等中央领导人及中央一些部门负责人，各省、市、自治区党委第一书记共39人参加了这次会议。周恩来在成都会议上作了《关于三峡水利枢纽和长江流域规划的报告》。4月6日，中共中央下发《关于三峡水利枢纽和长江流域规划的意见》。这是党中央指导长江流域规划和三峡工程的重要文献，也是关于三峡工程的第一个正式文件。

1958年11月，铁道部铁道科学研究院根据国家科委指示，与中国科学院力学研究所、水利科学研究院土建所、长沙矿冶研究所、长江水利委员会、中国人民解放军铁道兵以及北京工业学院等单位专业技术人员共同组建了三峡工程水利工程爆破组。上级指定铁道科学研究院副院长李泮明任爆破组组长，北京理工学院丁儆任爆破组副组长，冯叔瑜任爆破组秘书。爆破组重点研究定向爆破筑坝、开发爆破器材新品种，协助水利部门进行三峡工程爆破项目。

以参加三峡工程爆破组为契机，冯叔瑜在铁道科学研究院施工研究室组建了小型机械化施工研究、铁路路基土石方大爆破研究和定向爆破筑坝技术研究三个专项课题组，其中定向爆破筑坝技术研究课题组直接归国家科委领导。路基土石方大爆破研究课题组由冯叔瑜亲自负责，成员有施工研究室的赵英倩、董培青、李玉发等7人。冯叔瑜带领施工研究室课题组先后在川黔铁路沿线的阿锁寨、木竹河、杨柳街，丰台沙城铁路的大台、雁翅等几处工点进行了洞室大爆破和定向爆破的试验研究与推广工作，为长江三峡大爆破做前期实验性研究。

从1959年初开始，冯叔瑜的大部分时间都在水利电力部从事爆破技术研究工作，同时为水利电力部举办了爆破技术人员培训班。1959年秋，冯叔瑜应长江水利委员会办公室的邀请赴三峡工地，与长江水利办施工处的技术人员一道，从三斗坪到南津关沿江坝址进行现场勘查，最后选定南津关上游的平善坝比较适合定向爆破筑坝的要求，初步估算需要炸药1.5万吨，可填成高200米、坝顶宽50米的土石混合坝。但是水工布置因为地方狭小困难较大，还由于暂时经济困难和国际形势影响，1960 年 8 月，苏联政府撤回了有关专家，三峡建设步伐被迫中断，三峡工程爆破组也解散了。

23. 一炮筑坝出平湖

三峡工程爆破组虽然解散，但冯叔瑜的定向爆破研究并没有因此停止。冯叔瑜从三峡工程爆破组又回到铁道科学研究院，这时铁道建筑研究所施工技术研究室已经撤销，并入路基土工研究室，下设爆破课题组，冯叔瑜任路基土工研究室副主任、爆破课题组组长。

工作关系的变动，研究室的调整、人员的变化，尤其是新中国成立初期我国高等院校还没有爆破技术专业或课程设置，有的同志本来就没专门学过爆破专业，又因为爆破工程本身就具有一定的危险性和风险性，研究室有的同志工作不安心，刚来不久就要求调离，但这些都没有影响到冯叔瑜，他始终如一地扑在爆破技术研究中。

早在参加三峡工程爆破组之前，冯叔瑜就开始研究定向爆破技术。三峡工程爆破组解散后，冯叔瑜依然专心致志地作定向爆破的技术研究。

定向爆破筑坝是从苏联的大型水利工程开始的。定向爆破主要基于三个基本原理：最小抵抗线原理、群药包作用原理和重力作用原理。这些原理共同作用，使得定向爆破能够有效地将土石方按照指定的方向搬移到一定的地点。定向爆破作为一种有效的工程技术，广泛应用于修坝、筑路、平整土地等工程中，尤其适用于劳力缺乏、交通不便以及无施工场地的工点。

冯叔瑜在苏联留学时曾接触到定向爆破筑坝，回国后参加的第一个定向爆破筑坝是 1959 年初河北省邢台县的东川口水库建设。

东川口水库位于河北省邢台市七里河上游，是我国首次采用定向爆破筑坝技术修建的水库，由北京水利设计院、水利水电科学研究院共同设计和组织施工。因为是国内首次定向爆破筑坝，水利部领导和当地政府要求设计和施工单位要一炮打响，爆破务必成功。可是设计和施工单位心里还是没底，于是特邀冯叔瑜和爆破专家、解放军铁道兵科学技术研究院研究室副主任朱忠节前来指导帮助。

来到定向爆破施工现场，冯叔瑜和朱忠节一道查看了现场地形地貌，调查了解了岩土性质，审看了定向爆破设计方案，经过一番缜密的计算，终于发现方案存在的主要问题是爆破点布置比较分散，这样爆破的石方就不能集中朝向坝口抛掷，迅速堆填形成坝体。设计施工单位接受了冯叔瑜指出的存在问题，接着由冯叔瑜负责，和朱忠节一起对定向爆破设计方案进行修改完善，冯叔瑜对药包布置和抛掷堆积作了重要修改。

定向爆破那一天，水利部和当地政府的领导都来到现场，附近村子的老百姓也远远地前来围观，共同见证首次定向爆破的工程奇迹。爆破时间一到，指挥员一声令下，爆破手拧转起爆器，只听轰隆隆的爆破声低沉而有力，随之七里河两岸爆破点成千上万吨的山石整体被抬起，紧接着在空中划出一道美丽的弧线，抛向东川口水库预定坝口位置，瞬间就堆填起30多米高的一座大坝坝体，截断了七里河水，逐渐形成一个人工的"堰塞湖"。

我国首次定向爆破取得圆满成功，这是我国第一座定向爆破堆石坝。由于定向爆破筑坝免去人工筑坝的挖、运、填、夯等多道工序，工期短、速度快、投资少、效益高。东川口水库建成后有效蓄水458万立方米，灌溉面积1.3万亩，使七里河下游农村粮食产量大幅增加，有效解决了群众的温饱问题。

水利部认真总结了首次定向爆破东川口水库筑坝的成功经验，在全国水利在建工程中进行推广，一时间全国兴起了定向爆破筑坝热潮，极大地加快了我国水利工程建设。东川口水库大坝建成后，水利部在大坝旁边专门修建了一个纪念碑亭，把冯叔瑜等专家的名字镌刻之上，永示纪念！

在撰写冯叔瑜院士传记期间，我们自驾 400 多公里，专程从北京来到邢台东川口水库，只见一池湖水清澈透底，湖面碧波荡漾，一群水鸟高声鸣唱着从水面快速掠过，而后遁入湖岸大片的绿树林中，从水中的倒影看上去，疑似是遁入水中，难得与湖面不时水花飞溅的鱼跃同框。此时阳光正照大坝坝体，"东川口大坝"五个大字格外醒目。可是我们并没有看到镌刻有冯叔瑜等建设者名字的那座纪念碑亭。信都区朱野灌区事务中心的同志告诉我们，1963 年 8 月，太行山西部山区出现超1000 年一遇的特大洪水，最大洪峰流量达 1260 立方米 / 秒，洪水将整座坝体连同纪念碑亭都无情地冲垮。1967 年 8 月，当地政府在东川口水库原址重新建成了现在的砌石重力溢流坝，再现东川口水库美景。

这是有利就有弊的又一例证。定向爆破筑坝固然多快好省，但是由于抛掷土石填筑的坝体虽然体量庞大能挡水蓄水，但坝体根基不牢又容易渗水漏水，尤其是当洪水漫过坝顶时，容易将整个坝体冲毁垮塌。东川口水库定向爆破筑的坝体就是这样被洪水冲毁的。这样坝体被整体冲毁的案例在其他定向爆破筑坝的地方也有发生，水利部门便逐步停止这种完全松散式的定向爆破筑坝，而采取将定向爆破填充坝体与石砌坝体渗水墙、石砌坝基等相结合的方式筑坝，这样扬长避短，发挥更大作用。

24. 总理指示：南水水电站爆破筑坝"力求成功"

冯叔瑜参与国内定向爆破坝最成功的典型事例，是 1960 年广东省水电厅开始设计施工的南水水电站。

南水水电站位于广东省乳源县境内北江支流南水河上。大坝为定向爆破筑成的黏土斜墙堆石坝，最大坝高 81.3 米，坝顶长度 215 米，坝基岩石为砂岩，坝体工程量 171.1 万立方米。工程由广东省水电厅的马乃耀主持设计，冯叔瑜、朱忠节等爆破专家深度参与。从南水水电站的成功合作开始，冯叔瑜、朱忠节、马乃耀形成了国内工程爆破界长期合作最知名的"爆破三人组"模式。

为了确保南水水电站定向爆破成功，中国科学院、北京水利科学研究院、铁道科学研究院、北京工业研究学院等全国 10 余个科研单位的专家学者集体联合攻关，铁路部门由冯叔瑜带领 30 多人和水电部门的同志一道，勘察筛选大坝坝址、设计爆破整体方案、确定爆破炸药当量、药室药包方式等，还做了小型定向爆破实验来验证方案的正确性和有效性。

冯叔瑜还把东川口水库定向爆破筑坝的成功经验运用到南水水电站定向爆破方案设计中来。在爆破数值计算时，水电部门有的同志由于没搞过定向爆破，一时不知如何计算、从哪下手。

在定向爆破筑坝设计中，抛掷堆积计算是重要的技术环节，我国过去在工程定向爆破中对爆破时岩块的抛掷轨迹、堆积体的范围和形状的计算，一般采用苏联专家的弹道理论法。冯叔瑜和朱忠节、马乃耀对弹道理论法作了深入分析，发现这一方法计算的前提是建立在假定抛掷体的形状为自药包中心至地表面成辐射状的微分角锥体，各角锥体按辐射方向运动，并获得相同的能量，同时它们的运动互不相关。由此推导计算抛掷体飞行轨迹存在如何正确选择爆破能量有效系数、确定抛掷初速度、方向、空气阻力以及运动轨迹等问题。正是由于假定前提与实际不完全相符，因此计算结果与爆破实际存在较大误差。

冯叔瑜和朱忠节、马乃耀根据过去成功的实践经验，创新研究出一套我国完全自主知识产权的科学计算方法：体积平衡法。

体积平衡法是以体积平衡原理——堆积体积以爆破抛掷的有效方量为基础，以每排药包能爆落并抛掷的方量和距离，最后全部叠加能堆成的高度来估算本次爆破填筑的高度和堆积范围。在此基础上冯叔瑜又推导出了一个根据抛掷百分数确定填到坝上的方量来计算堆积总高度的公式，爆破结果与冯叔瑜计算的结果十分相近，误差只在 10% 以内，后来又加以补充修改，形成了定向爆破筑坝的计算方法——体积平衡法，能准确计算出各种爆破数值以及定向爆破抛掷土石方的堆积方向和堆积量，为成功爆破提供了可靠的数字依据。

鉴于当时国内已经出现定向爆破失败的案例，中央和广东省委对南水水电站大坝采用定向爆破筑坝的方案极为重视，水电部张含英副部长和广东省委书记分别在 1960 年 11 月中旬和 11 月底到南水检查工地。11 月底，水电部党组在北京听取了工程汇报，在 12 月上旬组织检查组到工地深入检查，然后同广东省水电厅和工程局负责人一起向周恩来总理汇报。周恩来总理指示：要在工作中贯彻"力保安全，力保质量，力求成功，防备万一"的方针，同时批准爆破。

1960 年 12 月 25 日，南水水电站定向爆破一次成功，爆破装填了 1400 吨炸药，抛掷土石方 100 多万立方米，上坝有效石方量达 92.8 万立方米，占全坝堆石量的四分之三，坝高达 81.3 米。堆筑体位置基本对准设计坝体轴线，稍向上游方向偏转 2°47′，坝体堆石坝及斜墙为反拱曲面堆石坝。为了确保大坝不渗透、不漏水、不出任何问题，在坝体做了防渗墙，大坝稳定后蓄水量达到 14 亿立方米。南水水电站定向爆破筑坝的成功案例在 20 世纪 80 年代被推荐到国际大坝会议上进行介绍，定向爆破筑坝技术获 1978 年全国科学大会科技成果奖，这一定向爆破堆石坝至今完好无损，有效发挥着拦洪蓄水发电的巨大作用。

25. 从实践到理论的升华

1961 年，在南水水电站定向爆破筑坝取得成功之后，冯叔瑜对定向爆破的最关键因素药包布置问题作了更深入的专题研究。冯叔瑜研究认为，药包在有限介质内爆炸时，介质是沿着药包中心到临空面的最短距离上产生破坏，并被抛掷出去形成爆破漏斗。定向爆破筑坝主要特点是要求爆破作用在严格控制的方向下进行，要求介质（土或岩石）在受到爆破时按照预定的方向抛掷和堆积到特定的位置上去。定向爆破在工程实践上的应用，就是根据把药包爆破作用的最小抵抗线作用原理，设计按所要求抛掷堆积的方向，用炸药量的多少来控制岩石在爆破时抛掷的距离和堆积的范围。因此，在设计定向爆破时，除了充分掌握爆破作用的一般规律外，还必须正确地运用爆破的定向原理和有关知识进行正确合理的技术设计。实施爆破的药包布置必须全面综合考虑有关地形、地质、人工以及计算参数等一系列问题，必须通过现场爆破试验来对设计方案进行充分验证。在具体进行技术设计的过程中，必须综合辩证地考虑其中各个问题的具体情况，抓住主要的矛盾方面，作出最经济最合理的设计方案。这年8月，冯叔瑜在科技刊物上发表了南水定向爆破筑坝的关键核心技术《南水定向爆破筑坝专题总结——药包布置问题》，在业界产生很大反响。

体积平衡法所用的一套经验公式，首次成功用于南水水电站定向爆破设计，冯叔瑜又运用体积平衡法对东川口水库和石㟎一级电站定向爆破进行了验算，证明体积平衡法的科学性、可靠性、实用性。结合南水水电站定向爆破筑坝的成功经验，冯叔瑜对之前17项比较小型的筑坝爆破工程从爆破方案的选择和比较、地形条件、地质条件、药包最低高程、药包的大小和爆破规模、药包排列问题、水工布置和施工设计等方面进行了系统研究和全面总结，概括出主要的成功经验：

一是地形条件对定向爆破筑坝的爆破效果，具有特殊重要意义，布置药包时，必须充分利用有利的地形条件，改造不利的地形条件，使之合乎设计需要。

二是充分考虑地质条件和爆破作用之间的相互关系，利用有利因素，克服或避免不利因素。因此在设计前，要有经过详细勘测的地质资料，以便于作出正确的判断。但是，这并不说明需要对地质条件产生过多的疑虑。

三是随着爆破规模的迅速发展，采用大药包的趋势是肯定的，而大药包的实质就是最小抵抗线的选择问题，南水定向爆破筑坝大、中、小药包相结合的多层多排布置的成功经验应当推广运用在其他定向爆破筑坝设计上。

四是药包最低高程的确定十分重要，关系着爆破效果和工程质量。原则上，应当尽量降低药包中心的位置，求取最大的抛掷百分数，但是对于药包的低高程方案，还需深入研究，并在实践中创造经验。

五是药包排列的具体位置，除了考虑地质、地形等主要条件外，还必须照顾到前后左右各药包间的关系，使之构成一个爆破的有机整体。

六是定向爆破筑坝是爆破技术问题也是水利技术问题，因此在布置药包时必须结合水工技术做具体考虑，才能得到最大的经济价值和技术合理性。

冯叔瑜和朱忠节、马乃耀在深入系统研究的基础上，创造性提出有定向爆破筑坝坝体抛掷堆积计算"体积平衡法"得到了广泛应用，提高了定向爆破设计计算的可靠性和准确性。定向爆破技术在我国水电、矿山和交通部门堆筑水坝、尾矿坝和路堤等方面发挥了重要作用，迄今为止我国采用定向爆破法筑坝的数量在国际上位居前列，成为我国爆破技术发展的一大特色。

26. 爆破技术在水利水电工程中的应用和前景

冯叔瑜总结参加国内多项水利工程建设爆破中的研究成果，以第一作者的身份执笔，与张正宇、刘美山共同撰写了《爆破技术在水利水电工程中的应用和前景》一文，对水利水电工程中的定向爆破筑坝、地下硐室群开挖、光面与预裂爆破、围堰拆除爆破、岩塞爆破以及高边坡开挖爆破等方面的新成果进行了介绍，并展望了爆破技术在南水北调和西北水资源开发方面的应用前景。文中论述：

　　爆破是水利水电工程施工的主要手段之一，我国水利水电行业每年岩石开挖量超过 1 亿立方米，包括地下硐室群开挖、边坡开挖、料场开采等，每年的炸药消耗量在 10 万吨左右。水电行业爆破条件复杂，涉及问题较多，尤其是对爆破技术的要求及其控制更严于其他行业，因此所使用的爆破方法和技术多种多样。近 50 年来，我国修建了许多大型水电工程，在修建过程中面临了许多复杂问题，例如：高边坡开挖安全问题，地下密集硐室群开挖稳定问题，坝基的优质、安全、高效开挖问题，建基面保护层快速开挖问题，临时及部分永久建筑物的爆破拆除问题，各种级配石料开采问题，等等。在解决这些工程爆破问题中，众多爆破新技术被采用：如预裂爆破、光面爆破、保护层快速开挖技术，孔内孔间毫秒顺序爆破技术和塑料导爆管接力起爆技术等。这些在工程实践中不断发展起来的新技术，提高了工程质量，保证了施工期和运行期工程的安全。进入 21 世纪，水利水电工程建设又迎来了新的高潮，南水北调、西部水资源开发中工程爆破技术必将发挥更大的作用。

　　（1）我国是一个水资源贫乏的国家，开发水资源是今后我们面临的重大问题。在水资源的开发，特别是西部水资源的开发中，有大量的爆破技术需要研究。例如，在古代西北一些地区民间所用的坎儿井、水窖等储水方式，是合理利用水资源的好经验。因此，能不能采用爆破技术，营造现代坎儿井、修洞建渠、构筑西北地区输水网络、实现区域内部跨流域调水，是西部大开发中一项重要的基础建设。其次，南水北调工程已经开始实施，而西线方案中不论是修建长隧洞，还是推广定向爆破筑高坝技术，都应采用先进的爆破技术，例如光面爆破、预裂爆破和毫秒顺序爆破技术，最大限度地减少对围岩的破坏，避免在输水过程中水的渗漏和浪费，提高工程的技术经济效益。以上种种，都为爆破技术的研究提出了新的课题。

（2）随着我国现代化建设的发展，爆破作业环境越来越复杂，对爆破安全的要求越来越高。不仅要严格控制爆破的振动效应、爆破冲击波、噪声、粉尘等的影响，还要预防电干扰等对爆破作业的威胁；面对未来，我们还要关注水土保持、环境保护等问题。虽然在上述领域，已经取得长足的技术进步，但在工程实践中往往提出新的要求，需要我们不断地去努力、去解决。

（3）创新是爆破技术发展的源泉和动力。近几年来，在爆破器材、钻孔技术、测量技术、安全技术等方面都发展很快，例如高精度非电雷管、电子雷管、现场炸药混装车等，有的已在水利爆破工程中试用，有的需要进一步推广。在国外和国内一些高等院校有关爆破理论的研究中，特别是在计算机爆破模拟技术方面，近几年有一些新的成果，也有可能在水利爆破工程实践中应用，这对优化设计、提高爆破效果有重要的意义。

（4）在2004年颁布实施的爆破安全规程中，引入了爆破监理、爆破安全评估、爆破工程分级等内容，这些在爆破工程管理上的突破，对保证爆破安全、规范爆破施工作业起到了积极的作用。应该看到，爆破工程管理还在不断深化和改革，组建专业化的爆破服务企业、在爆破企业引入现代管理制度、建立与国际接轨的质量保证体系，已经在国内爆破界的有识之士中酝酿和试点，这是工程行业发展的大方向，在水利系统的工程单位，对此也应予以重视。

（5）我国水利水电建设事业有了飞跃的发展。近20年来，建设规模之大、速度之快、技术创新之多，令世界同行注目。我国水利水电设计与施工技术水平，已跃居世界先进行列，并显现出世界水电第一大国的风采。

27.实践出真知

尽管冯叔瑜在水利水电系统的定向爆破筑坝搞得轰轰烈烈、风生水起，但是铁道部还是有很多人质疑大爆破的作用与功效，原因还是在于大爆破后引起铁路路堑边坡垮塌事故频发，严重危及铁路行车安全。

为了搞清楚铁路建设爆破中出现问题的原因所在，查明硐室大爆破后路堑边坡的稳定状况，1963年铁道部发文，由铁道科学研究院牵头，组成由唐山、长沙、北京、兰州铁道学院，铁道第一、第二设计院，铁路第一、第二、第三工程局，铁道兵科研所和有关铁路局等17个单位参加的"大爆破路堑边坡稳定情况"联合调查组。由冯叔瑜和朱忠节分别带队，各带一个调查组分别对鹰厦、宝成、内宜、川黔、都贵、兰新、天兰、丰沙、宝天、贵昆等10条新线铁路的100多处大爆破工点，逐一进行调查，收集当时的爆破设计施工资料，了解爆破前后的地形、地质情况以及通车后运营中出现的问题。

冯叔瑜带领的调查组在鹰厦铁路对当年苏联爆破专家齐齐金设计的一百多个爆破工点调查发现，有70—80个工点的边坡或路堑都出现问题，主要还是边坡路堑垮塌严重。冯叔瑜随后又带领调查组对当年苏联爆破专家在宝成、贵昆、川黔铁路指导爆破的几百个工点一一调查，历时半年多时间，做了大量实地调研，搜集了很多资料，包括大爆破工点的设计及施工总结文件155份、工点地质资料9份、历年病害记录3份、塌方落实记录抄件7份、各工务段路堑建筑物情况表6份，以及其他文件共计 360 件。在现场拍摄了 200 多张照片。现场调查记录每个爆破工点的地质、地形条件和路堑边坡的现状，对路堑边坡稳定程度进行分类，分为稳定、基本稳定和不稳定三类。

调查组在现场了解到的第一手情况表明，过去推行大爆破方法施工的成绩应当肯定，大爆破点的边坡稳定和基本稳定的占大多数，而不稳定的边坡只是少数，未经治理处理的只占 14.1%。因此，不能因为大爆破方法施工的部分工点，出现了某些边坡变形及病害现象，个别工点甚至造成了严重的病害，就一概而论抹杀大爆破的重要作用，这对于大爆破的技术发展十分不利。

根据这些调查的情况，冯叔瑜得出一个结论，就是爆破设计必须根据我国铁路路堑的特点，充分考虑工点的工程地质条件和保证开挖成形的高陡边坡完整性和稳定性，以免给今后的铁路运营带来隐患。同时，在推广大爆破的同时，还要大力开发和推广深孔爆破、光面爆破和预裂爆破等新技术，以适应新建铁路土石方工程施工的多种需要，并促进施工机械化程度的提高。

鉴于我国大爆破的设计理论和施工技术尚处于初步阶段，仍然落后于实际生产建设的需要。冯叔瑜建议加强培训爆破专业技术队伍和科学研究工作力量；加强爆破设计与施工部门的联系，建立一定的勘测设计和审批程序；对重要的大爆破工点，设计院要认真对待，按一般大型建筑物的设计施工程序处理。为了有计划地开展爆破工作，积累经验，提高水平，并使之成为一种独立的机械化施工方法，冯叔瑜还建议在一些承担土石方工程任务大、应用大爆破较多的单位成立一支由设计、施工、科研结合的爆破专业组织，等等。冯叔瑜的调研结论和意见建议，为以后在成昆、湘黔等线大爆破设计提供了有力的技术支撑，极大地改善了大爆破路堑边坡的稳定程度，并对建立和发展爆破工程地质学起到了一定的作用。

冯叔瑜研究还认为，大爆破和当时几种路基土石方施工方法比较起来，在节约时间、节省劳动力、不受气候和地理条件限制等方面优越性有目共睹。在山区筑路条件下，施工机具简单，人员数量少，转移方便灵活，也是一个突出的优点。当时已经成功地试验和应用了铵油炸药，使炸药价格降低到原来的三分之一左右，从而更加经济，节约建设投资更为显著。经过测算采用大爆破后，每完成1000万立方米土石方的开挖工作量，可减少25000人劳动力，这对于当时即将开展的第三个五年计划来说，具有极其重要的现实意义。

在铁路建设实践中，冯叔瑜还结合我国山区铁路的特点，提出了在平坦地面、斜坡、陡坡等不同地形条件下路堑开挖的药包布置原则、药包计算公式、爆破作用指数 n 的选择，以及可见爆破漏斗深度、压缩圈半径、边坡预留保护层、上破裂线的计算方法，逐步形成了一套完整的爆破设计计算理论。在成渝铁路内江站经自贡、宜宾到叙州区（原宜宾县）安边镇的内宜铁路号志口工地，冯叔瑜首次在铁路建设工程中采用定向爆破法开挖路堑，从路堑内向一侧抛掷出石方约30%，同时保证了路堑对面200米处的建筑物的安全。

实践出真知。冯叔瑜的调查组在广泛深入调查和系统科学研究的基础上，撰写了10份分报告和1份总报告，对铁路工程爆破设计与地质、水文、地形、地貌的关系作了专门的研究论述，对改进铁路工程爆破提出有重要价值的专家建议，也为建立爆破工程地质学奠定了基础，被国内工程广泛采用。

冯叔瑜一系列研究成果在工程界引起广泛关注。为了及时地总结科研和工程实践成果，冯叔瑜于1958年和1960年编写出版了《铁路路堑药包布置法》和宝成铁路建设工程总结《爆破工程》两部有关爆破技术的学术专著。

1961年，国内著名的工程"爆破三人组"——铁道科学研究院冯叔瑜、铁道兵科学技术研究院朱忠节、广东省水电厅爆破专家马乃耀再次合作，不过这次不是工程项目上的合作，而是合作著书立说，由冯叔瑜主笔，三人组以冯叔瑜为第一作者在人民铁道出版社出版了爆破学专著《大量爆破设计与施工》一书（人民铁道出版社于 1973 年再版），书中提出了路堑大爆破、定向爆破筑坝的设计理论和爆破参数选择原则，阐述了爆破、大爆破和定向爆破的设计和施工理论，详细分析了爆破设计方法和施工工艺，在当时爆破技术专著尚不多见的年代，是一部不可多得的专著，深受爆破界的欢迎，多年来一直是高等院校师生、设计施工部门技术人员必读的重要著作和指导这一领域工程实践的主要依据。"爆破三人组"的另一篇力作《体积平衡法——定向抛掷爆破堆积计算》收录在《土岩爆破文集》中，对爆破工程中的堆积计算方法进行了创新。

28. 创建爆破研究室

1962 年初，铁道科学研究院、铁道建筑研究所根据科研需要，决定恢复施工室。冯叔瑜从科研发展和铁路工程建设实际出发，郑重向院、所领导建议成立专业的爆破研究室，更加深入系统地、前瞻性地研究工程爆破技术，以利于工程爆破科研事业的发展。

这年 10 月，铁道科学研究院、铁道建筑研究所采纳了冯叔瑜的建议，在铁道建筑研究所原施工室的基础上成立新的爆破研究室，冯叔瑜任爆破研究室首任主任。

爆破研究室成立之初有 10 名科研人员，加上铁道兵科研所托管合作在爆破研究室工作的朱忠节等 5 名科研人员，可谓兵强马壮。随着工程爆破事业的拓展，爆破研究室的队伍逐渐壮大，最多时有 20 多人，大多都是年轻人。冯叔瑜对每个新来爆破研究室的年轻人都热烈欢迎、用力握手，连说："好！好！好！爆破事业就是要靠年轻人接续前行，不断发展壮大！"

爆破研究室组建当年，在冯叔瑜的学术引领下，开展了"路基土石方爆破技术""爆破参数水电比拟试验研究""聚能爆破"三个课题研究，同时还参与贵昆铁路隧道开挖电力起爆技术的推广工作和甘肃省河西堡戈壁滩新建金川镍矿、北京有色冶金研究设计总院主持设计的二次百吨级炸药的松动大爆破的振动效应测试工作。大家心往一处想，劲往一处使，心里只有事业，没有名利，个个都是拼命三郎样。尤其是爆破研究室吕毅、王中黔、顾毅成、杨杰昌、史雅语5人参与的爆破项目多、效果好、收益高、名气大，被同事和爆破业界同行称为爆破研究室的"五虎上将"。与此同时，爆破研究室也在中国工程爆破行业中闯出名气，享有很高的技术权威地位。其中爆破测试、高速摄影等项技术在业界独树一帜。

冯叔瑜对爆破研究室的年轻人比较放手。"五虎上将"中有2个是科大毕业，1个是同济大学毕业，1个是唐山铁道学院毕业，还有1个从苏联留学回来，后来陆续进爆破研究室的也都是大学毕业生。冯叔瑜每当提起这些年轻人总说："这些年轻人都是大学毕业，有文化，有能力，有责任心，要给他们交任务、压担子，才能早出成果、多出成果、出大成果。"

有一次，室里一个同志的工程爆破项目设计方案出来了，拿给冯叔瑜最后把把关。冯叔瑜看完又自己验算一遍，很满意，但他没有直接表态，而是问这个同志："你自己对方案设计有多大把握？"

这位同志回答："我都是按照您教给我们的方法做的，您再看看我做得对不对？把把关！"

冯叔瑜鼓励这位同志说："如果是按照我教的方法做的，那就是对了，用不着我再看看。干爆破尤其要自信，对自己要有信心。如果自己都信不过自己，那要别人怎么信得过你！"

"可是，万一，要是做错了……"

"万一错了，那也是我的责任，由我来承担。"

在冯叔瑜的鼓励下，这位同志将自己设计方案又反复验算一遍，提交给施工单位。结果按这位同志的设计方案实施爆破一举成功。事后冯叔瑜说："你对年轻人越是放手，他们越是小心谨慎，绝不会蛮干乱干。有成绩是他们干得好，出了问题有我来承担。这样他们才能更快地成熟成长起来，独当一面。这样我们的爆破事业就越有发展，越有希望！"

冯叔瑜越是关心爆破研究室的年轻人，这些年轻人也越是尊重冯叔瑜，大家不光把冯叔瑜看作室领导，也把冯叔瑜当成一个大家长。几年来从爆破研究室走出去到新岗位担任领导的人不少，都和冯叔瑜保持着密切联系，工作上有问题还向冯叔瑜请教。逢年过节也常来看望冯叔瑜。

29. 狂风大浪之下的小冲击

"人有悲欢离合，月有阴晴圆缺，此事古难全。"宋代诗人苏轼一首《水调歌头》道尽人生的无奈与释然。人生之路漫长而曲折，谁都难能一帆风顺。冯叔瑜也一样，在他投身爆破事业发展中，不可避免地受大环境政治生态的影响，必然会受到些许的波折。

1957年，冯叔瑜刚从苏联留学回国不久，而且回国就满腔热情地一头扎进鹰厦铁路建设工地，除了他熟悉的工程爆破业务之外，对他工作所在的铁道部工程总局工作环境、体制、机制、关系都还不熟悉，甚至工程总局的领导都还没有认全。因此，有人请他给工程总局的工作和领导提意见。冯叔瑜笑笑一摆手说："我没什么意见，真没什么意见！在国外早憋着一股劲盼着回来，为祖国建设做贡献。现在一点工作还没做，哪来的意见？"

冯叔瑜当时也是实话实说，可正是因为他的这句话，很幸运地躲过一劫，在反右派斗争中没有被打成右派。冯叔瑜有的朋友就是因为对工作不满意，对领导不满意，就乱提意见乱放炮。当反右斗争被严重扩大化时，大量的人民内部矛盾当作了敌我矛盾，结果一些知识分子包括冯叔瑜的朋友被错划为"右派分子"遭到批斗，挫伤了一些干部和群众的积极性，造成了不幸的后果。从 1959 年到 1964 年，党先后给 30 余万被错划为"右派分子"的人摘掉了帽子。1978 年，党中央决定对尚未摘帽的错划为"右派分子"的同志摘帽平反。这是后话。

有句老话说："躲得了初一，躲不过十五。"以冯叔瑜秉直的性子，他看到不正确的事情不可能不说，对错误的做法不可能不发表自己的意见。冯叔瑜在三峡爆破组去现场勘察，到一个村庄发现全村都没有壮年人，一问村里的留守老人，说是都去大炼钢铁了。于是冯叔瑜就说了句："大炼钢铁是村里人也能干得了的吗？他们的这技术水平，炼出来的钢能用到刀刃上吗？"于是这句话被人悄悄地记下了。

又有一次冯叔瑜一行人路过一个村子，见树上有很多成熟的柚子，冯叔瑜就用石块打下几个柚子招呼大家吃。吃完之后，冯叔瑜把估摸的柚子钱挂在树上留给村民。另有一次路过一块花生地，冯叔瑜见花生熟了没有人收，有同事叫嚷肚子饿，于是下地拔了几颗花生秧摘生花生吃，冯叔瑜也跟着拔花生秧摘花生吃。又被人悄悄记下了。

还有一次，冯叔瑜看报纸上登了条"大跃进"的消息，说广西的一个人民公社水稻亩产 13 万斤。冯叔瑜从小家在农村种过水稻，知道一亩稻田根本不可能打这么多稻子。立刻就说："这根本不可能的。13 万斤水稻打下来铺在地上的话，那得多厚！这亩产 13 万斤还是长在田里，根本不可能，不可能！"这话再次被人悄悄记下了。

1959 年庐山会议之后在全国各地普遍开展了一场"反对右倾机会主义"的运动。冯叔瑜的这些话和这些事被翻出来了。当时冯叔瑜还在武汉三峡爆破组，接到所里一个负责同志发电报叫他立刻回北京。冯叔瑜还以为回来有新的工作任务交给他，谁知回来就发现自己已经作为右倾对象受到大家的批判。说他怀疑大炼钢铁运动是怀疑"大跃进"，摘村民柚子、拔花生吃是破坏人民公社集体经济，作为共产党员不相信党报宣传亩产 13 万斤的报道，是对党的宣传的不信任。一顶又一顶的大帽子扣在冯叔瑜的头上，他立刻从爆破技术专家成了反对总路线、"大跃进"和人民公社"三面红旗"的右倾机会主义者，等等。随着对冯叔瑜开始的批判，把他的工作也暂停了。

这一批就是一年多，问冯叔瑜是什么感受。冯叔瑜说，当时还觉得很正常，因为当年动不动就有人挨批斗，有时连自己都不知道是为什么。冯叔瑜心想，批就批吧，有错改了就是。好在冯叔瑜虽然不能出差到外地工作了，还可以在办公室和家里继续埋头钻研爆破技术。

冯叔瑜的"问题"说到底只是说了几句不该说的话而已，本来就没有严重到定为右倾机会主义分子的程度，铁道建筑研究所对冯叔瑜的批判也是轻描淡写，这事也就不了了之。

多年之后提起这段往事，冯叔瑜也是一笑了之，说，党和国家经历狂风大浪都挺过来了，个人受到这么点小冲击又算得了什么？

30. 全家团聚北京喜添丁

为了解决冯叔瑜和妻子向儒清两地分居问题，铁道部人事部门协调有关单位，1957 年将冯叔瑜的妻子从成都调来北京，在北京第 71 中学任教。1958 年 6 月 8 日冯叔瑜的二女儿冯宗玉出生。1960 年 3 月 19 日，冯叔瑜的三女儿冯宗元出生。1961 年 12 月 8 日，冯叔瑜的儿子冯宗向出生。

一家人刚刚团聚北京，冯叔瑜又喜添千金、儿子，真是双喜临门，却不料国家又遭遇天灾人祸。1959 年至 1961 年期间面临新中国成立以来最严重的经济困难。冯叔瑜一家的生活同样陷入困境之中。家里有一点吃的，先尽着妻子吃，襁褓中的女儿、儿子才能有奶水吃。单位也想办法从东北高价买来一桶食用油，单位 21 个人每人只能分到半斤，那时国家给每个职工每月定量也才供应半斤油，还不能保证定时能买到，这半斤高价油相当于每个人增加一个月的供应，算是补充一点油水。有段时间大家发现冯叔瑜脸都有些浮肿，关切地让他多注意身体，补充一点营养。冯叔瑜摸摸自己的脸笑着说："我好着呢，好着呢! 这不是浮肿，这是微胖都看不出来吗?"

1961 年 1 月，党的八届九中全会批准了"调整、巩固、充实、提高"的八字方针，适当调整国民经济各方面的比例关系，压缩基本建设规模，缩短重工业战线，节俭财政支出，稳定市场物价，改善经营管理，提高产品质量等。1962 年 1 月，中央在北京召开扩大的中央工作会议。参加会议的有中央各部门、各中央局、各省市自治区党委以及地委、县委、重要工矿企业和部队的负责干部，共 7000 多人，故称"七千人大会"。大会初步总结"大跃进"的经验教训。随着经济调整方针的贯彻，我国的经济情况有了新的起色，逐步开始恢复。

中央召开七千人大会期间，周恩来总理特意请知识分子和高级工程师吃饭。冯叔瑜记得全北京高级技术研究人员、六级以上高级工程师 500 多人参加，冯叔瑜也荣幸受邀参加了周总理这次宴请。说是宴请，吃得却非常简单。其实吃什么不重要，重要的是周恩来总理代表党中央、国务院亲切问候知识分子、高级工程师，号召高级知识分子、技术专家、高级工程师行动起来，为贯彻落实中央经济调整政策、战胜困难、恢复经济而贡献力量。

周恩来总理这次宴请专家之后，国家对知识分子和工程师给予了特别关照，冯叔瑜领到一个副食供应本，凭本每月可以买到两斤肉、两斤鸡蛋，还有黄豆。比冯叔瑜低一级的工程师也可以每月买到两斤黄豆，补充一些蛋白质。冯叔瑜一家的生活也慢慢开始好转。

31. 成昆铁路"第一爆"

1964 年冯叔瑜 40 岁，他受命担任西南三线建设铁道部成昆铁路指挥部的爆破战斗组组长。中央七千人大会之后，国家经济政策调整到位了，经济也恢复好转了，冯叔瑜又开始忙碌起来了。爆破战斗组是国家科委组织的多学科跨部门的新技术战斗组之一，主要任务是在成昆新建铁路全线推广大爆破和深孔爆破。

成昆铁路是我国连接四川省会成都与云南省会昆明的客货共线铁路，全线地势险峻、地形多样、地质复杂，被称为"地质博物馆"。晚清政府至抗战时期民国政府请外国专家多次规划这条铁路，现场勘察后外国专家称这条线是"铁路禁区"，沿途险峰耸立、深涧密布、沟壑纵横、水流湍急，根本不可能修建铁路。

成昆铁路于 1958 年开工建设，其间因为工程难度大、技术条件差以及内外部环境因素等，经历几上几下，停工下马又复工建设。成昆铁路于 1970 年 7 月 1 日全线通车运营。

冯叔瑜的任务是带领爆破组承担成昆铁路和贵昆铁路 70 多处重点石方工程大爆破的方案设计、审核和指导现场实施爆破，同时着手改装当年国产的 YQ-150 和 YQ-100 型潜孔钻机，使之适用于铁路施工流动性大、行走轻便灵活的特殊需要。

成昆铁路"第一爆"是位于乐山市金口河区的关村坝站，这是成昆线上的一个五等小站。冯叔瑜带领爆破组的同志来到建设工地现场，不禁倒吸一口凉气。他们在现场根本找不到图纸上规划的车站位置，只见图纸上的车站位置在现场却是一道深谷，两边是高耸的山崖。冯叔瑜的爆破组任务是定向爆破炸平深谷两边的山头，填平深谷，关村坝车站将一半建在隧道里，一半建在填平的深谷上。

冯叔瑜带领爆破组的同志爬山头、攀陡壁、下深涧、越沟堑查看地形地貌，钻孔取样调查山体地质构造，他们在山头和深谷之间爬上爬下，对山头抛掷石方量和深谷填充空间做了精确计算，对爆破方案的硐室大小、深度、走向、炸药包体量、位置等精心设计，指导施工人员组织实施大爆破。爆破前冯叔瑜又亲临现场仔细检查各项准备情况，只待万事俱备确保万无一失，冯叔瑜这才放心地交由施工指挥员实施爆破。只听得指挥员一声令下，388 吨炸药间隔在毫秒间依次爆破，将山头成千上万立方米土石方一举抬起抛掷进大渡河中。待大爆破硝烟尘灰散去，只见原来高耸云端的山头被削平了，大爆破取得圆满成功。关村坝车站的位置立刻显而易见，建在这两条隧道之间的深谷之上，被称为"一炮炸出来的火车站"，也是中国第一个建在隧道里的车站。

　　成昆铁路建成通车之后，关村坝由于铁路、公路、桥梁交通便利，所在地已经成为四川大渡河金口大峡谷旅游景区，关村坝车站也成为南来北往游客必游的景点。

32. 深孔爆破第一人

　　冯叔瑜的爆破战斗组在成昆铁路的另一项任务是研究试验深孔爆破。

　　所谓深孔通常是指孔径大于 50 毫米、深度在 5 米以上并采用深孔钻机钻成的炮孔。工程爆破最初都采用浅孔爆破，一个人手握直径 50 毫米以下的钢钎，一个人抡着八磅铁锤，全凭人工打出孔深 1 米多的炮眼，然后装填炸药、封泥引爆。后来有了风枪，一个人手持操作，以压缩空气为动力打眼，炮眼可以打得比人工打眼更深一点，最深也不超过 5 米，都属于浅孔爆破范围。浅孔爆破比表面爆破炸药单耗低，效果好。

　　冯叔瑜在密切关注爆破技术最新发展前沿时，了解到国外工程爆破已经广泛应用到深孔爆破技术，炮眼孔径大于 50 毫米、孔深大于 5 米。

深孔爆破更优于浅孔爆破，破碎质量好，单位耗药量较小，且爆炸能量比较均匀地分布在岩体各处，所以爆破时无论爆破振动强度、飞石抛掷距离或空气冲击波的影响范围都相对较小。

在冯叔瑜的建议下，铁道部从法国购置了一台深孔钻机，供现场使用，同时改装了宣化风动机械厂生产的 YQ-150 潜孔钻机，由冯叔瑜带领爆破组在成昆铁路施工现场继续进行深孔爆破试验，取得了非常好的效果。

深孔爆破试验成功之后，铁道部专门召开了深孔爆破技术推广会，各施工单位参加，由冯叔瑜图文并茂地介绍了深孔爆破的成功经验，现场观看深孔爆破效果，果然采用深孔爆破后的铁路边坡不但整齐，而且稳定程度也好于常规浅孔爆破。人工打眼放炮，两个人一天打一个炮眼放一炮，炸不到 1 立方米，不仅效率低还非常危险。采用深孔爆破效率大大提高，一个炮孔可以炸到 200 多立方米，效率提高20 多倍。

现场会上，冯叔瑜介绍了深孔爆破的优势在于：

一是爆破的岩石块度均匀，有利于机械化综合施工，生产效率高。

二是深孔爆破对于岩石路堑作用力比较均匀，破坏范围小，爆堆形状合理。

三是可以配合深孔爆破采用光面爆破、预裂爆破开挖路堑边坡，改善工程质量，增加了边坡的稳定性。

四是减少炸药用量，降低成本。

同时，冯叔瑜还通过试验研究比较了深孔爆破的钻孔方式，认为倾斜钻孔在爆破效果方面较垂直钻孔有较多的优点，但在钻凿过程中的操作比较复杂，在相同台阶高度情况下倾斜钻孔比垂直钻孔要长，而且装药时易堵孔，给装药工作带来一定的困难。在实际工程中，冯叔瑜建议多采用垂直钻孔。其优点是适用于各种地质条件；比倾斜深孔操作技术要容易；垂直钻孔速度比倾斜钻孔快。

冯叔瑜还对深孔爆破的孔位布置、钻孔操作、孔眼深度、温度、装药联线、安全规范等一系列程序作了严格规定，使深孔爆破的技术推广科学化、规范化、标准化。

第三章
爆破事业的开拓创新
（1965—1984）

　　冯叔瑜对爆破专业技术潜心研究，爆破事业不断开拓创新时期，与冯叔瑜引领下的铁道科学研究院爆破研究室顺利发展时期高度融合。

33.科研创新团队的建设者和领头羊

　　如果把人生按每20年分为1个阶段：第1个20年1—20岁是学习知识阶段；第2个20年21—40岁是积累经验阶段；第3个20年41—60岁是实力爆发阶段，这一阶段学习掌握的知识有了，实践积累的经验也有了，则正是大显身手的时候了。

　　冯叔瑜此时正处于人生最宝贵的事业发展的黄金阶段。冯叔瑜多年来对工程爆破技术的潜心研究，如今到了事业发展的新阶段。这一时期在铁道部和铁道科学研究院科学技术发展规划引领下，冯叔瑜主任领导爆破研究室积极开拓创新，加快爆破事业发展。冯叔瑜个人的研究发展与爆破研究室团队的创新发展高度融合，这是冯叔瑜人生的一个重要时期。

《工程爆破研究与实践》（中国铁道出版社 2004 年出版）"爆破研究室简史"记载：

> （1965—1984 年）这一时期是铁道科学研究院爆破研究室发展历程中一个重要时期。1962 年后，我院先后编制的《1963—1972年铁道科学研究院事业发展规划》、代部编制的《1971—1975 年铁路科学技术发展规划》和《铁科院 1976—1985 年科技发展规划》为爆破研究室指明了科研的主攻方向。

冯叔瑜建议铁道科学研究院铁道建筑研究所成立专门的爆破研究室并担任研究室主任之后，首先抓人力资源建设，组织一个高层次、高水平的工程爆破科研创新团队，而冯叔瑜就是这个科研创新团队的建设者和领头羊。

冯叔瑜在爆破技术研究中始终认为工程爆破是一个系统工程，从爆破点的地质地形勘测、爆破器材选用、爆破方案设计、炮眼孔洞施工等，直到引爆、防护、清方等等全过程各环节，都有高度的技术含量，都需要有专业技术人员操控。爆破说到底是多人集体参与共同完成的项目，事业发展还是要靠大家。一个人纵有一技之长，也往往力不从心，不能兼顾全面。于是，冯叔瑜积极争取铁道科学研究院领导和人事部门对爆破研究室人员配备给予大力支持。

爆破研究室创建之初，只有冯叔瑜一人领衔，全室总共才有两三人，势单力薄。从 1965 年起，中国科技大学爆炸力学专业毕业的顾毅成、史雅语，从事机械专业的刘舍宁，爆破器材专业的赵晞白、果淑琴，电子仪表和自控专业的陈儒华、刘建亮，工程地质专业的苏学清，国防科大爆炸力学专业的王舒毅等专业人员陆续分配充实到爆破研究室。1978 年全国科学大会后，铁道科学研究院恢复研究生培养制度，冯叔瑜为首批硕士研究生导师，陆续指导金骥良、张志毅、郭峰、戈鹤川等人获工学硕士学位，充实到爆破研究室。爆破研究室人员最多时有26 人，是铁道建筑研究所人员较多的研究室。这支科研创新团队的充实壮大，极大地增强了科研力量。

在抓人力资源建设的同时，冯叔瑜还注重爆破研究室的硬件基础建设。他积极向院、所申请科研经费，除购买必备的通用仪器设备外，结合科研课题任务，建立了应力应变、爆破振动、爆炸冲击波、高速运动过程的测试与分析系统，增添了爆破岩体声波检测仪器等专业设备，使爆破技术研究更科学、更专业、更可靠、更完善。

在爆破研究室人员和设备大力加强的条件下，冯叔瑜带领这支工程爆破科研创新团队把研究的重点放在爆破技术的开拓创新上来，开始聚能爆破、光面爆破、预裂爆破、拆除爆破、爆破控制等一系列爆破新技术的前瞻性研究。

34. "聚能爆破"创新研究在天路

1965 年 8 月的一天，国内工程界名声赫赫"爆破三人组"之一的铁道兵科学技术研究院研究室副主任朱忠节来铁道科学研究院找到冯叔瑜，提出他的一个大胆想法：军事部门利用聚能效应的破甲原理制成聚能弹，能够加大爆炸力，取得更大爆破效果。我们能不能将聚能爆破应用到工程建设中来，提高工程爆破效率？

"好主意！"朱忠节的大胆建议得到冯叔瑜的积极响应。冯叔瑜和朱忠节两个人积极配合，根据军事爆破聚能装药的破甲原理，将聚能爆破作为工程爆破技术研究新的突破点，展开工程建设中的应用研究。

经过一系列的理论研究和爆破公式推导演算，聚能爆破在理论研究上是成立的，还需要得到实验验证。实验是在同一种材质同样厚的钢板

冯叔瑜（后左六）在铁路建设工地

上进行，三个不同装置药包，第一个药包平放在钢板上，第二个药包重
量比第一个药包轻，但是药包下端有一个锥形孔穴，第三个药包下的锥
形孔穴表面再嵌装一个金属锥形药型罩。爆破后第一个药包只炸出一个
很浅的凹坑，第二个药包炸出比第一个更深的坑，第三个药包炸的坑比
第二个炸的坑更深。其原理是第一个药包爆炸面积仅限于药包底端面
积，而第二个和第三药包爆炸后，爆炸产物集中在药包底部锥形孔穴，
在药包轴线处汇聚成一股速度和压力都很高的聚能气流，使爆炸产物的
能量集中在较小面积上，大大提高了局部破坏作用。研究认为这种利用
药包一端的孔穴增强爆炸能量的效应就是聚能效应，这种现象叫作聚能
现象。

　　冯叔瑜和朱忠节作进一步实验研究发现，爆炸产生的聚能气流并不
能无限地集中，而在离药柱端面某一距离达到最大的集中后又迅速飞散
开了。为了把能量尽可能转换成动能形式，大大提高能量的集中程度，

冯叔瑜传

冯叔瑜查阅国外大量聚能爆破学术资料，研究在锥形孔穴的表面嵌装一个形状相同的金属药型罩，由于金属的可压缩性很小，因此内能增加很少，能量的极大部分表现为现代爆破技术动能形式，这样就使爆炸能量更加集中，形成一股速度和动能比气体射流更高的金属射流，从而产生极大的穿透能力。为了节约成本，冯叔瑜实验采用玻璃药型罩代替紫铜材料的药型罩，取得了同样的效果。

冯叔瑜和朱忠节对聚能爆破的研究成果，很快就在青藏铁路建设得到进一步的验证。

青藏铁路要穿过雪域高原多年冻土地带，冻土的瞬间强度特性给施工爆破造成很大难度。1974年，针对青藏铁路建设需要，中国铁道科学研究院爆破研究室在冯叔瑜的指导下，来到青藏高原海拔4700米的风火山和海拔4500米的清水河两个试验地段进行高原冻土爆破试验研究。爆破专家们克服高寒缺氧、多年冻土和生态脆弱等困难，在极其艰苦的条件下连续进行了近3年试验性研究，为了保护青藏高原脆弱的生态环境，爆破试验把对多年冻土的扰动减小到最低限度。

高原冻土爆破试验在高原冻土爆破特性、爆破参数选择、钻机类型比选、设计试制适合于冻土施工的螺钻具、抗冻浆状炸药应用、聚能弹爆破穿孔、爆破开挖快速施工工艺等方面取得了一系列研究成果。

由冯叔瑜和他指导的研究生戈鹤川撰写的论文《青藏铁路冻土爆破技术原则与器材选型》，从合理选择爆破参数、减少爆破对高原冻土的扰动、保护环境等要点出发，分析了青藏铁路冻土爆破所应遵循的技术原则，结合试验段工程实践，阐述了新型防水抗冻炸药的性能特点和高原冻土钻爆器材的选用方法。

由傅洪贤、冯叔瑜、张志毅撰写的论文《青藏高原冻土爆破特性的试验研究》，结合青藏铁路的建设，进行了一系列球状药包爆破漏斗试验、柱状药包爆破漏斗试验和中深孔爆破开挖试验，得出青藏高原冻土爆破的最佳爆破参数、药包最佳比值深度和漏斗最大比值体积。

傅洪贤、冯叔瑜、张志毅再次合作研究撰写的论文《青藏铁路冻土开挖爆破参数的研究》，针对青藏铁路建设中冻土爆破开挖的一大难题，通过现场球状药包和柱状药包漏斗爆破试验，初步确定冻土爆破的炸药单耗，在此基础上，利用三次深孔路堑开挖爆破试验，确定了高含冰量冻土开挖的最佳爆破参数。

青藏高原冻土爆破试验取得圆满成功，爆破研究室受到铁道科学研究院、铁道建筑研究所的表彰。为青藏铁路西宁至格尔木段和格尔木至拉萨段的建设作了技术储备。

1975 年青藏铁路西宁至格尔木段开始建设，由于地处雪域高原，海拔高度每增加 100 米，施工机械的效率就要成倍地降低，尤其是桥涵基坑爆破在冻土层钻孔，钻头与冻土摩擦产生热量把冻土融化成泥浆，很容易把钻机排气孔堵塞打不下去。施工人员采取冯叔瑜和朱忠节研究的聚能爆破打孔，一次爆破就可以打孔 3 米多深，有效解决了桥涵基坑开挖难题。在 1978 年全国科学大会上，冯叔瑜和朱忠节的聚能爆破研究成果获得优秀成果奖。

2001 年 6 月 29 日，被誉为中国新世纪四大工程之一的青藏铁路二期工程格尔木至拉萨段开工建设，这是世界上海拔最高、线路最长的高原铁路，其中要穿越连续多年冻土区 550 公里，不连续多年冻土区 82 公里，这成为施工的一大难题。冯叔瑜与傅洪贤、张志毅对青藏铁路格拉段施工中的冻土爆破进行跟踪研究，合作撰写了研究论文《冻土爆破研究的最新进展》，结合青藏铁路的施工和国内外文献，综述了冻土爆破的国内外进展情况，提出了建设性意见和建议。

冯叔瑜和顾毅成研究撰写了《高原冻土地区爆破开挖的主要特点及技术对策》，在青藏铁路高原冻土条件下钻孔试验、爆破基本参数试验、有关爆破器材的防水抗冻性能、爆轰性能、安全性能试验，以及路堑深孔爆破试验和桥涵基坑爆破快速开挖试验等一系列试验研究成果基础上，结合多年来爆破器材与爆破技术的发展，论述高原冻土地区爆破开挖的主要特点及技术对策，对青藏铁路建设给予技术上的有力支撑。

35. 出尔反尔的反对者

然而，新世纪青藏铁路格尔木至拉萨段施工建设时，冯叔瑜却又极力反对采用聚能爆破方式开挖路基。原来青藏铁路格尔木至拉萨段穿越连续多年冻土区 550 公里，不连续多年冻土区 82 公里。冻土地面只有薄薄一层草皮，草皮被破坏后很难恢复。20 世纪 50 年代青藏铁路勘测设计人员做实验段挖开的草皮，至今都未完全恢复生长。而冻土路基在太阳下很容易融化开，出现塌陷或滑坡。冯叔瑜认为在冻土区爆破开挖路基绝对是不可取的。

冯叔瑜对高原冻土爆破作业进行深入细致的研究，指导爆破研究室顾毅成将研究成果共同撰写了《高原冻土地区爆破开挖的主要特点及技术对策》一文，刊登在学术杂志《力学与西部开发》上，但是冯叔瑜谦逊地将自己列为第二作者。文中论述：

中国政府已开始建设青藏铁路，铁路东起青海格尔木市，西至西藏拉萨市，全长 1118km，其中通过高原冻土地段约 550km。高原冻土爆破技术，是修建青藏铁路需要解决的技术问题之一。早在1974 年到 1977 年间，针对修建青藏铁路，铁道部在青藏高原可可西里地区的风火山（海拔 4700m）和清水河（海拔 4500m）建立了试验工程段，进行了高原冻土条件下修筑铁路的科学试验。其中包括在冻土中钻孔的试验，冻土爆破基本参数试验，聚-2 号抗冻浆状炸药及其他有关爆破器材（硝铵炸药、雷管、导爆索等）的防水抗冻性能、爆轰性能、安全性能试验，以及路堑深孔爆破试验和桥涵基坑爆破快速开挖试验。此外，还在试验场进行了三种型号聚能弹（50%黑索金，50%梯恩梯）在冻土中爆破穿孔的初步试验。本文在上述试验所取得的成果的基础上，结合二十多年来爆破器材与爆破技术的发展，论述高原冻土地区爆破开挖的主要特点及技术对策。

青藏高原多年冻土的主要地质问题是，对千年平均地温较高的高含冰量冻土（富冰冻土、饱冰冻土和含土冰层），土中的水分处于不稳定状态（或冻或融），对于气候的变化、工程建设、开挖乃至车辆行驶等人为扰动有很大的敏感性，厚层地下冰暴露于地表或受到扰动时，会引起地下冰融化，产生融陷、热融滑塌和热融泥流，并使工程受到冻胀、融沉等不良地质现象的影响。同时，青藏高原严寒缺氧，急风、暴雪、雷电等变化剧烈无常，施工环境十分恶劣。

冻土地质条件的特殊性和高原缺氧的环境，对爆破钻孔机械的选型和作业效率提出了新的要求。在暖季不宜采用风动冲击式潜孔凿岩台车或钻机；高原冻土地区、钻孔随时间的变迁，因回淤、回冻，孔深逐渐变浅，影响装药深度和爆破效果。必须采取措施，保证钻孔深度符合设计要求。

高原冻土地区暖季爆破施工，由于地表及地下水发育，加之钻孔后地下水昼融夜冻，必须注意爆破材料的防水抗冻问题，建议采用防水抗冻型炸药。在1975年至1976年的高原铁路试验工程中，我们选择了由兰州白银公司炸药厂生产的聚-2号抗冻浆状炸药（以聚丙烯酰胺为胶结剂的浆状炸药），并在试验工程的深孔爆破和深孔药壶爆破中实际应用了2吨炸药。

高原冻土地区寒、暖季不同，使冻土融化深度、地温、物理力学性质等随季节而变化，这将影响到爆破设计参数，乃至爆破开挖方案的选取。高原冻土地区的试验工程实践表明，针对铁路路堑和桥涵基坑施工中的爆破开挖，可采用浅孔爆破、深孔爆破和深孔药壶爆破，原则上不允许采用硐室爆破；高原冻土地区路堑开挖爆破，宜采用松动爆破。当必须采用扬弃爆破时，应具备爆破弃碴对开挖限界以外的生态环境（如地表植被等）不受破坏的条件，或采取相应的保护生态环境的技术措施；为提高爆破破碎效果，降低爆破对环境的安全影响，多排和多孔爆破宜采用毫秒微差爆破。

要尽量减少和控制爆破开挖对多年冻土的扰动。这包括要严格按照开挖限界进行爆破开挖施工；保证开挖限界以外的生态环境（地表植被等）不因爆破开挖施工而遭到破坏；爆破后的清碴开挖应实现快速施工，并尽快做好隔热层的铺砌和回填作业施工，为做到爆破在开挖限界内进行，爆破后形成的边坡平整光滑，便于隔热层和路堑支挡建筑物的施工；对边坡宜采用光面爆破或预裂爆破；地表为松软土质时，沿开挖限界，亦可以设置预裂沟，通过爆破试验工程的实践，我们认识到，在高原冻土地区进行爆破开挖施工，应遵循以下一些基本原则：

（1）青藏高原冻土地区的生态环境脆弱。在修建青藏铁路的冻土爆破开挖施工中，要严格按照工程限界进行爆破开挖施工，并应注意保护开挖限界以外的生态环境（地表植被等）不受爆破开挖施工破坏。

（2）对按保持冻结原则的爆破开挖施工，宜在寒季进行；对按允许融化原则的爆破开挖施工，允许在暖季进行，但必须遵循爆破开挖快速施工的有关技术要求。

（3）在恶劣气候条件下（大风、大雪、雷暴、高寒缺氧等），应保证爆破施工作业的安全。

冯叔瑜（左三）和同事在爆破工地

　　冯叔瑜在现场实验和深入研究的基础上，向铁道部有关方面郑重建议在冻土区路基施工中不实施或尽可能少实施爆破作业，以建桥代替路基。冯叔瑜的这一建议与科学家、专家、学者的思路和铁道部领导以桥代路的决策不谋而合，青藏铁路所经冻土区以桥代路的同时，还大量采用片石通风路基、通风管路基、碎石和片石护坡、热棒、保温板、综合防排水体系等措施，有效地攻克了冻土施工这一世界性的工程难题。

　　但是冯叔瑜的研究成果聚能爆破在青藏铁路建设中也依然大有用武之地，那就是局部冻土爆破依然采用聚能爆破技术，不会造成大面积的冻土扰动和破坏。再后来施工单位购置了先进的钻机，彻底解决了冻土爆破打孔问题，不再采用聚能爆破打孔。冯叔瑜依然乐见其成，淡泊名利，毫无怨言。他说："爆破是手段，不是目的。我们的爆破研究是为铁路建设服务的，为施工一线服务的。施工现场能够应用我们的研究成果，当然令人高兴！如果用不上了，说明科技又进步了，机械设备更先进了，施工方法更科学了，我们应当更加高兴才对啊！"

36. 不安全的爆破就是犯罪

随着铁路建设步伐加快，大爆破的应用场景也随之增多，冯叔瑜对爆破技术研究也更加深入了。

这时，一些爆破作业的意外事故，引起了冯叔瑜对爆破作业安全技术的高度关注。冯叔瑜从冶金工业部的一份调查报告了解到当年造成爆破事故主要原因的统计分析，其中炮烟中毒和爆破后过早进入工作面占28.3%，哑炮处理不当、打残眼占19%，警戒不严、信号不明、安全距离不够占10%，电气爆破事故占10%，爆破违章允许非爆破工作业占9%，炸药处理不当占6.2%。冯叔瑜在调查中发现铁路建设爆破工程与水利水电工程爆破事故情况类似。冯叔瑜在一次接受采访时回忆起当年几起重大爆破事故，倍感痛心！

有一个水电工程爆破本来很成功，定向爆破筑坝先修蓄水洞，定向爆破后抛掷的岩体成功地把蓄水洞堵住了，但是爆炸后产生的有毒气体在洞内不能及时排出，从而积存起来。当参加爆破的科研人员进洞检查探头、传感器等仪器设备时，结果一氧化碳中毒致死5人。这样的爆破最后还是被列为不成功。

还是在广东一次铁路工程爆破，由于操作人员装填炸药不规范，还有领导带着一些人在装药现场围观，结果炸药包发生意外爆炸，一次死伤50多人。

贵阳郊区的一个工程爆破，规模不大，只有两炮，装药量也不多，担任引爆的施工人员对导火索引爆时间控制不好，结果一炮先炸响了，另一炮导火索过长还没引爆。此时正好中午放学，许多学生听见炮已响过，就围上前去看热闹，结果这时另一炮炸响，一次死伤多人。

还有一次是在新疆汽车运送炸药，汽车装得太满，遇到一个陡坡上不去。于是司机把车停下来动员过路的人帮忙把炸药卸下来一些，等车开上陡坡之后再把卸下来的炸药装上车。帮忙的人大概不知道装卸的是炸药，就随意将卸下来的药包往汽车上扔，不料药包重重地摔落在地下炸响，结果引爆满满一车炸药，造成现场多人严重伤亡。

修建黔桂铁路运送炸药时，有一次在一个车站站台临时堆放了30余吨炸药，当时有管理不到位的原因，也有工人明知故犯的责任，现场工人竟然在炸药堆旁边生火做饭，结果引爆了炸药，站台炸出一个二三十米深的大坑，整个车站都炸平了。爆炸冲击波将附近的镇子也吹平了，事故死伤人员无数。

许许多多爆破事故的惨痛教训令人痛心！究其原因，还是许多现场实施爆破人员操作技术不到位，对爆破的危险性认识不足，安全防护意识淡薄。

痛定思痛，冯叔瑜认识到爆破安全的极端重要性，集中时间花大气力，对爆破作业安全技术作了专题研究，将爆破作业安全技术的研究成果整理成专论《爆破作业安全技术》，他在此文"概论"中写道：

爆破作业是一项危险性的工作，大家知道，一次不幸的爆破事故，重则造成人民生命和大量财产的损失，轻则导致个人伤残或环境受到破坏。随着爆破技术的发展和工程爆破应用范围的日益扩大，爆破作业的安全问题，引起了各方面的重视，形成了一种专业化的技术，以便施工作业过程中，确保国家和人民生命财产的安全。

对于爆破作业安全技术的研究，是从两个方面去考虑的：一是炸药和起爆器材以及对其爆炸所造成的破坏作用进行限制的安全技术，这是主动的一个方面；二是对爆破作用所产生的危害可能采取的防护措施，这是被动的一个方面。两者对阻止爆破带来的破坏性有同样的重要性，但在具体的爆破工程中，则常常会有变化不定的现象和后果，因此，必须对每一项工程爆破的具体情况作具体的分析研究，从而采取适当的对策。

爆破作业具有危险性，爆破事故引起的后果是严重的，但是严格遵守安全规程和正确地采取安全技术措施，确保爆破作业的安全是完全有把握的。

在多年的爆破技术研究和实践中，冯叔瑜深刻认识到：安全是工程爆破的永恒主题。不安全的爆破，就是破坏，就是犯罪！

37. 主动的"防"与被动的"护"

冯叔瑜在工程爆破科研中，非常重视爆破安全教育，他每到一处铁路建设工地，都要挤出时间来举办爆破作业技术讲座，讲座的第一课都是讲爆破安全，反复强调：爆破作业任何时候都要把安全放在第一位。

冯叔瑜向爆破作业人员讲各种类型炸药的药性，起爆材料火雷管、电雷管和延期雷管的不同特点，导火索、导爆索、导爆管的区别应用场景，爆破器材的运输、储存和保管等爆破器材方面的安全技术。冯叔瑜在讲到爆破在施工作业上的安全操作技术时，要求从两个方面来考虑，首先是确保操作人员的人身安全，其次是爆破本身安全，确实保证装入各炮孔或药室中的药包按照设计要求准确起爆，满足设计的工程效果。冯叔瑜每课必讲的还是安全防护技术，冯叔瑜讲：

前面讲的是爆破材料和作业准备工作中应注意的安全技术问题，这是问题的一个方面，一次工程爆破在施爆时的安全也具有同等重要的意义，甚至在经济和政治方面表现出了更为突出的重要性；因为工程爆破经过长期的准备之后，它的成功与否就决定于爆破的一瞬间，在这样重要的时刻里，如果对某些情况考虑不周，造成的影响和损失往往是无法补救的，所以要谈安全防护技术知识。

防护技术可以分作两个方面，防和护作为主动和被动两个不同的面去理解，就比较能够清楚地说明这个问题。

接着冯叔瑜从主动的"防"和被动的"护"两个方面讲解了技术知识要领，并且详细解析工程爆破计算地震安全的经验公式、爆破空气冲击波的安全公式、爆破一定距离物体所承受超压数值计算等，使现场爆破作业人员大呼"受益匪浅"。冯叔瑜反复向培训班学员强调：

"防"是主动的或说是主要的，防止工程爆破发生安全事故，甚至杜绝一切产生事故的苗子，作为爆破工作者必须认识，并采取积极认真的态度去正确对待。

"护"作为被动的保证爆破安全手段，同样是安全技术的重要环节，因为有的工程根据设计需要不可能以限制一次爆破的药量来保证危险区内某些重要建筑物，工程设施或仪器设备的安全，这时就要采取"护"的手段。

总之，爆破作业带来一定的危险性，违反客观规律和安全规定，爆破事故就可能发生，但是爆破工作者必须认识到事故不是不可避免的，只要认真执行爆破作业的安全规定，严密地组织工作和做好防护措施，任何规模、任何种类的爆破都是可以确保安全的，爆破工作者还应该认识到，一些安全规定的条文是有理论根据的，有的条文甚至是血的教训的总结，所以一定要克服麻痹思想，严格执行安全规定，决不能以没出过事故，而轻率地"突破"规定的"框框"。

仅靠冯叔瑜一人之力呼吁重视爆破安全当然远远不够，于是，冯叔瑜积极向有关方面建议，要从制度上规程上重视爆破安全工作。经冯叔瑜建议，国家安全生产监督管理局为加强工程爆破行业安全管理的重大基础工作，给中国工程爆破协会下达专项任务，将我国原有的《爆破安全规程》《大爆破安全规程》《拆除爆破安全规程》《乡镇露天矿场爆破安全规程》等综合修订为全国统一的《爆破安全规程》，同时负责组织编写《爆破安全规程实施手册》。中国工程爆破协会组织全国70多位爆破专家一道积极参与《规程》和《手册》的编写起草工作，冯叔瑜作为中国工程爆破协会名誉理事长，在编写起草工作中发挥了重要的主导作用。

38. 中国工程爆破第一人

虽然冯叔瑜在中国工程爆破领域成绩斐然，但是他从来都不满足于已有的成绩，他在工程爆破技术方面始终注重研究创新，用冯叔瑜的话说："爆破一声炮响，待尘埃落定，便都成过往。工程爆破还要继续，我们要准备的是新的爆破，而不是沉浸在爆破的回声中。每次爆破都会遇到不同的地质、环境、要求，需要工程爆破人员去研究怎样针对新情况，解决新问题。因此，工程爆破技术必须坚持开拓创新研究，科研创新永远都在路上。"因此，冯叔瑜的爆破技术研究始终都在探寻新技术、新领域、新发展。

爆破专家、国家A级爆破工程师杨年华是冯叔瑜指导的博士生，他在一次接受采访时说："冯先生一生都在从事爆破技术研究，在硐室爆破、深孔爆破、定向爆破、扬弃爆破、松动爆破、水下爆破、岩塞爆破、静态爆破、预裂爆破等爆破技术研究方面，冯先生都有首创性、开拓性、独有性的研究成果，尤其是拆除爆破的理念是冯先生最先提出。冯先生在工程爆破业界被公认为中国工程爆破第一人。"

自从火药的发明开始用于爆破作业，最早的爆破方法是简单裸露爆破法，后来发明了炮眼爆破法并被广泛应用。冯叔瑜创新研究推广的硐室爆破法，是将炸药集中装填于爆破区内预先挖掘的硐室中进行爆破的技术。他总结硐室爆破具有爆破方量大，劳动生产率高；钻孔工作量少，设备、材料、动力消耗相对较省；施工不受气候、地形和交通条件限制等优点，因此，冯叔瑜经常在铁路工程定向爆破作业中推广运用硐室爆破技术，取得显著成效。

1965 年底，冯叔瑜带领爆破研究室的同事技术指导成昆铁路道林子硐室大爆破。当年参加道林子大爆破施工的原铁道兵第六师、铁道部第二工程局机筑处的李华光老人回忆当时的情景说："最可怕的是道林子那几个地方，完全就是绝壁。山上还有猴群丢石头，被砸到人就没了。勘测设计院的同志们上山，每人头上绑着块红布，用来恐吓猴子……麻烦的还有扛钢缆，钢缆轻的一米 38 公斤，重的 42 公斤。因为钢缆不能弯曲折叠，我们得很多人通力协作、每个人扛一部分，在挂壁山路上小心翼翼地搬运。"冯叔瑜和爆破研究室的同事就在绝壁处上上下下勘测地形，精心布局爆破硐室，精确计算爆破方量，完善爆破方案设计，爆破硐室一次装填近 400 吨炸药，爆破方量达到 40 万立方米，创下铁路工程建设史上最大的一次硐室爆破纪录。

这一纪录很快又被打破，那是冯叔瑜参与技术指导内蒙古准格尔煤矿的一个硐室爆破项目，并实地进行爆破振动观测。

准格尔煤矿的煤层厚达 30 米，是传统煤层的 5 倍。为了开采煤炭，必须把覆盖在煤层上面数十米厚的岩石层爆破清除！爆破设计需要打800—1000 个炮眼，每个炮眼直径 1 尺，深 40 多米，共装填 1500 吨炸药。一次爆破这样大的炸药量，对爆破点周围建筑的震动影响非常大，爆破设计必须研究摸清振动衰减的规律和参数，要根据爆破振动衰减规律进行预测计算，尽可能地减小对爆破点周围建筑的振动破坏。在冯叔瑜的技术指导下，施工单位修改了原爆破设计方案，采取必要爆破减振措施，缩小了爆破点周围拆迁范围，大大提高了社会效益。

1966年初，由于以冯叔瑜为组长的成昆铁路爆破组在成昆铁路建设中发挥较大作用，尤其是成功组织道林子车站硐室大爆破，爆破组受到承担成昆铁路建设任务的铁道兵西南总指挥部通令嘉奖。国家铁道部、交通部、冶金工业部、煤炭部、水电部和国家经济委员会联合通知筹备召开全国爆破经验交流大会，准备让冯叔瑜代表爆破组在全国爆破经验交流大会上介绍他们的经验。

不幸时令不好，风雪来得骤。这时造成十年动乱的"文化大革命"开始了，成昆铁路建设一度中断，冯叔瑜的爆破组也解散了，铁道兵科研所爆破专家朱忠节等专家与铁道科学研究院爆破研究室的托管合作也暂时中止，冯叔瑜和铁道建筑研究所大多数科技人员一道，被下放到焦枝铁路河南临汝工地参加劳动，爆破研究室的科研工作一度中断。

1968年，"文化大革命"大规模的派性武斗基本平息，经济工作陆续开始恢复，铁路工程建设和科研工作也逐渐走入正规。这时，冯叔瑜和爆破研究室的同志已经从焦枝铁路建设工地回到铁道科学研究院，陆续接到上级下达的新任务，让冯叔瑜带领爆破研究室的同志参与1968年北京燕山东方红炼油厂凤凰车站百吨级松动大爆破、1969年4月京西煤矿大安山中耳地行车通道定向爆破、四川渡口攀枝花铁矿狮子山工程万吨级大爆破等工程项目。

东方红炼油厂是我国在开发了大庆油田、胜利油田之后，为就近解决北京和华北地区的石油产品供应问题，于1966年决定在北京建设的一座大型炼油厂。1967年2月14日，国家计委批准了石油工业部的建设方案。当时出于战备的考虑和不占耕地的要求以及要"靠山、分散、隐蔽"的选址原则，经多方勘察，国家计委、中央军委总参谋部、石油

部和北京市共同决定，厂址选在房山县周口店公社坟山村一带，并定名
为东方红炼油厂。

东方红炼油厂一期工程土石方达 150 多万立方米，其中凤凰亭装油
站台一项场平爆破工程，需要炸掉 3 座小山头，填平 3 个峡谷，开出一
片 5500 平方米的平地。

这是冯叔瑜和爆破研究室在"文化大革命"期间接受的第一项工程，
冯叔瑜清楚地记得当大家来到现场时，半山腰一块巨大的红底白字标语
牌，赫然写着毛泽东主席的题词"看来发展石油工业，还得革命加拼
命"。当时大家就一门心思：看来我们也要革命加拼命，大爆破只能成
功，不许失败！

虽然搞定向爆破冯叔瑜已经有过多次成功经验，但是"文化大革命"
开始后这第一项爆破任务，冯叔瑜高度重视，每天总是第一个到现场亲
自勘测地形，亲自推导计算，亲自主持设计，最终完成百吨级定向爆破
方案。方案要求在爆破点开挖 10 个 10 米深的竖井，每个竖井两侧开挖
2 个爆破洞室，总共装填 108 吨炸药，分 3 次秒差起爆。

1968 年 9 月 20 日下午 2 时，随着接连 3 声惊天动地的巨响，瞬间
3 座山头准确地抛向 3 个谷地，待爆破的硝烟粉尘散去，面前已然出现
一片平地，爆破取得圆满成功。

东方红炼油厂建设得到党中央、国务院的深切关怀，建设期间周恩
来总理、朱德委员长、叶剑英副主席都曾亲临炼油厂视察。

北京京西大安山煤矿于 20 世纪 50 年代开始进行矿井建设，1969
年根据矿区建设用水需要，决定采用定向爆破在矿区内的一条山谷筑一
道拦水坝。爆破的最大难题是矿区地下矿井巷道已经纵横交错连片成
网，大爆破造成的振动必然会影响到地下这些矿井巷道。冯叔瑜带领爆
破专家组对北京大安山定向爆破筑坝工程对典型水平巷道的爆破破坏作

了科学分析计算，有针对性地采取措施，将对矿井巷道可能造成的破坏减小到最低程度，爆破取得圆满成功。

2005 年 10 月 18 日，在北京工程爆破学会举行主题为"回顾总结、展望未来"的学术报告会上，已担任中国工程爆破协会名誉理事长的中国工程院院士冯淑瑜力推参加大安山煤矿定向爆破设计的中国工程爆破协会副理事长、继任爆破研究室主任王中黔率先作了"北京市大安山定向爆破筑坝回顾"的学术报告。王中黔就该工程的实施地点、实施条件、实施经过、工程特点、测试结果及工程启示向与会代表作了较为详细的介绍，并回答了与会代表的提问。特别是通过该工程对硐室爆破给地下构筑物造成的破坏效应进行了研究，提出了硐室爆破对地下构筑物不同程度破坏的 K 值范围。研究成果对矿山大爆破对矿山巷道的破坏情况的研究具有重要的现实意义，对爆破理论的发展也有重要的推动作用。这些成果已收录在《中国工程爆破典型实例》。

39. 狮子山工程万吨级大爆破

狮子山工程万吨级大爆破是我国矿山建设史上一次最大的硐室爆破，是中国工业史上的一大壮举，为攀枝花钢铁矿业发展和钒钛磁铁矿的开采发挥极其重要作用。

由于"文化大革命"的影响，当时国内经济形势严峻。当 1970 年 6 月 29 日攀钢炼铁厂一号高炉流出第一炉铁水后，周恩来总理给攀枝花下达任务，要求加快铁矿建设，保证高炉快出铁、多出铁、出好铁，以满足国民经济发展需要。于是 1970 年下半年，攀钢矿业将矿山建设主战场转向朱家包包铁矿。

朱家包包铁矿是攀钢的主要原料基地之一，拥有得天独厚的钒钛磁铁矿，工业总储量 3.4 亿吨。矿山包含 5 个山头，其中最高的狮子山覆盖于朱家包包主矿体之上，其下部矿石占矿区矿石储量的 82.8%。由于矿石埋藏较深，要建成露天矿，必须剥离 4000 万立方米的岩石，狮子山要剥掉 120 米才能见矿，剥离量占全矿土石方总量的 68%。有人曾作过计算，把这些剥离下来的废石砌成高宽各 1 米的墙，可以绕地球一圈。

爆破体量如此巨大，爆破工程如此艰巨，都前所未有。攀钢矿业负责爆破工程的铁道兵的同志心里也没底，于是有人向负责这次爆破的铁道兵一位师长推荐了冯叔瑜。

"冯叔瑜？他是干什么的？"这位铁道兵师长有点不屑地问。

推荐人郑重介绍说："冯叔瑜是留学苏联的国内有名爆破专家，许多铁路工程和水利水电工程爆破都出自他之手。"

"留学苏联？那不是苏修培养的专家吗？我们工农兵如果不行，苏修培养的专家来了就能行？他是'白专'，还是'红专'？"

推荐人无语了。不过，这位师长转而又同意了，反正这个爆破工程眼下正缺人手，更缺专业人手。于是，师长说："那就让他来吧，让他试试，不过你们可得给我盯着点，小心'白专'专家搞破坏。"

其时，冯叔瑜虽然恢复了工作，但由于他还是被归于"白专"典型，只能有条件地受限制地被使用。

这样，冯叔瑜奉命来到工地。和冯叔瑜一起来到攀钢的还有铁道科学研究院一位副院长，以显示对国家这项重点任务的高度重视。冯叔瑜后来在接受访谈时回忆说：

当时负责组织施工的是铁道兵的一个师长，部队就是靠命令指挥，上级下达命令，下级无条件服从指挥。我们在爆破工地热火朝天地干，师长不管他的上级批准不批准，洞子打好就命令装炸药。那可是一万多吨炸药啊，要创造万吨级的大爆破，可不是闹着玩的。等炸药都装填好了，北京来电，要求到北京汇报。汇报也要我们搞爆破的专家汇报才能说到点子上呀。于是这位铁道兵师长把由我带队的十几个专家召集到他的办公室，师长把枪往桌子上一摆，说你们到北京不准乱说、乱动。乱说、乱动把你们抓起来我不管。我们当时都规规矩矩的，谁也不敢乱说乱动。等把我们送到西昌，然后再坐飞机到成都，再坐飞机到北京。到北京以后住在民族饭店，也不让我们回家，就等着给国务院领导汇报。记得国务院来听汇报的叫刘华清（时任国防科委副主任）。刘华清让大家发言，大家都不说话了。有个人说了，让冯叔瑜说。我就爆破设计方案作了汇报。刘华清听了就问，"我现在不减也不加你们一斤炸药，你就说明为什么要放1万吨炸药？"散会后第二天接着开会，我又详细作了说明。最后形成会议纪要，就说你们回去吧，回去等中央通知。

冯叔瑜从北京回来，就一直待命。半个多月后，接到北京来电，据说周恩来总理1971年5月10日亲自批准狮子山大爆破方案。冶金部保存的一份电话记录也证实了这点。

1971年5月21日10时59分，爆破指挥员一声令下，紧接着一阵轰隆隆巨响，朱家包包铁矿狮子山惊天动地，四处群山震撼，狮子山头瞬间被夷为平地，地下深深埋藏千年的铁矿终于露出了真面目。

大爆破首次分层秒差起爆，炸药总用量10162吨，爆破总量达1140万立方米。狮子山大爆破取得圆满成功，是我国矿山建设史上一次爆破炸药用量最多、爆破土石方总量最大的洞室爆破，也为冯叔瑜爆破事业的开拓创新留下浓墨重彩的一笔新纪录。

40. 定向爆破筑坝：从实践到理论

《工程爆破研究与实践》一书"爆破研究室简史"记载：

　　1971 年湘黔铁路新线开工，铁道部基建总局局长赵锡纯局长点名冯叔瑜前往指导爆破工作。冯叔瑜带爆破研究室罗书鑑、龚亚丽、杨杰昌、王中黔、史雅语等同志赶赴现场，主持了凯里车站及机务段煤水线、桐木寨、六个鸡和马田等 10 余处洞室大爆破的设计和施工工作，对加快湘黔铁路重点土石方工程进度起到了积极的作用。1974 年 2 月，爆破研究室应邀参与了我国规模最大的陕西省长安县石砭峪千吨级定向爆破筑坝的设计、施工和科研工作。

　　陕西长安县石砭峪水库位于长安县境内秦岭北麓石砭峪河下游，水库以灌溉、城市供水为主，兼有发电、防洪等综合效益。冯叔瑜在现场勘察看到水库大坝坝址为 U 形河谷，河宽 70—90 米，两岸地势陡峭，山体雄厚，高出设计坝高的三四倍。坝址区岩性为片麻花岗岩，无断层通过和不良地质条件，附近缺乏防渗土料。冯叔瑜认为这种地形地质条件比较适于采用定向爆破沥青混凝土斜墙堆石坝。

　　冯叔瑜受邀带领爆破研究室的同志来陕西省长安县石砭峪水库指导定向洞室爆破筑坝。

　　尽管冯叔瑜已经多次成功进行定向爆破筑坝，但是每次进行新的爆破作业，他都如履薄冰，小心翼翼，认真对待。来到石砭峪水库工地现场，他们仔细探测爆破山体岩性和地质情况，常常刚下这座山，又爬上那座山，越过这道沟，又蹚上那道沟，天天爬上爬下不辞辛劳，精心设计爆破洞室的位置、朝向、容积等爆破方案，精确计算爆破抛掷石方体量、方向、堆积高度等，做了大量工作。

　　石砭峪水库定向爆破最终总装药量 1589 吨，爆破方量 236 万立方米，再次创造国内最大一次定向洞室爆破筑坝纪录。爆破后冯叔瑜带领爆破室的同志实地检测，对岩体抛掷、应变、震动、堆积效果、地形和工程地质变化等进行了系统的研究，取得了大量的科学数据。这次定向爆破抛掷土石方上坝率高，堆积体比较集中，高度理想，马鞍形并不显著，堆积体密实度较高，单位耗药量较小，爆破对导流隧洞及附近建筑物的安全没有产生不利的影响，定向爆破筑坝再次取得圆满成功。

在多年定向洞室爆破成功的基础上，冯叔瑜研究总结出一套科学的定向爆破筑坝设计计算方法，定向爆破筑坝设计计算方法从实践到理论日臻成熟。冯叔瑜运用这套计算方法验证了中国已经完成的30多座定向爆破筑坝，误差大多在10%左右。《铁道科学技术论文集》将冯叔瑜这一定向爆破研究成果《岩石爆破抛掷距离计算公式的研究》专论编入，在工程建设爆破项目中得到广泛推广。

41. 把爆破控制在毫厘之间

爆破专家、冯叔瑜的学生杨年华博士介绍说：把拆除爆破理念创新运用到国内工程建设中来，最早也是冯叔瑜提出的。

拆除爆破是控制爆破的一种，通过运用爆炸力学、结构力学和材料力学的一般原理，对建筑物破坏和失稳分析，进行合理布孔严格控制炮孔装药量，通过精确的计算后布置炸药以及定时引爆，使得建筑物在数秒钟内倒塌，倒塌方向误差精准地控制在毫厘之间，尽量减少对附近地区的损害。

拆除爆破可分为两种：原地坍塌（即楼宇被垂直摧毁，倒下后会变成瓦砾）和定向坍塌（即楼宇向某一方向倒塌），适用于废弃楼宇、桥梁、烟囱、塔楼等建筑物的拆除作业。冯叔瑜研究推广控制爆破技术在我国城市工程的应用，标志着我国工程爆破技术发展到一个新阶段。

爆破工程以前都在荒郊野外、人烟稀少、周围环境简单的地区进行，人们尚且都有极大的安全危机感。当拆除爆破在城市闹市区进行，更加容易引起人们的恐惧。冯叔瑜通过对国外拆除爆破案例研究发现，城市内进行拆除爆破，设计不当很容易引发人员伤亡和财产损失事故。

比如有的拆除爆破控制不当造成人员伤亡和附近建筑物损坏，有的爆破未能完全拆除造成建筑物残留危及四周，等等。因此，1976 年至 1978 年冯叔瑜指导爆破研究室从事"控制爆破技术"课题的研究，既大胆创新，又谨慎仔细，建立了一套更加科学的控制爆破技术理论基础。冯叔瑜主笔，以第一作者身份与他多年的合作伙伴朱忠节、马乃耀合作撰写了《控制爆破技术》专论，在学术期刊《爆破与冲击》1984 年第 4 卷第 1 期发表。文中论述：

　　所有工程爆破，由于它要通过爆破达到一定的工程目的，都应该叫作控制爆破。二次世界大战以后，许多城市工厂、房屋建筑被战争毁坏，需要在人口稠密地区或多种建筑物附近，爆破拆除其全部或一部分，以便于重建或改建，这就出现了既要满足工程爆破的目的，又要保证周围环境人和物的安全的一种爆破方法，逐渐形成了现在的控制爆破技术。这在爆破技术上是一个突破和发展。

　　控制爆破这个名称，在国外还不够统一，有的叫城市爆破（Urban Blast），有的叫拆除爆破（Demolition Blast），而美国所谓的控制爆破（Controlled Blasting）则包括光面爆破、预裂爆破在内。我国多数同志认为应在四个方面进行有控制的爆破才能称为控制爆破，即（1）控制爆破所产生的地震效应；（2）控制个别碎块的飞扬距离；（3）控制爆破所产生的破坏范围；（4）控制建筑物在爆破后的坊塌范围和倾倒方向。这就是说，不以爆破的地域（城市或厂区）和目的（拆除或摧毁）来定，这是一种比较科学的叫法。

　　进行控制爆破需要掌握的技术关键，简言之，就是要控制一次起爆的药包重量和采取有效的防护措施。前者必须使每个药包的装药量微小，以减轻爆破所产生的地震波强度和碎块飞扬的可能性；后者则是使所采取的防护措施足以防止意料不到的个别碎块飞出去的机会。当然对炮眼布置和起爆顺序的安排，也是技术上应当掌握的重要环节。

文中接着对药包重量计算公式、药包布置、安全计算、起爆方法和爆破材料的选择以及控制爆破的施工都作了详细论述。另外，冯叔瑜还和吕毅、杨杰昌、顾毅成编著了《城市控制爆破》一书，主要介绍控制爆破设计及计算原理，混凝土和钢筋混凝土大型块体的切割和解体、高大建筑物拆除爆破，水压控制爆破以及控制爆破施工和安全技术，全书内容通俗易懂，图文并茂，有较多的工程实例。对拆除爆破的工程实践具有非常重要的指导作用。

冯叔瑜在对控制爆破技术的研究中，十分关注国外控制爆破技术发展，尤其是日本的爆破技术是采用低威力专用 TN 炸药进行控制爆破。冯叔瑜研究认为，进行合理布孔严格控制炮孔装药量，使用国内常规炸药同样能够达到日本低威力专用 TN 炸药控制爆破的目的。冯叔瑜将研究成果撰写成论文《日本的控制爆破施工法》，在《铁道科学技术》发表。

在冯叔瑜创新研究控制爆破理论的指导下，冯叔瑜带领爆破研究室的同志先后在孟县铁路大桥、陇海线黑石关钢桥、济南铁路局机车库、北京饭店防空洞、北京国际饭店所在地原科技馆、新侨饭店原礼堂餐厅、广东佛山水泥厂、广州市省政府招待所、深圳市旧火车站等重大工程的爆破拆除中，参与爆破方案的设计或进行技术指导，都取得圆满成功。冯叔瑜创新的拆除爆破技术也在中国城市建设中得以推广应用。

42. 北京长安街的大爆破

北京国际饭店在北京中央商务区东长安街，与天安门广场、故宫、王府井步行街、北京站咫尺之遥，机场班车、北京西站专线车等皆可直达饭店，尽享交通便利。北京国际饭店是改革开放后首都较早建设的一批高档五星级酒店之一，入选"第三批中国 20 世纪建筑遗产项目"。可谁能想到北京国际饭店的建设不是从开挖地基开始，而是从拆除爆破炸掉地基开始的。

20 世纪 50 年代，为了迎接新中国成立十年大庆，北京市建造了十大建筑，同时在如今北京国际饭店的位置开挖地基，准备建造国家科技馆。然而，在当时的条件下，钢筋是稀缺资源，国家科技馆刚刚完成地基建设后，为了保证人民大会堂等十大建筑用材，国家要求北京市将国家科技馆地基暂时封存起来。这一封存就是 20 多年。当这片地基启封重新建设时，为了适应北京城市发展的新需求，更好地服务首都经济、文化和旅游等方面的发展，原国家科技馆所在地基已经更改设计为北京国际饭店，因此需要将已经建成的钢筋混凝土地基爆破拆除。国家有关部门将长安街上这一重大爆破拆除任务郑重交给冯叔瑜。

接受任务之后，冯叔瑜来到现场这才发现这次爆破绝非易事。爆破地点在北京最著名的长安大街，正南面对北京站，四周是大片民房，而原先与北京十大建筑同期建造的国家科技馆地基材料质量非常好，需要爆破掉的最大钢筋混凝框架长 28 米、宽 48.5 米，爆破难度大且危险性非常高。为了确保爆破安全，冯叔瑜充分运用了他丰富的爆破经验和专业知识，带着爆破研究室的同志对爆破方案反复研究，对炸药的种类、用量、安放位置等进行了精心设计，爆破前还做了大量生产性试验，确保爆破的安全、高效和精准。

在试验研究的基础上，冯叔瑜科研团队最终决定采用"切梁断柱、一次爆破坍塌"的控制爆破技术。爆破取得圆满成功，配合机械化施工清理，先后快速安全地拆除原有地基，推进北京国际饭店建成。

如今北京国际饭店坐拥长安街，鸟瞰紫禁城，位于北京城东西中轴线，十里长街中段，与紫禁城、天安门广场近在咫尺。北京国际饭店完备的综合服务设施和健康娱乐设施一应俱全，其中顶层的星光汇是长安街上唯一一家可以 360 度俯瞰京城的旋转餐厅。通过高端技术、全新理念打造的北京建国国际会议中心，拥有北京市中心最大的、达 2000 平方米的无柱多功能厅，辅之以相匹配的高速网络信息传输系统，多媒体放映机、投影仪等会议设施，同时可提供专业录音、摄像服务，为不同规格、形式的国际化会展活动提供周到细致的服务。

北京国际饭店所在地原科技馆的拆除爆破是城市发展进程中的一个重要事件。冯叔瑜以其卓越的爆破技术，为北京的城市建设做出了重要贡献。北京国际饭店的建成，不仅提升了北京的旅游接待能力，也为各类商务活动和会议提供了优质的场所，成为北京的一张亮丽名片。

这次成功爆破，冯叔瑜将控制爆破技术研究又往前推进一步。"北京国际饭店工地控制爆破拆除技术"获 1984 年全国建筑科技成果交易会金质奖。在冯叔瑜指导下，吕毅、顾毅成完成了《北京国际饭店工地钢筋混凝土整体框架结构控制爆破拆除技术》一文写作，总结这次爆破的成功经验，在《铁道科技动态》发表，受到业界好评。

皖赣铁路最早于清光绪三十一年（1905）开始兴建，于 1985 年建成单线铁路，整整经过 80 年，其间经历了五上四下的艰难历程。1975 年，铁道部决定恢复皖赣铁路建设，施工队伍遇到的最大难题之一，就是在爆破拆除废弃桥梁墩台、旧厂房等建筑物时，因拆除爆破技术水平低、爆破有害效应得不到有效控制，不但严重干扰周边居民正常生活，而且工程也进展迟滞，施工陷入困境。

没有金刚钻，揽不了瓷器活。在国内工程业界以爆破技术声名在外的冯叔瑜爆破团队再次临危受命，受施工单位邀请来到皖赣铁路建设工地，对爆破作业进行现场技术指导，成功爆破拆除废弃桥梁墩台、旧厂房等建筑物，使工程得以顺利推进。

在铁路旧线改造的德州立交桥、沧州车站水塔等爆破工地，冯叔瑜经过现场调查，支持施工单位采用爆破法进行桥梁和水塔拆除的方案，并帮助制订详细的爆破方案，经过对爆破拆除物的精确测量，设计爆破点位置，计算装药量，确定依次爆破时间，精准控制爆破能够一次性破坏要拆除桥梁和水塔结构的稳定性，从而实现拆除目的。爆破一举获得成功，使工程建设得以顺利推进。

冯叔瑜用自己研究控制爆破多年的切身体会传授给爆破研究室的同事说：用爆破技术拆除建筑，省时省工益处多多，但爆破绝不是简单把要拆除的建筑物炸飞、炸碎就能完成，尤其是在城市拆除爆破作业，稍有不慎，很容易对周边造成严重破坏。控制爆破就是要精准地利用炸药爆炸产生的能量来破坏建筑物主要受力构件的强度，使其结构在我们预定的时间、位置瞬间失去承载能力，在自身重力的作用下失稳，使建筑物重力与地面支撑力之间形成旋转力偶，产生偏斜位移，从而变形倒塌，因冲击地面而解体。

有一次，杨年华博士跟随冯叔瑜做拆除爆破项目，项目单位广西柳州电厂要拆除爆破一个烟囱，这个烟囱当时是我国最高烟囱之一，要求定向倒塌，精度控制在正负 8 度的区间。这个项目时间紧任务重，从申报到论证只花了一个月的时间，这是杨年华第一次独立负责主持设计，冯院士给予指导支持。爆破时，冯叔瑜来到现场，看到杨年华紧张的样子，冯叔瑜笑笑说："有我在，你怕什么？出了问题有我呢。"最终，爆破一举成功，杨年华激动地握着导师冯叔瑜的手连声感谢。这个项目成功以后，杨年华在拆除爆破领域就独当一面，成了爆破研究室的顶梁柱。

43. 水下爆破建奇功

1972 年，在铁道部、交通部合并期间，冯叔瑜参加了广州黄埔港航道疏浚的水下爆破工程，与现场主管马乃耀合作，创建了一套水下爆破的施工工艺和爆破技术，填补了国内该领域的空白。

黄埔港是华南地区重要的水陆联运枢纽，更是海上丝绸之路的发祥地，黄埔港在广州对外贸易中发挥着重要作用。然而，黄埔港的大濠洲水道和黄埔水道两个主航道水下多处有礁石，严重威胁着来往船只进出港安全，常常造成船只搁浅事故，堵塞航道，其疏通具有重大意义。

广东省为疏通珠江黄埔航道，陈郁省长提名广东省水电厅爆破专家马乃耀负责该项工程，邀请铁道科学研究院一起合作，并拨款 20 万元作为购置仪器设备科研的经费。广州航道局为此专门组建水下爆破炸礁队，冯叔瑜派出爆破研究室的"五虎上将"吕毅、杨杰昌、王中黔、史雅语和顾毅成，由王中黔带队，冯叔瑜负责具体技术指导，全力以赴参加该项工程水下爆破技术的研究与实践。

冯叔瑜到现场调查，测算需要炸礁的石方量有 50 多万立方米，严重阻碍航道船只安全通行。航管部门一直想炸掉这些礁石，但是采取传统的炸礁方法，必须封闭航道，而且航道一封就是几个月，损失太大，没人敢拍封航这个板。据说有个香港爆破工程师来了一看，说他有办法可以不封航炸礁。等他说出自己的方案，真是滑天下之大稽！原来他是在酒瓶子里装上炸药，人工潜水下去炸。每次只炸一点，万吨级的航道要炸出 9 米的水深，那要炸到什么时候？这位工程师说得倒很轻松，说我炸不完，就让我儿子接着炸，儿子炸不完，就让孙子接着炸，直到炸完为止。

这怎么能行？于是，在马乃耀、冯叔瑜的主持下，爆破研究室和水下爆破炸礁队通力合作，研究出一套水上钻孔爆破的施工工艺。施工前对要爆破的礁石进行详细的勘察和测量，了解水下地形、地质情况以及障碍物分布等信息。根据这些信息，制订个性化的爆破方案。在装药过程中，严格控制炸药的种类和用量，确保安全度大、威力强的炸药能够在水下发挥最佳效果，同时具有良好的耐水性和耐水压性。为了提高爆破岩体在水体深处的高压下的鼓胀移动和抛掷效果，以及方便爆破岩渣的清除，冯叔瑜精确计算单位耗药量。在施工过程中，他们在一条船上搭建工作台，固定安装一排五台钻机，把船开到海上用锚定住开始钻孔打眼，在五六米水深的下面打到十一二米深，克服水深、流速、风浪等因素的影响，确保钻孔的精度和质量。同时，注重施工过程中的安全管理，对可能产生的空气冲击波、水冲击波和地震波等主要应力进行严格监测和控制，以保障爆点附近的人畜、船舶和建筑物的安全。每次爆破以后随即就清航。冯叔瑜和马乃耀通力合作，创造出这套水下深孔爆破水上作业全新的设计、施工工艺，被誉为"黄埔水下爆破法"。

用了不到两年时间，顺利疏通了黄埔大石、二石长约 2000 米的大濠州航道，航道拓深达 10 米，拓宽 80 米，爆破炸礁量达 50 万立方米。实践中双方合作开展爆破参数和爆破效应的测试，收集整理了大量水下爆破振动和冲击波效应及水工结构物响应和安全防护的测试资料，达到了国际先进水平，彻底改变了过去水下爆破作业的困难、落后状态。

水下爆破工程在珠江黄埔航道疏通中发挥了关键作用。一方面，通过水下爆破可以快速有效地清除航道中的障碍物，如礁石、硬土质层等，为大型船舶的通行提供了安全保障。随着国际贸易和航运业的不断发展，大型集装箱船舶和货轮对航道的深度和宽度要求越来越高。水下爆破能够拓宽和加深航道，满足现代航运的需求，提高航道的通过能力和运输效率。另一方面，水下爆破工程有助于提升航道的防洪、泄洪能力。航道的畅通可以确保洪水能够顺利排泄，减少洪涝灾害对周边地区的影响。此外，珠江黄埔航道的疏通还能带动区域经济的发展。大港口带动大贸易，大贸易带动大金融，促进广州市及周边地区的经济迅速发展。同时，也为城市的现代化建设提供了有力的支撑，使广州作为现代化国际大都市的地位更加稳固。

冯叔瑜传

冯叔瑜根据爆破技术发展趋势和工程建设需求，在爆破研究室成立了"水下爆破技术研究"课题组，由冯叔瑜进行技术指导，对水下爆破技术这一新课题进行创新性研究，重点研究水下爆破施工中的力学特点、爆破技术、爆破装药量和防止公害等问题。随后，冯叔瑜指导爆破研究室"水下爆破技术研究"课题组相继在芳村码头、中山县张家港出海口等地进行了多处水下爆破工程，都取得圆满成功。

总结水下爆破技术的研究成果与实践，冯叔瑜和马乃耀合作撰写了《现代海港建设与水下爆破》一文，在专业学术期刊发表。文中论述：

> 大规模的海港码头和航道建设工程，离不开水下爆破作业，因此，研究在水下爆破施工中的力学特点、爆破技术、爆破装药量和防止公害等问题，很有必要。
>
> 水下爆破技术比起陆上爆破来说，经验还很不成熟，按不同情况，水下爆破技术可分为许多种类：
>
> 1. 按爆破作用的性质，水下爆破可以分为水中爆破、水底岩面爆破和水下岩层中爆破三种。
>
> 2. 按爆破的工程性质，也可以把水下爆破方法分为水下扬弃爆破、水下松动爆破和水中振动爆破三种。
>
> 3. 按工程目的，水下爆破可分为航道疏浚爆破、水工建筑物基坑爆破。
>
> 4. 按起爆方法，还可以把水下爆破分作有线起爆和无线起爆两类。

论文对水下爆破技术作了详细解析，对炸药在水下爆破的作用规律、炸药用量精确计算公式、水下爆破施工的特点、水下爆破防止水下冲击波公害等进行论述，为水下爆破技术的推广应用起到重要作用。

44.爆破＋机械化＝如虎添翼

冯叔瑜在长期参加铁路、水利、矿山等工程建设的实践中清醒地意识到，爆破的作用再大，也仅仅是工程建设的一个重要环节。爆破只是在瞬间完成岩体的破碎，爆破之后土石方的挖、装、运、卸才是完成工程建设的关键环节。然而，在许多建设工地，土石方的挖、装、运、卸几乎全靠人力或简单机械来完成，严重拖了建设进度的后腿。如果能实现爆破后挖、装、运、卸机械化施工，那就等于给爆破插上了翅膀，大大加快工程建设。

1973 年，冯叔瑜在铁道部第三工程局的施工工地结合现场石方施工的困难状况，向铁道部建议在路基石方工程中要大力开展"爆破＋机械化"施工技术的研究。这一建议立刻得到铁道部的大力支持，并选择第三工程局正在施工的邯长线东戍车站为试点。第三工程局刘圣化局长和缪垂祖总工程师安排本局爆破技术员刘宏刚与铁道科学研究院爆破研究室杨杰昌、史雅语、顾毅成等同志联合组建了"铁路深孔爆破石方机械化施工技术研究"课题组，同时第三工程局组建了铁路系统第一个专业化的深孔爆破石方机械化施工队，在邯长线东戍车站积极开展"深孔爆破＋石方机械化"施工技术、机械配套、施工组织等方面的专题研究。

"爆破＋机械化"施工技术的研究还是从优化爆破开始，为爆破后的机械化施工创造更加有利的条件。研究成果由冯叔瑜主笔，与吕毅、杨杰昌合作撰写的《铁路爆破事业的回顾和展望》一文在《铁道工程学报》刊发。文中指出"深孔爆破是实现石方机械化施工的关键工序"，论述道：

> 要解决石方机械化施工中挖、装、运、卸的配套成龙问题，首先取决于有无满足机械施工要求的岩石破碎技术。大爆破有其长

处，但破碎块度不匀，二次破碎必然影响机械使用效率的提高，一般手风钻的钻孔爆破方法，劳动生产率极低，远远满足不了挖装机械的作业和生产需要。只有石方深孔爆破才能满足机械化施工要求，并提高机械使用率和劳动生产率。

60 年代在成昆铁路的修建中曾开展过深孔爆破的试验研究工作，1973 年在铁三局邯长线东戍车站深孔爆破试验取得成功，工效达到了 14.7 立方米／工；其后又在铁二局枝柳线马颈坳和铁一局西延线张家船分别进行了深孔爆破和光面爆破的试验，都曾取得过良好的成绩；1986 年又在铁一局大秦线铁炉村和上王峪工点进行了深孔爆破试验，劳动生产率曾达到 40 立方米／工天的好成绩。

由于种种原因，这些经验还没有得到足够的重视和推广，试验目的也没有完全达到，机械的合理配套问题并没有解决。有的爆破后由单一机械作业（如张家船工地，只使用铲运机），有的地方（如马颈坳）用土方机械代替石方机械，致使机械部件损耗极大。

解决重点土石方施工问题，唯一出路是施工机械化，而石方工程的机械化施工，必须首先解决深孔爆破技术问题，要根据挖装机械的斗容量，合理控制岩石破碎的块度大小、爆堆形状、爆落方量，从而充分发挥机械的使用效能，只有深孔爆破配合的机械化程度，迎头赶上国内矿山和水电部门现有的技术水平，进而达到世界先进水平。

科研院所与施工队伍相结合、爆破理论与施工实践相结合、技术专家与现场工人相结合，邯长线东戍车站石方"深孔爆破＋石方机械化"试点取得明显效果，11 个月内完成石方 23 万立方米，最高工效达到 14.7 立方米／工天，为浅孔爆破施工的 20 倍以上，创造铁路建设工程石方施工工效最高纪录。

1973 年 12 月，铁道部基建总局在东戌站场召开了"铁路石方工程机械化施工现场会议"，各铁路工程单位参加，总局韩曰翰局长主持，特邀这一技术成果首倡人冯叔瑜主席台就座，爆破研究室和第三工程局"铁路深孔爆破石方机械化施工技术研究"课题组作技术讲解，第三工程局深孔爆破石方机械化施工队作经验介绍，得到与会者高度评价。会后，深孔爆破石方机械化施工技术成果在全路推广应用，大大加快铁路建设石方施工进度。

45. 收获的季节

冯叔瑜从 20 世纪 50 年代留学归来，将苏联大爆破技术运用到中国鹰厦、川黔、成昆、湘黔等铁路新线建设中开始，始终在工程爆破科研一线潜心研究，取得一系列显著成果，终于到了收获的季节。

1977 年，冯叔瑜以国内著名爆破专家身份，被国家计委物资总局指名参加国家"七七工程"试验组，主要任务是通过系列研究试验，彻底解决炸药储备洞库的布局和安全设计问题。

在冯叔瑜的技术指导下，制定了科学规范的试验大纲，爆破研究室杨杰昌、顾毅成按 500 吨梯恩梯炸药储存洞库原型，作了 1：1、1：1/2、1：1/4 和 1：1/8 的试验洞库爆炸设计。《工程爆破研究与实践》中"爆破研究室简史"记载：

> 这是新中国成立以来最大的一次综合性化爆试验，先后有 30 多个科研单位、300 多名科技人员参加，动用了上千台测试仪器和设备。在湖北随县花岗岩地区和甘肃砾岩、黄土地区进行了数十次试验，直至 1984 年结束。历时 8 年，取得了丰硕成果，通过了国家计划委员会组织的国家级鉴定。
>
> 爆破研究室王中黔、龚亚丽负责，果淑琴、刘建亮、刘舍宁、

宋建农、高子云、李保国等人先后参加了爆炸空气冲击波、爆破振动和高速摄影的量测和分析工作。冯叔瑜的首位研究生金骥良利用现场条件结合试验工作，在甘肃永登黄土试验场进行了"延长药包爆破漏斗特性"硕士论文的试验研究。

爆破研究室参与合作承担的"七七工程"设计获 1985 年度国家科技进步奖二等奖，4 个分项目获 1986 年度国家计委科技进步奖一等奖二项、二等奖与三等奖各一项，与五机部五院、204 所合作完成的"浅埋炸药库的爆炸效应及其安全距离"获 1987 年度国家机工委科技进步奖一等奖。

1979 年，广东省为保证橡胶生产良性循环和橡胶产业可持续发展，需要对海南岛橡胶园老残橡胶林进行更新采伐。有关农林部门主动找上门来，请冯叔瑜和爆破研究室史雅语、龚亚丽等同事与广东省爆破专家马乃耀一道，在海南岛橡胶种植园进行了爆破伐树和开挖树坑的试验研究，取得很好的效果，农林部门专门召开了现场会，推广了他们的研究成果。冯叔瑜和马乃耀、龚亚丽合作编写了国内第一部由广东科技出版社出版的《农业爆破技术》专著，介绍了爆破技术在农业领域的推广应用。

冯叔瑜对爆破技术的研究从来不故步自封，总是在不断开拓创新研究的新领域。这一时期，冯叔瑜在水利爆破、水下爆破、矿山爆破、农业爆破、定向爆破、控制爆破等领域开拓创新的同时，在铁道爆破方面又取得新进展、新突破。

冯叔瑜在《创新是铁道爆破技术发展不竭的动力——兼议路堑爆破一次成型经验的推广》一文中论述道：

铁路工程爆破技术正是在不断创新，不断吸收其他部门新技术、新经验中发展起来的。综合运用先进的成熟技术也是一种创新。路堑爆破一次成型的经验值得推广。

刘宏刚同志把预裂爆破和洞室爆破结合起来，在贵州省高速公路的半路堑开挖中，成功地做到了爆破后只需把石方消运，就能显现一处完整的半路堑的雏形，稍加修整即能成为合乎设计要求的路堑和路基。这是一次技术创新。

路堑一次爆破成型的经验在铁路工程中，完全有可能、有条件加以推广应用，更能加以补充、演绎在各种地质、地形条件都能运用的综合爆破。所谓"综合"，就是把我们已经掌握的爆破技术，根据每处施工工点的特点，有机地将洞室、深孔、浅孔、光面、预裂等等甚至药壶法爆破有机地结合起来，按设计要求用毫秒爆破技术，一次起爆，在几秒钟的时间内就能完成设计要求的铁路路堑或半路堑。

在铁路工程建设实践中，冯叔瑜研究总结了不同情况下全路堑、半路堑的综合爆破法设计方式，根据路堑挖深和路基开挖面积形状，分别设计预裂爆破的深孔、条形或洞室药包布置、炮孔排列，预测起爆完成路堑断面形状等。最后，冯叔瑜概括总结："上述方法有可能将我们所掌握的药室法、条形药包、深孔和浅孔以及药壶法爆破技术有机结合起来，充分发挥各种爆破法的特有长处，因此也可以把一次爆破成型路堑的方法叫作综合爆破。"冯叔瑜的研究总结，对于路堑爆破一次成型经验的推广起到了积极的推进作用。

1978 年，冯叔瑜 54 岁，铁道科学研究院授予冯叔瑜研究员为首批硕士研究生导师。

冯叔瑜在爆破技术研究的开拓创新，也促进了他对爆破事业体制上的开拓创新。这时，冯叔瑜在研究世界各国工程爆破技术发展前沿时，注意到世界许多国家如美国、日本、德国、法国等，都有专业的控制爆破公司。欧洲四十多个地区有专门的控制爆破组织，成为一项新兴产业。结合我国工程控制爆破事业发展进步的实际，已经成功组织上百次控制爆破，技术日臻成熟，冯叔瑜向铁道部有关部门和铁道科学研究院积极建议组建铁路自己的专业爆破公司，由专业的人来干专业的事。借鉴国外控制爆破公司的运作经验，冯叔瑜建议公司以爆破专业技术为支撑，以市场化方式来运营，使爆破技术研究与铁路工程建设更紧密结合，加快科研成果转化为现实的生产力，推进铁路工程建设更快发展。与此同时，爆破公司的营收还可以用来加大爆破技术研究的资金投入，弥补科研费用的不足，一举数得。

冯叔瑜的建议得到铁道部有关部门和铁道科学研究院的重视和支持，1984年，北京爆破联合工程公司正式成立，这是国内最早成立科研与工程相结合的专业爆破公司之一。冯叔瑜出任北京爆破联合工程公司第一任总经理。这年，冯叔瑜已经年届花甲。

爆破公司成立之后，在冯叔瑜的带领下，运用控制爆破技术最新研究成果，先后完成了200多项城市重大拆除爆破工程，取得科研实践与市场运营双丰收，为城市建设和工矿企业的改造作出了巨大贡献。

也是在这一年，冯叔瑜出任中国力学学会爆破专业委员会第一届主任委员。

第四章

享誉国际的累累硕果

（1985—1995）

冯叔瑜爆破事业硕果累累，技高天惊，老当益壮，炉火纯青，
正是"洪炉烈火，烘焰翕赫；烟未及黔，焰不假碧"。

46.下海弄潮正当时

1985 年，冯叔瑜刚过 60 岁，已是花甲之年退休年纪。此生"经眼
尽知三世事，含饴已看几重孙"。冯叔瑜本该回家含饴弄孙安享晚年闲
适愉快的生活。可是冯叔瑜感到自己为之奋斗的工程爆破事业未竟，正
处在再努力、再创新、再突破的关键节点，怎忍心撂下挑子半途而止？
可是单位人事管理制度也不能不遵守啊。思来想去，冯叔瑜终于想出一
个两全其美的办法，也是他思考良久而现在正逢其时的上策之举。

冯叔瑜先是向铁道科学研究院提交辞去爆破研究室主任一职的报
告，建议让更年轻的爆破研究室副主任王中黔同志担此重任。

王中黔也是铁道科学研究院培养成长起来的铁路工程爆破专家，
1962 年从上海同济大学路桥系铁道建筑专业毕业后，就分配在铁道科

冯叔瑜传

学研究院铁道建筑研究所，一直在冯叔瑜领导的爆破研究室工作，历任研究实习员、助理研究员、副研究员、研究员。1984 年起担任爆破研究室副主任。在冯叔瑜的带领下，王中黔有着丰富的爆破研究工作和工程实践经验，在洞室爆破、深孔爆破、水下爆破、拆除爆破、爆破安全技术等方面有着很突出的业绩，他的爆破专业论文和著作多次获奖。冯叔瑜相信王中黔完全有能力接过他传递过来的接力棒，带领爆破研究室的科研人员接续前行，争取新的更大成绩。

据《爆破研究室简史》记载：

> 1985 年杨杰昌任爆破研究室副主任，1987 年王中黔升任爆破研究室主任，在冯叔瑜的指导下，根据院、所科技体制改革的部署，实行以室为单位的承包制。在科研方向上，一如既往，以紧密结合铁路工程建设有所创新的同时，加大爆破新技术的推广力度。同时，利用技术储备和科研工作的优势，通过自身的努力，在将科学技术转化为生产力方面，进行新的探索。

辞去爆破研究室主任一职后，冯叔瑜下定决心要"下海"了。只不过此下海并非戏水下海，而是特指改革开放以来那些敢于跳出传统体制的束缚，转而到市场经济大海中乘风破浪、弄潮搏击、谋求发展的弄潮儿。

此时，冯叔瑜早已是功成名就，是国内工程爆破领域首屈一指的领军人物，公认为中国工程爆破第一人。作为中国工程爆破学科的奠基人，他的理论和实践经验对我国工程爆破行业的发展起到了重要的引领和推动作用。真所谓"洪炉烈火，烘焰翕赫"，冯叔瑜的爆破技术已达"烟未及黔，焰不假碧"的炉火纯青的地步。令冯叔瑜最感到遗憾的一件事是改革开放以来，在中国特色社会主义市场经济条件下，工程爆破技术作为科研院所的一项研究成果，从未曾独立运行经过市场经济大潮的检验。

冯叔瑜还在苏联留学的时候，曾在苏联国有"全苏爆破技术公司"和铁道运输部的"铁道爆破公司"实习，在西伯利亚库兹涅斯克市的工程项目爆破中，爆破公司从爆破方案设计、实施爆破到爆破监理等全程参与。由专业的爆破公司对爆破工程全过程专业化操作和实操效果，无论是专业效果还是经济效益，都给冯叔瑜留下深刻印象。留学回国，他曾向铁道部领导提出过组建铁道专业爆破公司的建议，由于国家经济政策调整和当时的体制机制所限，铁路工程爆破技术研究也才刚刚起步，专业研究人员力量薄弱，仅凭冯叔瑜一己之力还不足以支撑专业公司的运转，因此他的建议未能实施。作为党员干部、作为党培养成长起来的科研人员，冯叔瑜身在体制时不由自己，他把服从铁路大局、服从组织需要，始终放在第一位。而现在他已经到了退休年纪，应该从体制内的位置上退下来了，因此感到退下来之后反而有了更大更自由的发展空间。冯叔瑜不甘寂寞，开始思考酝酿着新的突破，决心要下海去弄潮搏击了。

谁能想到，组建铁道专业爆破公司的合理化建议在冯叔瑜的心头一压就是 30 年，始终是个心事。直到改革开放的春风吹满神州，国内科技体制改革创新，成立专业的爆破公司正逢其时。

于是，花甲之年的冯叔瑜"老夫聊发少年狂"，刚刚卸下爆破研究室主任的担子，就又鼓起科技创新、市场创业的新劲头。冯叔瑜积极推动爆破研究室在科研体制改革上实现重大突破，率先在国内组建成立北京爆破联合工程公司。他欲在社会主义市场经济条件下，借改革开放的强劲东风，把中国爆破事业再大大地推向前进。

万事开头难。组建专业爆破公司，铁道科学研究院不缺专业技术，不缺工程经验，最缺的是资金和市场实践。公司注册需要资本金，公司组建需要启动金，公司运作需要周转金，总之，钱是首要的，而科研单位最缺的就是钱，当年铁道科学研究院的科研经费都由铁道部拨款，专款专用，好钢要用在刀刃上，哪里有额外创办公司的钱？

这时，冯叔瑜想到了走厂研结合之路，就是科研单位与施工企业相结合，科研单位出技术，施工企业出资金，联合创办专业爆破公司。有了这个思路，冯叔瑜立刻找到曾在工程项目中有过多次成功合作的铁道部建厂工程局领导，全盘交出自己的创意策划。

铁道部建厂工程局是中国中铁建工集团的前身，现隶属于世界500强的中国中铁股份公司，是集勘测设计、房地产开发、工程施工、设备安装、装修装饰、市政交通、铁路新线、工程监理、大型钢结构制作安装等于一体的大型国有企业。现年生产和经营规模已超百亿元，当年企业资金也很雄厚有实力，而且在北京国际饭店工地控制爆破工程中，建厂工程局与铁道科学研究院爆破研究室的成功合作，使双方都互相了解信任。

冯叔瑜和建厂工程局的领导谈了自己的想法，果然双方一拍即合，决定在北京海淀区工商管理局联合注册组建"北京爆破联合工程公司"，建厂工程局出资49万元人民币为注册资本金，铁道科学研究院爆破研究室以技术入股，公司性质为国有企业，经营范围是承包爆破工程的设计、施工与技术咨询。由冯叔瑜出任北京爆破联合工程公司第一任总经理。

爆破公司成立之后，在冯叔瑜总经理的带领下，爆破公司在科研体制改革和社会主义市场经济条件下如鱼得水，将科研成果在第一时间转化为生产力，成功运用控制爆破技术，先后完成了济南铁路分局济南机务段、北京医院门诊楼、厦门宾馆5号楼等200多项城市重大拆除爆破工程，取得科研实践与市场运营双丰收，为城市建设和工矿企业的改造作出了贡献。

47. 专业事还要专业人干

专业的事还是要由专业的人来干，才能发挥最大效益。

1984 年，冯叔瑜带领爆破公司成功完成济南铁路分局济南机务段机车检修库爆破拆除工程。

济南机务段始建于 1904 年。1904 年 6 月 1 日，德国山东铁路公司修建的胶济铁路建成通车，胶济铁路济南机车房同时投入使用。1909 年，津浦铁路机务第二总段济南分段开工建设。同时，为满足泺口黄河铁路大桥建成前机车折返需要，在黄河北岸设置津浦铁路鹊山机车房。原有的机车检修库已经不适应铁路快速发展机车检修任务大量增加的需要。冯叔瑜亲临旧的机车检修库现场查看，旧的机车检修库与机车折返线紧紧相邻，爆破稍有差池就会对机车折返线路造成损坏。冯叔瑜带领爆破研究室科研团队精确计算爆破炸药用量、药包布置、精心设计爆破方案，成功组织实施爆破拆除工程，进行改扩建建设。现在济南机务段已建成以高铁客运乘务任务为主的机务段。

1985 年，冯叔瑜带领爆破公司成功完成北京医院门诊楼的爆破拆除。

北京医院的前身是始建于 1905 年的德国医院，1945 年北平市卫生局接管了前德国医院并更名为"市立北平医院"。1949 年，中央军委卫生部带领延安中央医院和白求恩国际和平医院的医务人员接管了市立北平医院，并随着北京地名的变更改名为"北京医院"。爆破拆除旧的门诊楼以后，北京医院已经改扩建成以老年医学研究为重点，向社会全面开放的医、教、研、防全面发展的现代化综合性医院，是直属国家卫生健康委员会的三级甲等医院。

冯叔瑜传

1985 年 7 月，冯叔瑜带领爆破公司参与指导广东省政府广州招待所 5 层楼房的爆破拆除。

冯叔瑜来到爆破实施现场，看到广东省政府招待所地处广州市繁华闹市区，需要拆除的 5 层大楼建筑面积 5900 平方米。大楼西侧距省政府大门 15 米，距中山纪念堂不足 200 米；东距 15 层粮食局大楼仅 13 米；南面正对东风中路，距人行道 5 米，距隔街相望的 12 层省物资大楼 60 米；北面 58 米外是宿舍楼。仅有中间不大的一块空场地可作为招待所爆破拆除的定向倾倒场地。

在如此密集的城市建筑群实施爆破拆除一座长 72.8 米、宽 16.6 米、高 20.2 米的 5 层大楼，难度可想而知，冯叔瑜和爆破技术人员精心设计爆破方案，决定对拆除大楼结构的一、二层所有承重墙及立柱和东配楼三、四层的西墙及中间的承重墙实施爆破拆除，楼梯、电梯间炸至三楼。设计爆破后大楼向北倾倒，各受爆部位分 6 段顺序延时起爆，总延时 380 毫秒。总共设计炮孔 12828 个，总装药量 357.2 公斤，采用电雷管与非电导爆管混合起爆网路。

冯叔瑜还要求采取严密的防护措施：所有一、二层爆破的外墙用草袋、草帘和尼龙绳网包裹防护，一、二层、主楼中部三层及东配楼三、四层的窗户悬挂草帘、草袋封堵，楼梯间窗户用草袋填土封堵；靠 15 层粮食局大楼一侧设栅栏防护。

1985 年 7 月 1 日，随着现场指挥员的一声令下，大楼准时起爆。从现场高速摄影可以看到，起爆后 390—500 毫秒楼体开始出现 3 组裂缝，519 毫秒时楼顶开始下沉并伴随有向北倾倒迹象，约 1 秒后东配楼与主楼明显断开，1.2—4 秒时主楼解体并开始定向坍塌。大楼全部坍塌后，北侧宽 15 米，南侧 5 米，东西两侧坍塌宽 10 米。无爆破飞石，爆破效果良好，取得圆满成功。

1985 年，冯叔瑜带领爆破公司与福建省机械化施工公司合作，成功完成厦门宾馆旧 5 号楼的爆破拆除。

厦门宾馆 5 号楼在 20 世纪八九十年代曾接待了国内外众多名人政要。1984 年 2 月 7 日，邓小平在王震的陪同下视察厦门经济特区，就曾入住厦门宾馆五号楼，还给厦门留下了"把经济特区办得更快些更好些"的题词。随着厦门经济特区建设发展，厦门宾馆已经不适应对外交流接待需求。

厦门宾馆拟拆除的 5 号楼位于宾馆内最高处，高出其他建筑物 8 米以上，是三层砖混结构，东西长 45 米，爆破还需要保留东侧长 15 米的三层楼体，拆除难度极大。

冯叔瑜的爆破团队现场反复测量计算，精心设计爆破方案，在待拆与保留区之间事先开一条隔离缝，切断构件连接，爆破使要拆除的楼体向中间折叠原地坍塌。为降低爆破振动的影响，在保证结构稳定的条件下，对部分承重墙和次梁作预拆除处理，保证两侧向中间折叠倾倒。整个楼房炮孔设计总数 3790 个，总装药量 63 公斤。

1985 年 10 月 6 日爆破一举成功，爆破坍塌解体良好，爆堆集中，对周围建筑无丝毫影响，爆破振动监测结果与计算估算值基本一致。厦门宾馆新的 5 号楼重新建成后，成为厦门发展史上的一个重要地标。

1986 年，冯叔瑜带领爆破公司成功完成北京新侨饭店旧礼堂和中餐厅定向爆破拆除。

新侨饭店原是德国兵营的所在地，1953 年开始兴建，1954 年 8 月 1 日建成营业。新侨饭店是北京第一家公私合营的饭店，以新中国之"新"和华侨之"侨"命名，是 20 世纪 70 年代首都北京能够接待外宾的三家宾馆饭店之一，另外两家是北京饭店和民族饭店。新侨饭店曾多次接待过毛泽东、刘少奇、周恩来、朱德、邓小平、宋庆龄、林伯渠、陈云、董必武、彭真等老一代党和国家领导人。改革开放随着对外友好交往增多，新侨饭店扩建需要将旧礼堂拆除。负责工程建设的同志慕名而来找到爆破专家冯叔瑜，冯叔瑜当仁不让。

接下任务后冯叔瑜到现场一看，倒吸一口凉气。爆破拆除的建筑与要保护的主楼和东西两侧副楼呈"丁"字状相连，而且位于前门东大街与崇文门大街交通咽喉地带。需要爆破拆除的旧礼堂南山墙外集中了市区热力、自来水、煤气等主要管线，最近的煤气管道离南山墙仅3.5米埋深。考虑到环境的复杂和特殊，冯叔瑜和他的爆破团队决定采用建筑物主体原地爆破坍塌、礼堂北墙向南侧倾倒、礼堂南墙向北侧倒塌的方案。爆破设计上针对截面不同的多种梁柱构件，选择了不同的孔网参数，进行"切梁断柱"。为减少爆破振动效应，采用分区毫秒爆破。为确保安全准爆，采用了非电导爆管网格式闭合网路。为防止爆破引发的次生破坏，冯叔瑜的爆破团队加强防护措施，严格防护覆盖，所有门窗均用草袋和竹笆编制的防护块挡严。对爆破振动效应进行检测，在主楼东部紧靠爆区的一、三、五楼上设置了振动加速度测点，在中餐厅东北角布置了测量塌落荷载的压力计。

1986年6月8日清晨6时，新侨饭店旧礼堂和中餐厅准时起爆，爆堆集中在原建筑物旧址。经检查主楼结构和附近其他建筑物丝毫无损，爆区南侧人行道地面无爆碴堆积，地下热力、煤气、自来水、电缆等主干线完好无损。爆破效果完全达到了设计要求，取得圆满成功。

1986年，冯叔瑜带领爆破团队在衡广铁路复线工程运输繁忙地段采用石方爆破新技术，取得圆满成功。

衡广铁路复线石方工程任务艰巨，地形地质及环境复杂。在施工的同时，衡广铁路既有线运输繁忙，车流密度大，平均每10余分钟通过一趟列车，行车与施工相互干扰严重，爆破作业十分困难。

早在 1983 年铁道部就将衡广复线段石方爆破列为铁道部重点科研课题。冯叔瑜带领爆破团队经过了 3 年时间，共进行了 6564 次爆破，不仅完成了全部石方施工任务，还取得具有典型爆破开挖方法和安全措施的爆破技术科研成果，获得铁道部科技成果二等奖。

冯叔瑜和他的同事通过衡广铁路复线工程运输繁忙地段石方爆破科研实践，总结概括几种典型的适应不同地形、地质及复杂环境的爆破开挖方法：一是横向台阶控爆开挖法；二是纵向 V 形溜槽控爆开挖法；三是预留隔墙控爆开挖法；四是底设导坑控爆开挖法；五是高边坡隔墙处理控爆开挖法；六是深层切割控爆开挖法；七是深孔控爆开挖法等，对铁路既有线增建二线的建设工程爆破起到很重要的指导作用。

冯叔瑜和他的爆破科研团队还对各种不同爆破方法的适用条件、开挖步骤、爆破参数、孔网布置与起爆顺序和方法作了概括总结，形成一整套爆破安全防护与管理措施，包括：排架或拦挡防护；铺设道芯垫木防护；钢轨临时覆盖防护等防护措施，以及组织清点、抢险抢修、巡视报险、瞭望警戒等保证行车安全的管理措施。成功地做到"不抽线"进行爆破作业，保证了施工安全，杜绝了行车事故，做到运输施工两不误。

1987 年，冯叔瑜带领爆破公司成功完成陇海铁路黑石关旧铁路 5 孔单线钢桥爆破拆除。

爆破的钢桥为英制下穿承式军用便梁铁路单线钢桥，全长 265.15 米，有 5 孔钢梁，中间最大主跨长 88.7 米。有 4 座桥墩，高出河床约 6 米。墩帽为钢筋混凝土，墩身为片石混凝土。爆破拆除方量约 800 立方米。桥两侧有电气化输电线路和地方三相动力电线，桥梁外缘东面离输电线最近距离只有 11 米。旧桥北面 60 米处是正在运行的新建铁路双线桥。桥东 50 米外就有村民的一排住房，80 米外有村民的窑洞，爆破环境十分复杂。

经过现场调查，冯叔瑜指导爆破团队对爆破时钢梁下落可能发生的运动状况做了精确的力学分析，设计较合理的爆破方案：爆破桥墩应使爆破块度小而均匀，并将爆破的绝大部分破碎块体抛离原墩身位置，达到必要的爆破高度，而残留的爆堆在钢梁中心线两侧应尽量保持对称。除此之外，还要将爆破产生的飞石控制在输电线安全的范围之内。为此，冯叔瑜决定爆破采用"边塌腹空"方案，即桥墩墩帽和南北外侧半圆锥体部分设置松动药包，在墩帽以下、两支承座之间中部区域布设抛掷药包。

实施爆破结果，成功达到设计效果：桥墩被炸碎，钢梁平稳坍落至水面。运行铁路桥在爆破瞬间几乎没有什么振动，检查墩身结构与桥上设施均无影响。爆破后河东房屋及土窑洞安全无损。

1987—1989 年，冯叔瑜的爆破团队成功完成北京大北窑金属结构厂 30 多座厂房和楼宇爆破拆除。在原址建成中国国际贸易中心，成为 20 世纪 90 年代北京最著名的新建地标建筑之一。

1987 年，冯叔瑜带领爆破公司成功完成中南海地下人防工事和钓鱼台国宾馆南侧警卫楼爆破拆除。

1988 年，冯叔瑜带领爆破公司成功完成吉林通化市长 228 米公路桥爆破拆除。

1989 年，冯叔瑜带领爆破公司成功完成深圳火车站旧站房爆破拆除工程。

1991 年，冯叔瑜带领爆破公司成功完成凉水河治理工程和北京水源四厂改造工程的爆破任务。

1992 年，冯叔瑜带领爆破公司成功完成北京旧陶然亭桥的爆破拆除和北二环路中轴路、雍和宫路的路面表态破碎改造工程。

1993 年，冯叔瑜带领爆破公司成功完成北京橡胶厂4000 多平方米的旧厂房爆破拆除。

1994 年，冯叔瑜带领爆破公司完成北京雪花冰箱厂及丰台木箱厂一组旧建筑物的爆破拆除工程。

在组织一系列爆破拆除工程实施中，冯叔瑜首先考虑到爆破的是建构筑物，与岩体开挖爆破相比，拆除爆破所处的环境和爆破对象物自身的结构与力学性质，在爆破设计时尤其重视爆破安全，把爆破飞石、振动、噪声、烟尘、有害气体等有害效应控制在最小范围内。根据不同爆破对象的不同结构、介质、力学性质等，精心设计爆破方案，有时一小处设计和改动，冯叔瑜都要亲临现场反复观察、测量、计算，做到精确爆破，没有百分之百的把握，绝不轻易实施爆破。在冯叔瑜的带领下，爆破公司实施的 200 多项城市重大拆除爆破工程中基本做到安全、可控、可靠、无重大事故，在国内工程爆破领域上赢得声誉。

48. 回顾铁路工程爆破三十年

离开爆破研究室主任的岗位，冯叔瑜对铁路爆破工程有了更清楚的认识和理解，感到此前对铁路爆破工程有种"不识庐山真面目，只缘身在此山中"的感觉。冯叔瑜 1955 年从苏联留学回国，到 1985 年已经整整 30 年。这 30 年冯叔瑜始终从事的一项工作就是：爆破。回顾和总结 30 年来一系列铁路重大爆破工程的成功实施，冯叔瑜有话要说。几经总结、梳理、思考、研究，冯叔瑜完成了《铁路爆破工程三十年》专论一文，发表在 1985 年第 2 期《铁道工程学报》上。冯叔瑜对 30 年来铁道工程应用爆破技术方面的主要成就作出比较全面的论述：

新中国成立以来，在新线铁路建设中，长隧、大桥和重点土石方是施工中的关键问题。其中，重点土石方具有投资多、耗用劳动力多和病害多等特点。

统计资料（1953 年～1962 年期间）表明，土石方工程费用占新线总投资的 21.6%—22.9%，所耗费的劳动工夫达 56.1%—56.6%，在运营期间发生病害，影响通车的时间亦占首位，这是新线建设工作者必须严重注意的问题。

应该承认，路基土石方工程中，石方工程的施工是最为突出的问题。根据已有的资料看出，路基土石方工程的数量，在第一个五年计划期间（1953 年～1957 年）为 37407 万立方米，第二个五年计划期间（1958 年～1962 年）为 93169 万立方米，第四个五年计划期间（1971 年～1975 年）为 51943 万立方米，每年平均完成的工程数量约为 1.2 亿立方米，这与三十年来平均每年修建新线铁路 1000 公里，每公里约有土石方 10 万立方米的数字是相吻合的。

在路基土石方工程中，石方数量一般约占 40%，山区铁路可高达 60% 以上，而土、石方对劳动力的消耗约为 1 比 3，所占的投资费用也是 1 比 3。由于石方施工困难，在工程数量集中、工作面狭小的重点石方工程区段，往往影响全线的通车时间。

对于石方工程施工的唯一手段就是爆破。新中国成立初期，新建铁路的工程技术人员和工人，为解决石方爆破问题，作了许多努力，他们创造了"竹儿炮"即通过竹管将引线通到炮孔底部的压引法，药室法——扩大炮孔底部的"爆破法"，吊轨冲孔的"二大炮"——最早的深孔爆破，以及"缝子炮""木棍炮"等等，都有效地改善了爆破效果。五十年代，开始采用药室法大爆破工效提高 20—30 倍，对加快施工进度，起到了应有的作用。接着至六十和七十年代，探索了条形药包、深孔延长药包等新的药物及药理，其中特别是发展并采用了先进的深孔爆破方法，对提高石方施工的机械化程度，改善施工条件和提高工程质量显示了它工效高，对边角破坏范围小和块度均匀，便于机械化施工的优越性。

三十年的经验表明，爆破技术在铁道建设中应用范围十分广泛，不仅在路基石方和隧道开挖中是唯一的施工手段，在采石场、复线施工、旧线改建、线路维修以及其他许多工程中，都有使用爆破技术的施工记录。铁道部门近年来，平均每年消耗炸药5万—6万吨，山区新线每公里需要消耗5—10吨炸药，高原新线则高达45.3吨／公里。

接着，冯叔瑜比较详细分析了30年来铁道工程在应用爆破技术方面取得的主要成就：一是药室法大爆破；二是定向爆破；三是深孔爆破；四是控制爆破；五是其他如隧道爆破、冻土爆破、软土及水下爆破等爆破技术。形成和发展了一整套爆破理论，完善了爆破设计计算参数和计算经验公式，使铁路工程爆破技术日臻完善。

在专论最后展望铁路爆破工程发展时，冯叔瑜写道：

三十年来，铁路工程的生产实践推动了爆破技术的发展。在它发展的各个阶段上铁道部和各工程局及时开办了爆破技术训练班，成立相应的专业组织、巩固了专业临工队伍，因此工作开展顺利，掀起了若干次推广和研讨爆破新技术的高潮，进行了千百次的爆破工程，从而积累了许多设计、施工的经验。

但是近年来，国外在爆破技术上有了许多新的成就和突破，光面预裂、微差、控制等爆破新技术已普遍采用，爆破理论和安全防护技术有了新的发展，在苏联接近万吨级定向爆破已经成功，数万吨以至十万吨级的定向爆破的试验研究工作已正式开展，爆炸加工成型、淬火、焊接、复合等爆破技术已在工业生产中广泛应用，微小药量的所谓"贴着皮肤的爆破"和"泌尿系统尿结石爆破"微量

1985年冯叔瑜（前排左五）出席葛洲坝大江围堰拆除爆破技术鉴定会

爆破技术已经成功，使我们之间的差距越来越大。国外先进的新型爆破器材和炸药新品种的不断出现，对发展爆破技术起到了物质条件的保障和促进作用，而我国在这方面都是缺口乃至空白，这就需要我们进一步加强爆破理论和技术的试验研究，赶超世界先进水平。

回顾过去，展望未来，爆破技术在铁道建设事业中的应用前途是极其广泛的，不仅在一般路基土石方工程中有其必须使用的条件，在冻土、软土、桥梁墩台基坑以及加固建筑物基础方面都可以发挥它的作用，还可利用爆破技术防治泥石流、扑灭森林火灾、油田灭火。整治运营线路的病害。特别是控制爆破技术的发展和应用，它将在复线工程和旧线改造方面显示出更大的效益。

爆炸加工技术的兴起，将进一步深入工厂机械零件的加工成型金属焊接、零部件的表面硬化等新的领域里去，为我国道路建设作出更大的贡献。

49. 工程爆破的前景展望

1987 年 3 月，冯叔瑜在第三届全国工程爆破学术会议上以第一作者身份，与国内著名爆破专家、中国水利水电科学研究院教授霍永基、北京有色冶金设计研究总院教授边克信联合作了题为《我国工程爆破的进展与前景》的综合报告。

冯叔瑜、霍永基、边克信研究认为，自 1982 年 10 月福州召开的第二届全国工程爆破学术会议以来，我国工程爆破事业从理论研究、工程实践到人才培养方面均取得了较大进展。国家重点科研项目"七七工程"胜利完成，于 1985 年通过了成果鉴定；完成了新中国成立 30 多年来我国第一部《爆破安全规程》国家标准的编写工作；湖北、云南、陕西等省及太原、成都市相继成立爆破学会加强了爆破界的沟通；全国许多大中城市都成立了爆破公司，呈现出事业发展的可喜局面。

冯叔瑜、霍永基、边克信对爆破学科领域中：(1) 爆破器材（新型炸药、工业雷管、无起爆药雷管、非电导爆管系、电力起爆器及其他安全检查仪表）；(2) 爆破理论和技术（拆除爆破、光面预裂爆破、深孔与洞室爆破、水下爆破、爆破破碎效应、爆破振动效应、定向爆破筑坝、计算机辅助设计、爆破作用物理模型）；(3) 爆破安全技术等方面的进展作了总结归纳性重点阐述。对我国工程爆破在过去 4 年取得长足进步的同时，在一些研究和生产领域如何进入世界先进行列，以及在国民经济建设中作出相应的更大贡献提出了 4 点有益的建议。

冯叔瑜、霍永基、边克信的研究报告一经发表，受到国内工程爆破界高度赞誉。

冯叔瑜传

中国科学院大学课题组在《冯叔瑜院士学术成长资料采集工程项目研究报告》"对爆破技术的未来展望"一节中写道：

冯叔瑜在一次接受记者采访时，对我国的未来爆破技术进行了展望。他认为进入 21 世纪，随着我国基础工程建设步伐的加快，特别是西部大开发战略的实施为爆破技术提供了更为广阔的发展空间。

第一，爆破技术在西部大开发中将发挥更大的作用。西部大开发的重点是为交通、能源、铁路、公路、矿山、水电大坝等深埋隧道、群洞、深路堑控制爆破等提供了新的机遇。特别是西部地区严重缺水，每年的水分蒸发量是平均年降雨量的几千倍以上，而高原融化的雪水又没有很好地得到利用，白白地被蒸发掉。我有一设想，在戈壁滩上利用爆破技术炸几个大的蓄水水库，利用暗河相连，为农业和城市用水服务，改善西部地区生态环境。再有南水北调应建立水利调节水库，水库规模不一定很大，特别是西线要穿越山区等，可以采用综合爆破方法。

第二，控制爆炸能量利用技术。炸药的能量利用率如果提高百分之一就不得了，也就是如何控制炸药能量释放。火车发明初期是用黑火药来发动的，后来因为能量无法控制，改为蒸汽、柴油、汽油做能源，现在能否再回去考虑用炸药发动汽车、火车，主要是控制炸药能量的释放。要研究与创新通过对各种介质在爆炸强冲击动载荷作用下的本构关系、选择与介质匹配的炸药、不耦合装药、起爆分段顺序等的研究，寻找提高炸药能量利用率的新工艺或措施，降低能量转化过程中的损失，利用爆破时的脉冲电磁场、高压或高温，将炸药爆破的技术或能量应用于工业等。

第三，强化理论和技术研究。如把爆破过程视为复杂的系统工程，利用信息论、控制论、耗能结构基础论、突变论、分形理论、损伤理论等通过计算机模拟爆破，描述裂纹的产生和扩展，预测爆破块度的组成和爆堆形态等。

第四，提升爆破施工的自动化水平。要强化计算机数据采集、处理水平，对一些高空、高温、水下、有毒等环境的爆破施工作业要考虑机械手、机械人、遥控以及计算机控制技术。

第五，拆除爆破技术设计研究水平将大幅度提高，科技含量增加。未来的拆除爆破将面临高层建筑物密集，允许倒塌的范围约束多，建筑结构复杂、强度高。对人才的需求提出了更高的要求，要求掌握结构力学、爆破技术、施工技术等综合性技术。

第六，爆破安全技术将会有较大发展。爆破振动、冲击波、爆破飞石等的控制技术通过大量检测数据分析和物理模型分析将有新的突破。创新是工程爆破技术不尽的源泉和动力，可以相信，伴随着21世纪高新技术的日新月异，爆破技术必将迎来飞速的发展。

是的，正如冯叔瑜接受采访时所展望的那样，随着新世纪高新技术的日新月异，爆破技术同样也在快速发展。国内从事工程爆破科研、设计、教学和施工的企业已达1000余家，新成立爆破公司有500多家，从业人员超过100万，其中科技人员达3万人，民用工业炸药年产量超过100万吨，潜力巨大的市场给工程爆破业带来每年1000亿元的产值。

50. 把大家组织起来

与此同时，冯叔瑜也发现国内爆破行业发展现状存在一定缺陷，那就是从事爆破的企业和人员都比较分散，各个爆破企业特点、专长、技术和标准不统一，冯叔瑜比喻，有点像电影《地道战》中的一句台词说的那样：大家各自为战，打一枪换个地方！有爆破工程招标了，大家一哄而上，有点恶性竞争的意味。工程干完了，再四处找工程。有技术难题，没有渠道及时得到同行的技术支持，集体攻关解决。新爆破技术研发出来，为了保持竞争优势，大家互相保密，不能及时交流推广。凡此种种，影响到工程爆破技术力量整体优势的发挥，很不利于爆破事业的健康发展。

这种不正常的恶性竞争状况，冯叔瑜看在眼里，急在心里。冯叔瑜从自己在科技界摸爬滚打一路走来的经验体会深刻认识到，科学技术是人类智慧的结晶。任何科学家的发明创造，都是站在前人的肩膀上进行的。科学技术的发展离不开科技人员相互学习、交流、借鉴、取长补短，共同发展进步。这是科学技术发展的一个规律，爆破技术的发展同样要遵循这一规律。

想到这里，冯叔瑜感到浑身燥热，激动难耐。于是，他开始四处奔波，积极向上级部门领导出谋划策，提合理化建议呼吁要把大家组织起来，组建我们爆破行业自己的协会组织。与此同时，冯叔瑜密切和同业同行的专家、学者、科研技术人员联系、呼吁，争取得到大家的支持，大家齐心协力共同促成爆破业界的这件大事、好事。

想到这里，冯叔瑜说，我们搞科研、组团体、建协会，也要讲政治，就是要把支持赞同的人搞得多多的，把不支持甚至抵触的人搞得少少的。

在冯叔瑜和他的同行、同事共同努力下，支持赞同组建爆破行业协会组织的人越来越多，同时，也得到了各级主管部门的大力支持，给组建爆破行业协会组织一路大开绿灯。

冯叔瑜开始积极筹备组建爆破协会、学会组织。冯叔瑜首先拜访了中国力学学会理事长、中国科学院力学研究所所长郑哲敏。郑哲敏是钱学森的学生。力学研究所建有爆炸力学方面的研究室，规模比铁道科学研究院爆破研究室还要大，研究人员也比冯叔瑜手下研究人员多。但是，力学研究所在工程爆破方面搞得不多，缺乏实践经验，因此冯叔瑜和力学研究所有过多次成功的合作。

冯叔瑜的想法，得到郑哲敏的大力支持，在中国力学学会组建了有冯叔瑜和边克信、霍永基等老一辈爆破专家参加的工程爆破学组，1984年升格为工程爆破专业委员会。冯叔瑜被推举为工程爆破学组第一任组长和工程爆破专业委员会第一任主任委员。

1994年4月，在铁道科学研究院的大力支持下，以铁道建筑研究所为发起单位，冯叔瑜积极牵头筹备，联系了北京12家科研、教学、专业爆破公司共同创议和发起成立北京工程爆破学会，由冯叔瑜担任学会首届名誉理事长。2007年北京工程爆破学会更名为北京工程爆破协会。协会的宗旨是：遵守宪法、法律、法规和国家政策，践行社会主义核心价值观，遵守社会道德风尚，恪守公益宗旨，积极履行社会责任，自觉加强诚信自律建设，诚实守信，规范发展，提高社会公信力。坚持为政府、行业和会员服务，为社会服务，团结在北京市从事工程爆破工作的团体单位和个人，发扬"奉献、创新、求实、协作"精神，促进工程爆破事业的繁荣和发展，推广应用爆破先进技术，为首都和谐社会建设作出新贡献。负责人遵纪守法，勤勉尽职，保持良好个人社会信用。

1994年6月，中国铁道学会铁道工程学会爆破专业委员会成立，冯叔瑜先后任中国铁道学会常务理事、铁道工程学会爆破专业委员会主任委员、名誉主任委员。

1994年10月13日，中国工程爆破协会成立大会在北京人民大会堂召开，冯叔瑜当选首届理事会第一副理事长，专家库专家成员，后来又连续几届担任中国工程爆破协会名誉理事长。

随着中国工程爆破协会的成立，爆破行业从此有了"领头羊"。中国工程爆破协会和北京、广东、广西、云南、福建、陕西、山西、四川、浙江、河南、湖南、湖北、新疆、辽宁、吉林、安徽等省、自治区、直辖市工程爆破协（学）会的成立，聚集了一大批我国工程爆破界有关领导、院士、著名专家、学者、企业家和爆破安全专家等，成为工程爆破界最宝贵的"智囊团""人才库"。各爆破协（学）会积极组织开展行业管理、专业研究、学术交流、人才培训、咨询服务、成果鉴定等工作，取得良好的社会效益和经济效益，形成了工程爆破事业生动活泼的喜人局面。在这方面，爆破业界公认冯叔瑜当居首要功臣之一。

在中国爆破行业大家公认首推冯叔瑜为爆破协会、学会的倡导者、推动者、建设者、组织者、领导者。冯叔瑜热爱爆破协会、学会工作，也鼓励爆破研究室的同志多多参与爆破协会、学会的工作，广交爆破业界朋友，从中可以广泛交流，学到很多有益的东西。

1994年北京工程爆破学会成立之初，一时没有合适的办公地点，冯叔瑜就热心相邀，把学会办公地点设在铁道科学研究院铁道建筑研究所。冯叔瑜常对他的学生和同事讲，"搞学会工作需要有热心这项工作的人，需要奉献精神，做好服务，搞好学术交流，对促进爆破界的团结和技术水平的提高有着重要的意义"。他在学会中积极倡导组建了青年爆破工作者委员会，为年轻人提供学习、创新、交流、团结、展示聪明才智的平台，希望他们脱颖而出，成长为我国工程爆破领域朝气蓬勃的跨世纪的新一代。

冯叔瑜亲身经历爆破协会、学会、专业委员会的发展历程，深有感触地说，爆破协会、学会、专业委员会从无到有、从小到大，就像芝麻开花节节高，发展越来越好，随着国家经济社会更好更快地发展，相信协会将会在中国工程建设中发挥更大的作用，取得更好的成绩。

51. 累累硕果著作等身

无论是在国家科研体制内的爆破研究室，还是市场经济体制下的爆破公司，抑或是在爆破协会、学会群众团体，冯叔瑜都始终借助于体制的优势、团体的力量、市场的环境，把主要精力放在爆破技术的研究创新上。而中国铁路工程建设以及水利、水电、矿业等工程建设，为冯叔瑜的爆破技术理论研究和工程实践提供了非常广阔的天地，因此冯叔瑜和他的爆破团队有基础、有条件、更有能力在爆破技术科研创新方面，处于全国工程爆破领域领先地位。

这里最为关键的一点是，冯叔瑜的科学技术研究从来都不是单打独斗，关起门来自己搞研究。冯叔瑜很注重科研团队的协作，他总是带领他的爆破团队和国内爆破业界同行一道开展全方位、全过程、全覆盖的深入研究。

1985年，冯叔瑜和广东省水电厅爆破专家马乃耀、阎玉山针对爆破作用对地基基础和地下建筑物的破坏程度作了专题研究。

常用的计算方法大致可分为两类：一是根据振动原理推导出来的经验公式；二是根据爆破对基岩破坏的大量实际资料整理的经验公式。冯叔瑜根据实践资料分析了工程爆破对地下建筑物破坏的影响因素：一是地形条件。冲沟、河槽、深切堑沟以及起伏很大的山头地形，对于爆破作用有不同程度的隔离和减弱效果，其减弱程度有时可达50%。二是地质条件。对于坚硬完整岩体，爆破振动的破坏程度地下要小于地面。横贯爆源与地下建筑物之间的断层、大裂隙或破碎带对爆破振动波也有一定的减弱作用。如地下建筑物通过直交或斜交的断层带，或其处在不同的岩层上，会增加爆破对它的危害性。三是相对位置也有重要影响。四是爆破性质与施工条件不同，爆破振动对地下建筑物的破坏影响也有差异。

冯叔瑜根据他和马乃耀、阎玉山一起曾在故县、南水、马金洞试验炮以及已建成的东川口、石廓一级电站和南水水电站的定向爆破工程资料，依据几何相似原则，总结了计算爆破垂直破坏半径、上方破坏半径、斜坡上左右方破坏半径、斜坡下方破坏半径4个经验公式。他们的研究对正确估价和计算爆破对建筑物地基的影响程度，具有重要的技术经济价值。研究成果《爆破作用对地基基础和地下建筑物的破坏程度的探讨》，以冯叔瑜为第一作者在冶金工业出版社 1985 年《土岩爆破文集》（第二辑）上发表。

1985 年，冯叔瑜和中国铁道建筑研究所教授朱忠节、广东省水电厅爆破专家马乃耀、洪德君共同对静力迫裂法作了专题研究。静力迫裂法是一种借助于膨胀剂来破坏介质结构的方法，属于静态爆破范畴。

冯叔瑜和他的同事研究发现，当有机和无机化合物组成的膨胀剂与水按适当比例混合后，在炮孔中经 12—24 小时的水化反应，可产生高达 30 千帕的膨胀力。迫裂作用就是从介质孔壁表面开始，并且与形成的扩张力成一直角。当作用于炮孔壁面的膨胀压力超过介质的抗拉强度后，介质内的裂缝就开始产生、扩展。对于有两个自由面的介质，一个灌注了膨胀剂浆的孤立炮孔，其产生的迫裂压力部分用来推动破坏的介质；部分使孔底向自由面形成迫裂裂缝。如果多个炮孔布置得当，即可获得良好的迫裂破坏效果。

在深入研究的基础上，冯叔瑜对静力迫裂法的药包，针对普通大块孤石、大块岩石切割、梯段迫裂切割等不同情况，对其炮孔装药量作了精确设计和计算，详细论述了静力迫裂相关的施工工艺。研究成果《静力迫裂法》，以冯叔瑜为第一作者在冶金工业出版社 1985 年《土岩爆破文集》（第二辑）上发表。

1987 年，冯叔瑜和他指导的研究生张志毅、戈鹤川共同对延长药包爆破漏斗特性作了专题研究。

冯叔瑜和张志毅、戈鹤川在研究中发现，近年来，随着对延长药包优越性的认识，其应用范围越来越广，在某些领域中大有取代集中药包的趋势。但长期沿用的等效概念及由此产生的一些设计计算方法，不仅在延长药包爆破作用机理的研究中暴露出较多问题，并且直接给延长药包的应用设计造成诸多不便。

冯叔瑜对延长药包的爆破漏斗特性与布药方式、边界条件、药包参数及它们之间的相互关系作了认真分析研究，给出了单自由面的水平药包、斜坡单自由面的水平药包、药包轴线平行于单自由面的垂直药包、2个自由面条件下的垂直药包、水平单自由面的垂直药包、垂直壁面时的水平药包、2个自由面条件下的水平药包、水平放置的弧形药包的爆破漏斗的基本类型及应用范围。对延长药包漏斗特性的研究现状和已取得的主要成果作了相应的分析。

研究认为，今后在实施爆破中，需要摸清在几种基本条件下，药包爆破漏斗特性的表现形式和各种类型的过渡和转化关系，将它们统一起来，从中获得对延长药包漏斗特性的全面认识。在研究延长药包漏斗特性时，与集中药包不同，必须引入重要的基本参量及其相互联系相互制约的关系，才能全面认识延长药包的作用特性。端头效应是延长药包的一个特有问题，还需深入研究。在单药包试验研究的基础上，要开展群药包的爆破漏斗特性研究，并给出相应的设计计算方法。他们的研究成果《延长药包爆破漏斗特性》以冯叔瑜为第一作者，编入北京科学技术出版社出版的《冯叔瑜爆破论文选集》。

1988年，冯叔瑜带领爆破研究室的同事对应用非电接力式起爆网路作了专题研究。

由于非电接力式起爆网路在使用较少段别雷管的条件下，通过相当简捷的连接方法即可实现超多段的、延时时间选择灵活的、准爆性较高的起爆，因而一经发明很快得到了推广应用。

冯叔瑜通过对该网路基本原理、主要连接形式及其传爆特性和起爆延迟时间误差的研究，分析了该网路的基本特征：一是毫秒起爆以串接逐步增段的形式体现，同条传爆线串段、重段的现象不可能发生；二是理论上讲起爆段数不受任何限制；三是毫秒间隔时间选择灵活，并可摆脱雷管标定起爆延迟时间的制约；四是起爆延迟时间的误差具有累加性，增设传爆线路条数和"阶段同步法"可以减小误差总量和确保多排孔爆破时前后排不出现串段、重段的现象，但无法消除整个网路较设计超前起爆的可能；五是网路清晰，传爆方向明确，连接方法简单，易于施工操作。另外，冯叔瑜经过与其他网路的对比和工程实践的总结，说明了网路的优越性，同时给出了网路设计与施工的诸多注意事项。

研究成果获得国家技术发明三等奖，冯叔瑜作为第一作者，和张志毅、戈鹤川共同撰写了《应用非电接力式起爆网路的几点体会》一文，在《铁道施工技术》1988 年第 2 期上刊发。

1992 年，冯叔瑜对爆破技术在工务工程中的应用作了专题研究。

新中国成立后铁道部首先从苏联引进了先进的爆破技术，一时间在宝成、鹰厦、兰新等新建铁路中的爆破兴起了高潮，与国内其他工业部门相比，处在先进的行列。但是冯叔瑜研究发现，在铁路工务工程中，爆破技术的开发和推广应用还做得不够。因此，冯叔瑜研究建议：一是在铁道系统数以百计的道碴及其他料石采石场推广应用爆破新技术，提高石料的开采质量、降低生产成本。二是推广衡广复线的爆破设计、施工经验，在旧线改造和复线施工中采用先进的深孔控制爆破法。三是根据边坡危石的存在状态和线路行车条件，研究采用不同的爆破方法处理危石，以确保行车安全。四是研究路基病害和道床板结的爆破整治和处置方法。五是在电气化铁路线上，开发开挖接触网支柱坑的爆破方法。六是在现行的拆除控制爆破基础上，进一步完善和建立控制爆破工法。

　　冯叔瑜认为，现代爆破技术在铁路线路养护维修等方面，有着广阔的发展创新和应用前景。他的研究建议引起了各级铁路工务部门的重视，对现代爆破技术在工务部门的推广运用起到积极的推动作用。冯叔瑜这一研究成果，收录在《第四届全路工程爆破学术会议论文集》。

　　1993 年，冯叔瑜和爆破研究室张志毅、戈鹤川对建筑物定向倾倒爆破堆积范围作了专题研究探讨。

　　冯叔瑜研究认为，建筑物拆除爆破大多是在人口稠密、环境复杂的地区进行。因此，比较准确地预测一定设计条件下堆积范围，对保证爆破安全和后续清理工作都是至关重要的。他们研究大量实际工程的记录发现，建筑物定向倾倒爆破的运动解体过程一般为自然下落、转动倾倒、运动解体和塌落堆积 4 个阶段，且各种结构形式第一阶段的运动均相同，即爆破切口一经形成，待爆建筑物首先是在重力作用下的整体自然下落，随后的运动则依爆破方式和结构形式呈现出较大的不同。冯叔瑜以比较普遍的钢筋混凝土框架、砖混结构框架和砖砌结构为分析对象，在一定的假设前提下推导给出了 3 种结构单向单次和多次折叠定向倾倒爆破的堆积范围：即倾倒方向的最大堆积长度、两侧的最大侧堆宽度和背向的最大后堆宽度。

　　冯叔瑜将 12 例工程实例测得的堆积参数，与以往经验公式和上述公式的计算结果进行了对比，结果表明他们研究推导给出公式的结果与实际情况更为接近，因此被广泛应用于以上 3 种结构形式定向倾倒爆破堆积范围的工程预测。

　　冯叔瑜和张志毅、戈鹤川的研究成果《建筑物定向倾倒爆破堆积范围的探讨》收录在 1993 年冶金工业出版社编辑出版的《工程爆破文集》（第四辑）。

　　冯叔瑜这一时期关于爆破技术方面的一系列研究硕果累累，举不胜举。冯叔瑜从爆破研究室主任岗位上退卜来之后，少了许多行政事务性的工作，使他能够更加专注于爆破技术的研究，而这一阶段的许多研究既是回顾总结性的研究，又是展望前瞻性的研究。

52. 开拓地铁工程爆破新领域

随着改革开放促进国民经济建设快速发展，国内重庆、广州、深圳、青岛、西安等许多大城市开始修建地下铁道，包括已有地铁的北京、上海也积极新建地铁工程。冯叔瑜没有满足于已有的一系列爆破工程的成功，又将研究重点投入爆破新领域：地铁爆破。

许多城市地铁建设都有部分或多处通过岩石地段。以当时的技术条件，爆破法是开挖岩石隧道最经济合理的施工方法。但是，在距离地面只有十几米或20多米的地下作业，爆破所产生的地震波对地面各种不同的房屋结构将有不同程度的影响，甚至出现结构破坏的后果，引起各种麻烦，直到诉讼赔偿要求，给施工单位带来困扰。

针对这种情况，冯叔瑜和爆破研究室主任王中黔作了专题研究，研究发现，目前，人们还习惯于沿用地面露天爆破振动波传播途中，建筑物地基基础质点振动速度来评估其他地震效应。因为是露天地表爆破，地震波沿地面传播的纵波和横波对当地地基质点振动速度，以质点振动最大允许速度来限制一次爆破的装药量来保证建筑物安全可靠和有效的程度。即使是20世纪80年代兴起的城市拆除爆破，因其炸药包是布置在结构物的梁、柱、墙体或其他构件中，爆破引起的振动是通过这些部件传至地表形成面波向外传播。其次，城市拆除爆破的总药量虽然可高达数百千克，但其分布在数千、上万个药包中，且可通过微差延时控制分段的起爆药量，所以其引起的爆破振动效应也比露天爆破作业轻微得多。

地铁爆破作业则不同，它是在建筑物地基下爆破。城市地铁一般距离地面只有 20 米左右的深度，有的地段甚至不足 20 米，地面上不仅有街道，还有各种类型的建筑物，其中大多为普通的居民房屋，他们的抗震能力相差很大，与爆破震源相对应的位置不同，所受到地基质点振动速度的方向也有差别。例如垂直于爆源的房屋就只有垂直分量，偏离垂线就有水平和侧向分量的综合作用。因此，和露天爆破自爆源传来的地震以水平和侧向分量是不相同的。其次，还因为来自地下深层爆源传来的地震波，如果距离较近，还可能是应力波性质，当这种波传到地表自由面时就产生反射现象，形成压缩和拉伸波，使地面受到爆破应力的破坏作用，这是地铁爆破的第二个特点。

由于上述原因，地铁爆破除了按通常的爆破振动效应考虑地面建筑物的振动安全外，还应注意第二个特点的附加作用。为此，冯叔瑜和王中黔深入城市地铁爆破工地作了试验性研究，对地铁爆破对地面建筑物的振动影响各种参数作了大量采集和精确计算。冯叔瑜和王中黔的研究结论是，应充分估量地铁爆破振动危害这一新问题：

一是浅埋地铁的爆破震源和传播规律，既不同于深层的天然地震，也不同于露天爆破和城市拆除爆破，应进一步深入研究其机制。

二是需修建地铁的大多为古、旧的大城市，因此地面建筑类型较多，特别是居民建筑陈旧而复杂，抗震能力差，因此在确定振动安全判据和标准时应慎重。

三是在地铁爆破开挖作业过程中，应引入一些新的爆破技术和施工工艺，以期能有效地控制地铁的爆破振动效应。

四是在地铁施工过程中，施工单位应注意积累相关的资料，必要时对地表建筑物进行振动监测和动力响应观测，以期指导今后的类似工程，减少民事纠纷。

冯叔瑜传

冯叔瑜期望科研、设计、施工单位紧密合作进行专题研究，在解决地铁爆破振动效应方面有所突破。为此，冯叔瑜和王中黔对控制地铁爆破振动效应提出几点建议：

可以根据施工的具体条件进行探索性试验。应该说明这些方案的成立，都必须遵循以下几点原则：

1.控制一次起爆的药量，应尽量采用微差爆破技术；

2.尽可能隔断自爆源传播过来的应力波或地震波，适当应用预裂爆破；

3.延长药包的爆破作用表明，在无限介质中，应力波沿垂直于药包纵轴方向扩展，由椭圆发展为圆球形。药包两端的应力波要比药包中心线垂直方向大得多。如果平行于药包纵轴线方向上有临空的自由面，应力波产生反射和折射则强度最大，与此同时在药包背离临空面的另一边，应力波的强度也比两端要大，只是这一面的无限介质中传播减弱消失，因此要注意波的传播方向。

方案1.采用楔形掏槽法开挖槽洞。如果是Ⅱ、Ⅲ类的软弱围岩可以使用静态膨胀剂（即俗称的静态爆破），甚至用风镐开挖掏槽洞。

方案2.以小于25毫秒的微差雷管对隧道上部沿断面进行单孔依次起爆的预裂爆破，使预先裂出的轮廓线隔离以后各炮孔爆破时应力波的传播途径，达到减震目的。大家知道，预裂面可以降低应力的强度80%—90%，而单孔依次以小于25毫秒的起爆方法，不但可以限制应力波产生的强度，同样能形成预裂面，但其振动强度比多孔齐发爆破自然小得多。

方案3.采用龟裂掏槽方法，在隧道断面的中部打两排或三排掏槽孔，仍采用单孔依次起爆的微差爆破，以在中间部位形成龟裂

冯叔瑜（中）在美国参加第 23 届国际炸药与爆破技术年会

的掏槽腔，再用风镐清除腔内破碎的石渣。

　　以上几种方案，目的都是为了避免装药量较大而又相对集中的掏槽爆破，以减轻所产生的地震强度和对地面建筑物引起破坏的地震效应。当然还可以考虑更多的开挖方案，通过实验探索更好的地铁爆破开挖方法。

　　1989 年 5 月，中国力学学会第四届工程爆破学术会议在西安召开，会议由冯叔瑜担任大会主席，来自全国工程爆破界的 185 名同志参加了会议。会议收到论文 180 篇，是历届会议论文最多的一次。

53. 走上国际论坛

1991 年 7 月 4—7 日，在冯叔瑜和郑哲敏的共同倡议下，中国力学学会在北京召开了国际工程爆破技术学术会议，来自加拿大、印度、意大利、日本、瑞典、美国、苏联、伊朗、澳大利亚、马来西亚、蒙古及中国香港、中国台北等多个国家和地区的爆破专家和工程技术人员参加了会议，会议收到学术论文 80 余篇，其中国外爆破专家学术论文 27 篇。

这是我国第一次举办国际工程爆破技术学术会议，冯叔瑜和中国科学院学部委员郑哲敏共同担任大会组委会主席。在大会交流环节，冯叔瑜代表中国工程爆破界作了工程爆破技术在中国应用的报告，受到国际同行与会者的热烈反响。整个会议按模型与计算机应用、爆破设计、爆破物理、炸药与起爆、破碎机理、仪器与量测、爆破安全技术等 7 个专题，分 3 组进行报告与讨论，会场发言踊跃，气氛热烈。我国一些中青年爆破工作者表现出良好的工作成就和外语素养，显示出爆破事业后继有人。

1992 年 10 月 25 日，中国铁道学会铁道工程学会爆破专业委员会在浙江省舟山市召开了第四届全国铁路工程爆破学术会议，参加会议的路内外专家、教授和工程技术人员共 69 人，收到学术论文 41 篇，会上交流 34 篇，冯叔瑜等 8 位路内外知名爆破专家在会上分别作了专题报告。

冯叔瑜在会上作了《铁路爆破事业的回顾和展望》的专题报告。冯叔瑜的专题报告回顾了 40 年来铁路爆破事业取得的成就和存在的问题，对今后爆破技术的发展提出了建设性意见。冯叔瑜认为，20 世纪 50 年代，新线铁路建设中的 3 大工程难题为"长隧道""大高桥"和"重点土石方"工程，简称"长、大、重"。40 年来，经过不懈努力，前两个工程难题已基本攻克，唯有重点土石方工程仍无长足进展。主要表现在石方施工机械落后，先进的钻孔机械和爆破技术普及不够，生产效率较低。

近年来，爆破事业在国民经济建设中有了很大发展，爆破新材料、新技术不断涌现。在铁路系经过多年的试验研究和工程实践也有所创新和突破。展望未来，对发展我国铁路工程的爆破技术，冯叔瑜提出如下意见：一是药室法大爆破在新建铁路中仍有重要作用；二是深孔爆破是实现铁路石方机械化施工的关键；三是推广光面、预裂爆破提高路堑边坡质量；四是加强对复线石方控制爆破的研究；五是开拓特殊地质、地形条件下的路基爆破方法，储备必要的技术；六是探索线路改造、养护维修和处理路基病害方面的爆破技术；七是城市控制爆破（拆除爆破）有广阔的应用前景，应大力推广；八是根据铁路系统的爆破特点，制定相应的爆破工法。

冯叔瑜的专题报告在会上引起铁路爆破专家的积极反响和强烈共鸣，冯叔瑜的专题报告以显著位置刊发在《铁道建筑》，收集在《第四届全路工程爆破学术会议论文集》头条，论文集还收集了大秦铁路石方深孔控制爆破机械化施工技术；柱状延长药包爆炸加密松散厚砂基的试验研究；铁路站场改建中的石方控制爆破技术；扩大破碎剂在拆除工程中的应用；拆除钢筋混凝土遮弹层的控制爆破；关于条形药包定义的研究；硐室爆破 CAD 中的二维插值计算；岩石集中装药爆炸能量分布的计算；我国综合控制爆破技术的发展与进步等。

1995 年在昆明，郑哲敏和冯叔瑜分别作为会议主席、副主席，主持召开了国际工程爆破技术学术会议，加强爆破技术科研的国际学术交流，沟通同行往来，宣传我国的科技成就，争取技术出口。冯叔瑜还主持编辑出版了大会论文集，我国爆破作者提交的一批具有国际先进水平的论文获得国际爆破业界同行的好评，奠定了我国工程爆破技术在国际

冯叔瑜在实验室查阅资料

上的地位。在中国工程爆破协会成立大会上，冯叔瑜以其德高望重的品格，爆破学科中的成就，丰富的学会工作经验，当选为中国工程爆破协会第一届第一副理事长，并荣获中国工程爆破协会第一届中国工程爆破功勋奖。

54. 铁面无私的冯评委

作为国内工程界首屈一指的爆破专家，冯叔瑜经常受邀参加一些工程爆破项目评审。冯叔瑜深感项目评审责任重大，自己的评审意见和神圣一票，直接关系到爆破工程项目的成败、关系到国家和人民的生命财产安全。因此，冯叔瑜参加了无数次项目评审，都坚持科学技术为第一标准，严肃认真，秉公评审，不敢有丝毫懈怠。

受社会某些不正之风的影响，也有项目单位报送评审时，总是爱打听评审委员是谁，谁是评委总负责？以便请客送礼走走关系。但是请客送礼这套在冯叔瑜面前，注定是要碰钉子的。报送评审的项目负责人普遍反映，只要是项目评审有冯叔瑜参加，我们是既忐忑，又放心。忐忑的是冯叔瑜评审铁面无私，严格把关，不讲关系，不看情面，项目有一点问题都逃不过他的眼睛，就怕在他手上通不过。放心的是，只要是在他手下评审通过，肯定公平、公正，那工程质量没的说，肯定过得硬。

给冯叔瑜印象特别深刻的一次评审，是地铁广州东站爆破开挖综合技术项目评审。

广州东站位于中国广东省广州市天河区铁路广州东站下方，与广州火车东站、地铁 1 号线呈"十"字交叉，是广州地铁 1 号线与广州地铁 3 号线的换乘车站。此项工程的难点是暗挖隧道要下穿地铁一号线车站、广州火车东站站房大厅、铁路站场 18 股轨道、广园东路和广园东路高架桥等重要建筑物；南站厅外有地下停车库，开挖竖井深达 32 米；北站厅 73 米宽的基坑上面横跨一条运营中的铁路专用线。工程周边环境极其复杂，施工难度之大、技术难点之多，国内外实属罕见。

承担施工任务的中国铁建十四局集团组成了科研攻关组，针对工程的特殊性，结合地质特点和周边环境条件，经过专家论证，采用了微振动控制爆破技术方案。工程实施爆破 4270 次，使用炸药 103 吨，雷管 138000 枚，明挖爆破量达 174291 立方米。整个施工过程未对周边建筑物、车站等重要设备、线路、信号系统造成任何破坏和影响，也未造成地面停堵车现象和人群恐慌，受到广州市政府主要领导的高度赞扬。

冯叔瑜接到这个项目评审任务之后，查阅大量工程资料，多次现场考察调研论证，与评审专家组反复研究讨论，取得一致意见。评审专家组认为，地铁广州东站爆破开挖综合技术标志着我国在高大楼群等复杂环境下的地铁施工取得了重大突破，达到了国际领先水平，为复杂条件下的地铁建设提供了成功经验，具有重要的推广应用价值。该项技术荣获中国工程爆破协会一等奖。

山西省汾河水库岩塞爆破技术的成果鉴定，由冯叔瑜主持，山西省科委邀请全国爆破界和水利界 15 名知名度较高的专家组成鉴定委员会，由冯叔瑜担任鉴定委员会主任委员。

在水利工程中，岩塞是用于施工挡水，在水库或湖泊水面以下修建引水隧洞或泄水隧洞或进水口预留的一段岩体。岩塞爆破是待隧洞及闸门控制工程竣工后，将预留岩体按设计过水断面一次爆除通水，具有投资省、工期短、施工简单、免修深水围堰之便。

冯叔瑜和评审专家组对汾河水库隧洞工程指挥部所提供的岩塞爆破资料和录像进行了认真的审阅和论证分析，核实了爆破后泄洪流量和洞口成型潜水的实测结果，经过充分讨论，对成果提出了肯定的鉴定意见。认为该项成果在技术上达到国际先进水平，为多泥沙河流已建水库或湖泊修建泄水隧洞在水和淤泥下经济而迅速地打通进水口提供了非常宝贵的经验，具有重要的现实意义和推广应用的参考价值。该项成果直接经济效益达 1530 万元，并对工农业生产具有很大的社会效益。并建议对本成果提供的宝贵的观测资料再进一步进行专题研究。

55. 离不开的科研团队

在工程爆破领域深耕大半生，冯叔瑜有一个很深的感受就是一句中国谚语说的那样："一个篱笆三个桩，一个好汉三个帮！"冯叔瑜常说，工程爆破是一项系统工程，从现场勘测、方案设计、效果预测、精确计算、爆材选择、布局打孔、装填炸药、点火起爆、炸方清理、安全防护，等等，每一个环节都需要大家齐心协力共同来完成。冯叔瑜说："一个人的力量总是有限的，众人拾柴火焰才高。现在大家称我是爆破专家，我这个爆破专家如果离开了大家，离开我身后的科研团队，那就一文不值，什么都不是！"

正是在一次次爆破技术研究和工程实践中，冯叔瑜和许多同志结下了深厚的情谊。我国著名爆破专家马乃耀就是其中一位。

马乃耀是新中国第一代知识分子，1953 年毕业于清华大学水利系，在广东省水电厅作为水利水电工程爆破专家，为我国爆破事业做出过许多重大贡献，在国内爆破界具有很高的声望。

从 20 世纪 60 年代起，冯叔瑜就与马乃耀在广东省南水水电站定向爆破筑坝工程、广州黄埔港航道疏通水下爆破工程、城市控制爆破工程等方面有过多次成功的合作，两人合作共同创新定向爆破筑坝的抛掷堆积计算方法——体积平衡法、水下工程爆破法、软基爆破处理技术、挤压爆破法、城市工程爆破控制技术等多项爆破技术成果，两人共同撰写多篇爆破技术专论、专著，他们的爆破技术研究成果在国内工程爆破界得到广泛推广。

冯叔瑜还和著名爆破专家、铁道兵科学技术研究院研究室副主任、教授级高级工程师朱忠节有过长期技术合作。朱忠节先后担任过中国力学学会理事、中国力学学会爆破专业委员会土岩爆破专业组及工程爆破专业委员会委员、中国铁道学会工程委员会委员兼爆破学组组长、北京工程爆破学会名誉理事。朱忠节在 1952 年参加抗美援朝铁路抢修工作中就开始研究爆破理论和实践，积累了一些经验。1955 年参加鹰厦铁路施工时，担任大爆破设计组组长。

冯叔瑜与朱忠节很早就开始铁路工程爆破技术的合作，在多条铁路建设工程爆破项目中，冯叔瑜和朱忠节从我国具体实际出发，大胆修改了苏联的爆破经验公式，提出著名的大爆破爆炸半径计算"铁道兵经验公式"和药包布置方法以及爆破参数的选择，连续成功地进行了 20 多次大爆破。从此"铁道兵经验公式"在我国各地基建工程中被广泛应用，并作为科研成果受到国家奖励。

1963 年，冯叔瑜与朱忠节等爆破专家合作，对过去十年新建的 10 余条铁路采用的大爆破施工进行了实地调查，收集了 318 处工点资料，写出调查总结报告，再次从理论上研究论证和充实了"铁道兵经验公式"，形成一整套系统的大爆破和定向爆破设计原理、计算公式和药包布置方法，在国内居领先地位并具国际先进水平，直到现今仍在我国铁路、水利电力、矿山大爆破设计施工中广泛应用。

冯叔瑜与工程爆破和水利电力工程防护专家霍永基在定向控制爆破技术方面也有过多次共同研究探讨与成功合作。

为了加快我国大坝工程建筑的步伐，探讨一种新的快速建筑大坝技术，早在 1958 年，冯叔瑜就应水利水电部门邀请，与霍永基等水利水电工程爆破专家一起参加了定向爆破法筑坝技术可行性的研究，他们在我国第一座定向爆破试验坝——东川口水库拦河坝建设现场，通过现场试验和观测，取得了大量实际资料，总结出我国首次定向爆破筑坝科研观测报告。此后，冯叔瑜和霍永基一起转战广东省南水水电站，负责定向爆破筑坝的勘测设计和试验研究工作，采用多种方法和途径进行实验分析和计算，包括国内首创的用三维电比拟模型试验分析法确定爆破破坏范围及对隧洞影响的研究，解决一系列工程难题，定向爆破筑坝取得圆满成功，表明了我国在该项技术上已步入国际领先水平。

冯叔瑜还常常感谢在他科研路上两院院士、中国力学学会理事长、中国科学院力学研究所所长郑哲敏给予的帮助。那是冯叔瑜积极四处奔走，呼吁工程爆破界同行支持组建成立爆破协会、学会组织时，首先得到了郑哲敏的全力支持帮助，在中国力学学会组建了工程爆破学组，1984 年升格为工程爆破专业委员会。冯叔瑜被推举为工程爆破学组第一任组长和工程爆破专业委员会第一任主任委员。

冯叔瑜还和郑哲敏多次以会议主席的身份，组织召开国际工程爆破技术学术会议，加强爆破技术科研的国际间学术交流，沟通同行往来，宣传我国的科技成就，争取技术出口。

56. 当选中国工程院院士

1995 年，冯叔瑜作为中国工程爆破学科的奠基人光荣当选中国工程院院士，这是冯叔瑜为之奋斗一生的爆破事业生涯最大的荣耀。

中国的现代院士制度最早可追溯到民国时期 1928 年成立的中央研究院。新中国成立之初，中国科学院就开始酝酿学部制，并准备在条件成熟时选举院士。1955 年 6 月，中国科学院学部成立并产生了首批学部委员。1992 年春天，张光斗、王大珩等 6 位专家提出《关于早日建立中国工程与技术科学院的建议》。1994 年中国工程院正式成立，产生了首批 96 名中国工程院院士，中国科学院学部委员也统一改称院士，中国两院院士制度就此形成。

中国两院院士制度的建立，为加强国家创新体系建设，强化战略科技力量，加强中国特色新型智库建设提供了重要的制度保证。中国科学院和中国工程院坚持"服务决策、适度超前"，坚持以科学咨询支撑科学决策、以科学决策引领科学发展，积极推进国家工程科技思想库建设和国家高端智库建设试点工作，为提升我国科技创新能力、强化关键核心技术攻关、加快建设创新型国家、支撑经济社会高质量发展、实现中华民族伟大复兴的中国梦，提供科技智力支撑。

中国工程院第二批院士增选工作从 1994 年 9 月开始进行，按照程序和规定，在全国各有关方面对候选人认真提名、遴选的基础上，经过 6 个学部全体院士的两轮评审、民主商议，最后进行差额、无记名投票选举，共有 216 名候选人当选为中国工程院院士，1995 年 6 月 13 日获国务院正式批复。

国务院关于同意中国工程院增聘院士的批复

国函〔1995〕59 号

中国工程院：

你院《关于呈请审批新增院士当选名单的请示》（中工发〔1995〕017 号）收悉，现批复如下：

同意以中国工程院名义聘任下列 216 名人员为中国工程院院士。名单如下：

一、医药与卫生工程学部首批院士名单（30 名）：

王正国、王忠诚、王振义、巴德年、刘玉清、刘耕陶、江绍基、汤钊猷、许文思、肖培根、肖碧莲（女）、吴阶平、吴德昌、何凤生（女）、宋鸿钊、周后元、胡之璧（女）、胡亚美（女）、侯云德、姜泗长、秦伯益、顾玉东、顾健人、高守一、董建华、程莘农、曾溢滔、楼之岑、黎鳌、黎磊石；

二、机械与运载工程学部新当选院士名单（30 名）：

王兴治、乐嘉陵、朱英浩、朱能鸿、刘大响、刘兴洲、孙敬良、李明、何友声、汪顺亭、张立同（女）、张启先、张贵田、张炳炎、张福泽、陆孝彭、陈先霖、陈秉聪、林尚扬、林宗虎、杨士莪、周勤之、饶芳权、郭重庆、涂铭旌、顾懋祥、徐滨士、黄文虎、屠基达、潘镜芙；

三、信息与电子工程学部新当选院士名单（36 名）：

王小谟、毛二可、叶尚福、叶铭汉、庄松林、许国志、许居衍、孙玉、孙优贤、孙俊人、李三立、李国杰、吴澄、吴佑寿、吴祖垲、沈昌祥、张钟华、张履谦、陆建勋、陈敬熊、陈德仁、范滇元、林永年、周炯槃、赵梓森、侯德原、俞大光、姜文汉、徐元森、高鼎三、郭桂蓉、黄尚廉、龚惠兴、梁春广、薛鸣球、魏子卿；

四、化工、冶金与材料工程学部新当选院士名单（31名）：

丁传贤、王震西、毛炳权、左铁镛、朱永贝睿、关兴亚、李正名、李东英、李俊贤、时铭显、邱竹贤、余永富、汪旭光、汪燮卿、沈德忠、张寿荣、张国成、陈清如、邵象华、周光耀、胡壮麒、钟掘（女）、侯芙生、袁晴棠（女）、袁渭康、徐匡迪、徐端夫、殷国茂、高从堦、唐明述、傅恒志；

五、能源与矿业工程学部新当选院士名单（29名）：

王思敬、毛用泽、古德生、朱建士、刘广志、汤中立、汤德全、阮可强、李庆忠、杨裕生、岑可法、何多慧、罗平亚、周永茂、周邦新、郑健超、郑绵平、胡思得、顾心怿、钱绍钧、钱鸣高、徐旭常、翁史烈、戚颖敏、梁维燕、韩英铎、韩德馨、翟光明、薛禹胜；

六、土木、水利与建筑工程学部新当选院士名单（28名）：

王梦恕、龙驭球、叶可明、冯叔瑜、宁津生、朱伯芳、刘建航、刘济舟、江欢成、关肇邺、严恺、李圭白、李鹗鼎、杨秀敏、陈新、陈明致、陈厚群、吴良镛、江菊渊、沙庆林、周君亮、项海帆、容柏生、莫伯治、黄熙龄、崔俊芝、谢鉴衡、葛修润；

七、农业、轻纺与环境工程学部新当选院士名单（32名）：

山仑、马建章、方智远、石玉林、刘筠、关君蔚、汤鸿霄、伦世仪、任阵海、任继周、向仲怀、旭日干、李光博、李泽椿、辛德惠、汪懋华、沈国舫、沈荣显、郁铭芳、周翔（女）、赵法箴、袁业立、袁隆平、顾夏声、殷震、唐孝炎（女）、梅自强、黄耀祥、曾士迈、曾德超、傅廷栋、管华诗。

请你们按有关规定，办理院士聘任手续。

国务院

一九九五年六月十三日

冯叔瑜传

1995年7月11日至7月14日，中国工程院第二次院士大会在北京人民大会堂举行。党和国家领导人李鹏、丁关根、李岚清、邹家华、姜春云、吴阶平、宋健接见了与会的全体院士，并与全体院士合影。

李鹏总理在中国工程院第二次院士大会上讲话指出，国家正在制订"九五"计划和下个世纪初期的发展规划蓝图。有许多新的工程在等待着大家，不少现有企业也要进行技术改造，调整产业结构，工程技术界大有用武之地。希望大家共同努力，为美好的明天而努力奋斗。中国工程院院长朱光亚在大会上作了工作报告，指出中国工程院今后的主要任务就是：团结全国工程技术界，认真贯彻中共中央、国务院《关于加速科学技术进步的决定》和全国科学技术大会精神，全面实施科教兴国战略，在今后蓬勃发展的社会主义建设中，努力推进工程技术水平的提高，为国民经济建设与社会发展作贡献。

我国科学技术的创新发展进步，从载人航天、载人深潜、探月工程，到青藏铁路、高速铁路，从超级杂交稻到重大疾病防治，等等一大批重大科技创新成果，无不凝结着广大院士的聪明智慧和辛勤劳动。

在冯叔瑜成为中国工程院首批增选院士之后近30年，冯叔瑜已经是百岁老人了。2024年6月24日，全国科技大会、国家科学技术奖励大会和中国科学院第二十一次院士大会、中国工程院第十七次院士大会在北京人民大会堂隆重召开。这天，冯叔瑜因为身体原因虽然不能亲自参加大会，但他还是躺在病床上仔细收看了院士大会电视报道，仔细阅读了报纸新闻。尤其令冯叔瑜备受鼓舞的是，习近平总书记在这次大会上发表了重要讲话。

习近平总书记在讲话中强调，在新时代科技事业发展实践中，我们不断深化规律性认识，积累了许多重要经验。主要是：坚持党的全面领导，坚持走中国特色自主创新道路，坚持创新引领发展，坚持"四个面向"的战略导向，坚持以深化改革激发创新活力，坚持推动教育科技人才良性循环，坚持培育创新文化，坚持科技开放合作造福人类。这些经验必须长期坚持并在实践中不断丰富发展。

习近平总书记的重要讲话，为做好新时代科技工作指明了前进方向，冯叔瑜更加感到身为院士，为实现祖国高水平科技自立自强、建设科技强国使命光荣、责任重大。

此时此刻，冯叔瑜盼只盼自己早日康复，重回科研一线，为新时代科技工作再努一把力，再作新贡献。

第五章
桃李天下的科技巨匠
（1996—2025）

一技之长不如众技皆长。冯叔瑜毫不保留地将一生研究所得悉心传授给年轻学子，而桃李满天下，有口皆赞颂。

57. 诲人不倦的冯老师

回首一生，冯叔瑜最感欣慰的是我国工程爆破事业后继有人。而这又得益于冯叔瑜一生都全身心地致力于工程爆破技术的研究、应用、学术交流和人才培养，他是国内公认的中国工程爆破学科的奠基人、我国著名工程爆破专家和爆破理论学科带头人。大家称呼他这些光彩耀人的名誉头衔时，冯叔瑜常常谦虚地摆摆手一笑了之，他最喜欢的还是大家称他为诲人不倦的：冯先生、冯老师！

2008 年，冯叔瑜在一次接受《辽宁日报》记者访谈时很有感慨地回忆说：

爆破作为一种科学技术，应用很广，但在工程上的应用无疑是

冯叔瑜院士（中）在北京世界工程爆破大会上与学者交谈

最重要、最常见的，我们称之为工程爆破。然而在新中国成立以前，用炸药开山被简单地称为打眼放炮，全凭工匠经验，危险大、工效低，没人把它当作一门科学技术。新中国成立以后，我国从苏联引进了工程爆破技术，铁路修建的工效提高20倍以上，效果非常明显，工程爆破技术才得到重视，并在水利水电、航道疏浚、城市爆破拆除等其他方面也得到广泛应用。我们最熟悉的就是采矿开山，修铁路、公路用钻爆法来开掘隧道，还有城市楼房爆破拆除等，利用炸药爆炸产生的巨大能量破坏某种物体的原结构，这种"破坏"效果不是其他方法能代替的，它虽然不是独立完成一个工程，但却是一个重要的工序，特别是石方开挖、矿山开采等工程缺少了这个工序还不行。我国目前有发达的铁路和公路交通网，可以想象，当初在修这些路的时候会遇到许多高山峻岭，一座大山横在两地之间，想要修路，就必须让这座山消失，这个时候爆破就起到决定性作用。

当年冯叔瑜在苏联留学时第一次接触到铁路工程爆破技术专业之后，就意识到工程爆破并不是小时候国内见到过的工匠们打眼放炮那么简单，原来爆破也有着非常深厚的科学理论基础和丰富的技术实践。冯叔瑜如饥似渴地学习，1955年从苏联留学回国，竟然因为携带的爆破技术方面的专业书籍过多，原来的行李木箱装不下，不得不重新打造一个木箱，减少一些生活用品，也要把爆破专业书籍全部带回。

冯叔瑜院士常说，无论什么尖端的科学技术，如果只是在实验室里研究出来，毕竟像花瓶里的花，不能实用，仅供欣赏。只有把科学技术大力推广开来，实际应用起来，才能转化为现实的生产力，推动社会发展进步。科研人员不光要搞科学技术研究，更要注重做好科学技术的应用推广。搞好技术培训是关键环节。

冯叔瑜回想起刚留学回国，铁道部工程总局在各地举办爆破技术培训班的情景，那时他讲课基本还是照本宣科，把在苏联留学学到的工程爆破知识搬上课堂。而现在再让他讲课，他将自己多年来在工程爆破上的研究成果，结合工程爆破实际来讲，有理论，有实践，更有他自己的切身经验和体会，讲起来更加生动，深受大家欢迎。

1985年在北京，冯叔瑜院士在中国力学学会工程爆破专业委员会第2期工程爆破技术人员培训班担任主讲老师；1998年在杭州，冯叔瑜院士在水电部第十二工程局工程爆破技术人员培训班担任主讲老师；2001年在成都，冯叔瑜院士在四川省公安厅工程爆破技术人员培训班担任主讲老师；1998年在太原，冯叔瑜院士在铁道部第10期工程爆破技术人员培训班担任主讲老师；2001年在成都，冯叔瑜院士在铁道部第15期及四川省公安厅工程爆破技术人员培训班担任主讲老师；2001年在北京，冯叔瑜院士在铁道部第16期及北京市工程爆破技术人员培训班担任主讲老师……

在多年培训爆破人员的自编教材基础上，冯叔瑜院士与中国力学学会的爆破专家一起通力合作，组织编写了针对培训"爆破操作员""爆破工程技术人员""爆破器材管理人员""爆破工作管理人员"的四种规范性教材，被公安部指定为培养考核的基本教材。冯叔瑜院士也被公安部聘请为全国工程爆破技术人员培训考核专家组成员，积极协助公安部制订培训计划，准备培训教材，强化理论与实践考核的具体办法，建立考核试题库、培训考核档案，做好培训考核工作和安全作业证的审核工作，为全国培训考核规范化、科学化和统一标准创造了条件，保证了培训考核工作质量。

1992年，冯叔瑜参与组织编写了《爆破工程——全国爆破工程技术人员培训教材》（上、下册），由冶金工业出版社正式出版，被业内誉为国内工程爆破技术培训最权威最有影响力的第一教材。

1999年4月，国家安全生产监督管理局下达任务，由中国工程爆破协会负责组织全国70多位专家修订《爆破安全规程》和配套的《爆破安全规程实施手册》，这是国家安全生产监督管理局和中国工程爆破协会加强工程爆破行业安全管理的浩大基础工程。冯叔瑜院士作为中国工程爆破协会名誉理事长、中国工程院院士对此表示全力以赴支持，积极组织参与。他认为："把现行的《爆破安全规程》《大爆破安全规程》《拆除爆破安全规程》《乡镇露天矿场爆破安全规程》等四个相对独立的规程统一成一个《规程》，充实了新的内容，这是很大的进步。新版的《爆破安全规程》与原先的四个规程比较，更切合我国目前的工程爆破实际，更符合爆破安全管理，更具有科学性、先进性和可操作性，达到了国际同类标准的水平。"

为了适时更新工程爆破技术人员培训教材内容，冯叔瑜院士组织协会专家编写了《全国工程爆破作业人员统一培训教材》，以提高爆破作业人员安全技术与管理水平。而在工程爆破领域新技术、新成果和新的管理经验不断涌现的时代，培训教材无论内容还是形式，都需要与时俱进，及时更新。冯叔瑜院士认为这是协会组织谋划的一件大事。

为了尽快编写一套新教材，中国工程爆破协会组织全国爆破界30余位专家参加新教材的编写，冯叔瑜院士积极参与指导教材的编写和教材完成后的编审工作。经过一年多的紧张编写工作，一套新的教材于2004年3月由冶金工业出版社正式出版。这套新教材包括《工程爆破理论与技术》《爆破工程施工与安全》《爆破器材经营与管理》《工程爆破操作员读本》和《工程爆破作业人员考核试题库》，共5册218万字，比较全面地反映了近十年来我国工程爆破行业的飞跃发展，代表了当今爆破行业的技术水准，涵盖了工程爆破领域的新技术、新成果、新理念，是目前国内最具有权威性、系统性、全面性的最新培训教材，对生产实践有较强的指导性和可操作性，是爆破作业人员的必读之书。

50年来听过冯叔瑜院士讲课培训的工程爆破技术骨干数以千计，真可谓桃李满天下，有口皆称颂。

58. 培养我们自己的专业研究生

1978年，国家恢复研究生培养制度，冯叔瑜院士成为我国工程爆破领域最早的硕士和博士生导师之一，先后培养了10名硕士、5名博士，指导了1名博士后。冯叔瑜院士对他的学生们在思想上言传身教，在具体工作中则关怀备至、严格要求，从学术思想、政治态度、选题方向、科研方法等方面给予全面指导。

金骥良是冯叔瑜院士指导学习的第1个硕士研究生。金骥良1965年从中国科技大学近代力学系爆炸力学专业学习毕业后，分配在北京地下铁道工程局科研所，从事工程爆破试验研究工作。1979年考入铁道科学研究院研究生部，在冯叔瑜院士的指导下，从事铁道工程爆破专业的学习研究，1982 年获工学硕士学位。

金骥良硕士研究生毕业后，留在铁道科学研究院继续从事工程爆破技术的研究和推广应用。在冯叔瑜院士指导下，金骥良曾主持设计北京新侨饭店旧礼堂拆除爆破、北京医院旧门诊楼拆除爆破、厦门宾馆 5 号楼拆除爆破、陇海线黑石关大桥拆除爆破等拆除爆破工程 100 余项，取得圆满成功。其主要研究成果"砖混结构建筑物拆除爆破技术"获本院科技成果二等奖；与同事合作发明的"非电导爆管网格式闭合网路"获 1987 年国家发明奖三等奖；1990—1992 年担任深圳妈湾电厂土石方工程的甲方代表，完成了近 200 万立方米的爆破填海任务，该项目为本院创造上百万元经济效益，获本院科技开发一等奖。每次获奖之后，金骥良都在第一时间向他的指导老师冯叔瑜院士报告喜讯，谦逊地把成绩归功于冯叔瑜院士的指导帮助。冯叔瑜院士听了之后连连推辞说，还是学生努力的结果！

在冯叔瑜院士的指导下，金骥良积累了丰富的工程爆破设计、施工与实践经验，在爆破理论研究方面有了独到的研究成果，在国内外学术交流会议和科技刊物发表爆破专业论文 30 余篇，组织编辑出版了《冯叔瑜爆破论文选集》，主编出版了《爆破安全技术知识问答》，合作编著了《工程爆破实践》一书，对发展我国拆除爆破技术作出了重要贡献。

张志毅是冯叔瑜院士指导学习的第 2 个硕士研究生。历任中国铁道科学研究院主任研究员、铁道建筑研究所爆破工程事业部和深圳办事处主任、北京双虬科技责任有限公司董事长、北京铁锋爆破工程公司和深圳市和利爆破技术工程有限公司总经理。

在冯叔瑜院士的指导下，张志毅研究、开发和应用的爆破领域主要有深孔控制爆破、深孔微差抛掷爆破、水下爆破、水压爆破、洞室爆破、光面和预裂爆破、爆炸法处理软弱地基、隧道爆破、冻土爆破、建（构）筑物拆除爆破等，特别是在条形药包洞室爆破方面具有较深造诣和独创贡献。

张志毅作为技术骨干或专题负责人先后主持和参加了近十项部、院的科技攻关项目，获得中国铁道学会科学技术奖一等奖 1 项，铁道部科技进步奖二等奖 1 项，中国工程爆破协会科学技术奖一等奖 1 项、 二等奖 2 项，铁道部大秦铁路优秀科研成果奖 1 项，铁道部科学研究院科技成果三、四等奖各 1 项。在路内外主持完成了数十项爆破技术开发和应用工作，曾在 5 年时间内领导和完成工程总价近亿元，石方爆破量超过 500 万立方米，同时在高大烟囱拆除爆破、复杂环境下的石方控制爆破等方面工程实践中，取得了较大业绩。

在冯叔瑜院士悉心指导下，张志毅爆破技术研究成果颇丰，在国内外发表专业论文 20 余篇，翻译和编辑出版《建筑及采矿工程实用爆破技术》《交通土建工程爆破工程师手册》两部专著。在爆破研究室历任专题组长、研究室副主任、主任等。1994 年破格晋升为副研究员，1995 年成为硕士生导师，1999 年再次破格晋升为研究员。曾任中国铁道科学研究院学术委员会委员和博士生导师，中国工程爆破协会常务理事，广东省工程爆破协会副理事长，中国铁道学会高级会员、铁道工程分会爆破专业委员会秘书长。2000 年被授予铁道部有突出贡献的中青年专家，2002 年再获"铁道部铁路专业技术带头人"称号。

郭峰是冯叔瑜院士指导学习的第 3 个硕士研究生。1986 年获工学硕士学位，分配在铁道科学研究院铁道建筑研究所爆破研究室从事铁道工程爆破学科的研究。作为工程爆破专家骨干，参加主持研究隧道毫秒爆破时差对爆破效果的影响、铁路石方深孔控制爆破机械施工技术、定向爆破筑高坝、条形药包洞室爆破技术、秦岭隧道硬岩快速掘进中钻爆破技术、瓦斯隧道爆破技术、青藏铁路冻土爆破技术等国家和部委的重点研究课题，撰写高质量的研究报告7篇，取得显著成果。参加编写了《交通土建工程爆破工程师手册》，在国内外科研期刊发表爆破专业论文13篇，多次获得铁道部和中国工程爆破协会的科技成果奖、进步奖。

戈鹤川1984年考入铁道科学研究院研究生部，由冯叔瑜院士指导攻读铁道工程专业爆破技术研究生，1987年毕业获工学硕士学位，在本院铁道建筑研究所爆破研究室历任助理研究员、副研究员、研究员、爆破研究室副主任、铁道建筑研究所副所长、所长、铁道科学研究院工程设计院院长、研发中心轨道与结构工程研究部主任、资产经营管理部总经理等职。

在爆破研究室工作期间，戈鹤川主持完成3项工程爆破研究课题，数十项爆破工程设计施工项目，完成北京首都国际机场站坪改扩建和八达岭高速公路山羊洼隧道开挖工程，为北京铁锋爆破工程公司的创建和发展做了大量工作。戈鹤川主持完成的条形药包洞室爆破技术及其特性研究获铁道部科技进步奖二等奖；郑州铝厂三水源泵房土体围堰爆破获铁道科学研究院科技成果奖。

在冯叔瑜院士的指导帮助下，戈鹤川在工程爆破领域取得显著成绩，很快走上铁道建筑研究所领导岗位，在主持铁道建筑研究所工作期间，戈鹤川负责组织领导铁路提速路段地面安全试验、养路机械化、新Ⅱ型轨枕、提速道岔、新型桥梁支座、合金钢组合辙岔、GJ4型轨道检测车、沪宁铁路行车安全监测系统、青藏铁路低温耐久混凝土、高原冻土爆破及轨道工程管理和路基桥梁建设等数十项部重大科研课题和技术标准及科技产品的研究开发。同时，戈鹤川兼任铁道部工程质量监督总站新线铁路监督站工程质量检测中心主任、秦沈客运专线路基轨道桥涵综合试验课题组组长，组织全路十余个相关单位顺利完成试验任务。领导全所为铁路大提速、秦沈客运专线建设和青藏铁路建设提供了有力的技术支持和决策咨询服务。在科研期刊发表专业论文、译文及研究报告20余篇，1999年任硕士研究生导师，2000年被授予"铁道部有突出贡献中青年专家"称号，当选铁道科学研究院第七届学术委员会委员和第五届学位评定委员会委员。同时还担任中国铁道工程建设协会理事、中国铁道学会工务工程委员会理事、北京铁道学会理事、中国工程爆破协会理事、中国民用爆破器材学会理事、北京工程爆破学会秘书长、茅以升科技教育基金会桥梁委员会委员、《中国铁路》杂志编辑委员会委员、《中国铁道百科全书·综合卷》编辑委员会委员等社会学术团体机构重要职务。

铁道科学研究院张旭副研究员也是冯叔瑜院士指导的硕士研究生，1990年获工学硕士学位，在铁道建筑研究所爆破研究室从事工程爆破科研和项目实践工作，参与设计和实施深圳市盐田港深孔爆破、大埔石场洞室大爆破、怀化铁路既有线边坡石方控制爆破、北京燕山石化炼油厂设备基础拆除爆破、八达岭高速公路山羊洼隧道爆破开挖、中国科学院计算所建筑拆除爆破等多项工程。1998年主持完成了首都机场38万平方米旧跑道、站坪混凝土拆除工程。2002年主持完成了天津市大港电厂120米高烟囱的定向爆破拆除工程，均有所创新，取得圆满成功。参加"条形药包洞室爆破技术"的课题研究，获铁道部1998年度科学技术进步奖二等奖。合作出版了《水下爆破工程》译著和《交通土建工程师手册》著作，发表过多篇学术专业论文

59. 培养爆破专业的博士研究生

工程爆破专业有了我们自己培养的硕士研究生，还要有更高级的专业人才——博士研究生。

1991年冯叔瑜院士第一次招博士研究生，第一批博士研究生颜事龙、陈叶青、杨年华3人都在冯叔瑜院士的指导下攻读博士学位。

颜事龙在冯叔瑜院士的指导下，主要从事新型爆破器材制造与应用、爆炸效应理论、现代控制爆破技术方面的研究工作。博士毕业后，颜事龙回到淮南矿业学院任教，2003年后历任安徽理工大学副校长、校长、党委书记，还担任中国工程爆破协会理事、中国民用爆破器材学会委员、安徽省爆破协会副理事长等职。颜事龙曾主持3项国家自然科学基金项目研究、1项教育部科学技术重点项目研究、1项教育部博士点基金项目研究、2项安徽省自然科学基金项目研究、1项安徽省教育厅自然科学基金重点项目研究、成功实施大型企业委托开发的工程爆破横向科研项目四十余项。

陈叶青在冯叔瑜院士的指导下，主要研究成果有条形药包岩石爆炸的三维数值模拟研究、条形药包爆炸应力场的全息动光弹研究、拉格朗日分析方法研究现状及应用中应注意的问题研究、拉氏分析方法及强动荷载下水泥石的本构关系研究、用拉格朗日分析水泥石的动态力学性能研究、拱式结构的拆除爆破研究、直列装药土中爆炸外部效应的研究、岩石集中装药爆炸能量分布的计算等，获得爆破行业同仁的高度好评。博士毕业后，陈叶青先到北京科技大学工作，后调任解放军某科研单位，继续从事军事化学与烟火技术和固体力学研究。

杨年华在冯叔瑜院士指导下，1994年完成条形药包爆破作用机理研究的博士论文，获得博士学位后，继续留在铁道科学研究院铁道建筑研究所爆破研究室，在冯叔瑜院士的指导下，从事爆破技术研究与开发，研究领域涉及条形药包洞室爆破、隧道爆破、爆炸法处理软弱地基、冻土爆破、微振动控制爆破和拆除爆破等，研究成果颇丰，获得1项中国铁道学会科学技术奖一等奖、3项铁道部科技进步奖二等奖、8项中国工程爆破协会科学技术奖一等奖、2项二等奖，在国内外科学期

冯叔瑜传

刊发表专业学术论文80多篇，有8篇论文获各级学术组织重要奖励，撰写出版了学术专著《爆破振动理论与测试技术》。参与了《交通土建工程爆破工程师手册》《岩石爆破技术理论与技术新进展》等专著编写工作。杨年华还曾获"全国优秀科技工作者""铁道部青年科技拔尖人才""北京市优秀青年知识分子"等称号。担任中国铁道学会铁路工程分会爆破专业委员会副秘书长、中国工程爆破协会常务理事、北京工程爆破协会理事长等职。

杨年华对导师冯叔瑜院士的感情很深，用杨年华的话说，师生形同父子！每当提起冯叔瑜院士，杨年华对冯叔瑜院士充满了敬仰、感激之情。在一次接受采访时，谈到冯叔瑜院士对他的博士研究生学习指导，杨年华说：

> 我是1991年硕士毕业后考上冯叔瑜院士的博士生。当时冯叔瑜院士第一次招博士生，共招了颜事龙、陈叶青和我3人，在冯叔瑜院士的指导下学习收获很大。我们的共同感觉，冯叔瑜院士是一个踏实肯干、聪明、善于思考、宽容、重感情和平易近人的学者、专家和老父亲，给我们提供了非常好的学习和实践条件，教会我们正确的学习方法。
>
> 记得我们在做博士论文的时候，为了争取到最好的实验条件和环境，冯叔瑜院士四处奔波联系，安排我们到当时拥有国内最先进实验设备的中国工程物理研究院做实验，还帮我们安排最好的实验老师指导我们的实验，包括从事凝聚态物理和爆炸力学研究的中国科学院经福谦院士亲自给我们作指导。使我们3个博士生高质量地顺利完成博士毕业实验，博士论文得到主持答辩老师的很高评价。
>
> 最重要的是冯叔瑜院士教给我们的科学学习和研究方法，至今

受益匪浅，我们现在也用冯叔瑜院士教给我们的科学学习和研究方法来指导我们带的研究生。记得刚在冯叔瑜院士指导下开始准备博士论文的时候，我们挺着急地不知从何下手，冯叔瑜院士指导我们说，先别着急写论文，而是要多读、多看、多调研。多读国内外爆破专业论文，才能及时了解国内外爆破技术理论研究现状和进展，始终瞄准技术发展的前沿去学习、研究，这是做博士论文的理论环节；多看就是要充分了解爆破的各个环节、程序、步骤、效果，熟悉爆破设备、器材、炸药、性能、作用等，这是做博士论文的工具环节；多调研，就是要多到工程项目上去，到爆破现场实践中去，了解爆破工程爆破现场不同情况下对爆破的不同要求，根据实际情况去制订爆破方案，创新爆破设计，这是做博士论文的实践环节。只有理论扎实了、工具掌握了、实践熟悉了，再做博士论文。就像鲁迅说写作一样，先静观默察，烂熟于心，然后凝神结想，一挥而就，博士论文写作也是这样。

冯叔瑜院士指导我们学习，特别强调实践。他常说，爆破技术是工科，不是理科，我们也要搞理论研究，但理论最终要用来指导实践，接受实践的检验。不能从理论到理论，那是空谈。解决不了现实问题，空谈一大堆，就不是好专家。他要求我们博士毕业前必须学会自己"放炮"。冯叔瑜院士指导我们3个博士，为我们选了不同的研究方向。我当时的博士论文题目是《条形药包爆破作用机理》，起因是前辈在试验中发现条形药包好，但为什么好？需要从理论和原理上提出并与集中药包作对比。这样我就是做原理，颜事龙是做条形药包与集中药包的能量分布的研究，陈叶青是做岩石与混凝土试样的本构关系研究。当时我们有很好的实验条件，既可以实验，也可以计算。实习时我们去现场做实验、放炮。记得有一次是去山西宁武做扶贫项目，帮助当地定向爆破筑坝截水。我们去做

冯叔瑜传

爆破技术指导，施工方则是县里的民工。当民工把炸药送进来后，我们要自己动手装炸药，干了整整一个通宵。我们读博士期间，冯叔瑜院士安排我们去工程项目现场做洞室爆破，一连做了四五次，直到他完全满意才算交上一份合格答卷。

冯叔瑜院士指导我们的学习研究方法，直到现在我们都还运用在科研工作和爆破实践中，按照导师教我们的方法去学习研究，不断创新科学技术，指导工程实践。记得当时我们光多读，就用了整整一个学期，半年多时间天天泡在国家图书馆查资料。刚开始还有点不理解，感觉有些东西跟爆破似乎没有太大关系，冯叔瑜院士还是要求我们多看、多读。看多了后来才发现，当时看起来没有太大关系，但在实际科研运用中，还是有很多启发。

冯叔瑜院士要求我们看书、做项目都要记笔记。读书笔记要知道这篇文章哪些地方对自己有帮助？问题在哪里？要有自己的独立思考。做项目要总结这个项目哪点好、哪点不好？下次再做就有经验了，好的地方要坚持，不好的地方要注意绝不能再犯。我们现在也是按照冯叔瑜院士教给我们的方法来带研究生，也是要求研究生多读、多看、多调研。比如读爆破振动参考文献不少于100篇，尤其是最近五年的研究文献；写方案要集体讨论；写读书笔记和项目总结。

博士毕业后，颜事龙回到淮南矿业学院，陈叶青去了部队科研单位，只有杨年华有幸留在冯叔瑜院士身边继续工作，他很感慨跟冯叔瑜院士受益良多。杨年华讲述了几个由他主持设计的重大工程项目，都是在冯叔瑜院士的指导鞭策下顺利完成的。

一是秦岭隧道爆破。秦岭隧道在20世纪90年代曾是我国最长的铁路隧道，由两座基本平行的18400多米长的单线隧道组成，两线间距为 30 米。隧道通过地区岩性主要为混合片麻岩、混合花岗岩、含绿色矿物混合花岗岩；隧道穿过 13 条断层，最大埋深约 1600 米，地质条件十分复杂。由于爆破难度大，施工单位就采取多放炸药以增强爆破力来解决爆破难题，一般一个炮孔要放 5—6 公斤炸药。施工单位把这个做法当作经验写成论文发表出来，结果这篇论文被一个印度爆破专家看见了，认为我们的爆破技术落后，只是通过加大装填炸药量来实施爆破，技术含量太低。于是这个印度专家通过大使馆联系，要来中国给我们做技术指导。冯叔瑜院士知道后，派出我们自己的技术小组去秦岭隧道施工现场，经过现场调研了解情况，冯叔瑜院士及时指导我们改进了爆破设计方案，调整了掘进爆破参数，不但使炮眼装药量单耗降到正常水平 1.8—2 公斤，还创造了月掘进 406 米的纪录。由冯叔瑜院士指导、杨年华主持完成的"秦岭硬岩特长隧道平导钻爆法快速施工技术"获得中国铁道学会科学技术一等奖。从这一项目开始，爆破研究室开拓了从露天爆破到隧道爆破的新领域。

二是软土路基爆破。软土具有含水量大、渗透性差、天然强度低和压缩性高等特征，如果超过临界高度，地基要失去稳定。在冯叔瑜院士和周镜院士的指导下，爆破研究室创新软土路基爆破技术，在软土路基进行爆破，起到加固软土地基的作用。这一技术应用在宁启铁路、广东沿海地带，在路基固定位置实施爆破，依靠振动力加快排水固结速度。

三是拆除爆破。主要是对楼房、烟囱的拆除的爆破技术。这个理念是冯叔瑜院士最先提出的。2001 年，广西柳州合山电厂有个项目要拆除爆破一个 120 米高的烟囱，这个烟囱当时是我国最高的烟囱之一，要求定向倒塌，精度要求在正负 8 度的区间。这个项目时间紧任务重，从申报到论证只花了一个月的时间，方案设计由杨年华主持。杨年华是第一次主持这么重大的项目拆除爆破设计，有点担心拿不下来。冯叔瑜院士鼓励说，有我在，你怕什么！冯叔瑜院士时刻关注着杨年华的方案设计，每一步都及时给予技术指导。到方案论证时，杨年华又有些紧张，怕万一有什么纰漏论证过不了关。冯叔瑜院士又给他的学生打气说，有我在，你不用怕！项目实施爆破时，冯叔瑜院士来到现场，看到杨年华还是有点紧张，冯叔瑜院士特意走到杨年华跟前拍拍他的肩膀让他放松，冯叔瑜院士还是那句话说，有我在，你怕什么！最终，爆破取得圆满成功。自从这个项目后，杨年华在拆除爆破领域就独当一面，成了爆破研究室的顶梁柱。后来有人问冯叔瑜院士，您怎么就那么信任年轻人？冯叔瑜院士说，就是要给年轻人压担子，不然他们心里总有依赖症，不能快速成长。冯叔瑜院士就是这样培养起一批批的年轻人，给予他们支持与信任。

四是从洞室爆破到深孔爆破。洞室爆破就是将大量的炸药装入设计掘进的洞室进行的大爆破，特点是一次爆破药量有时达几千公斤、几百吨甚至千吨以上。洞室爆破是冯叔瑜院士研究成果最为突出、最具影响力的研究领域，在20世纪铁路、水利、水电等工程领域应用非常广泛，效益非常显著。进入新世纪后，随着爆破技术进步，洞室爆破应用少了，改为深孔爆破，但是冯叔瑜院士研究创建的洞室爆破理论依然是爆破技术的经典基础理论。

杨年华记得有一次在宜万铁路宜昌南站建设的岩层剥离定向爆破项目，冯叔瑜院士又是给杨年华压担子，把他推到主持设计的位置。爆破现场周边80多米就有民房，这么复杂的洞室爆破杨年华还是头一次。冯叔瑜指导杨年华要特别考虑怎样减小振动，掌握振动衰减规律并提前预测。在冯叔瑜院士的指导下，杨年华认真作了爆破减振研究，对原来的爆破方案作了很大改进，爆破取得圆满成功，民房未受损害，避免了大量的拆迁费用，大大提高了社会效益。

冯叔瑜院士不断开拓爆破研究新领域的同时，把年轻人推向前台，在工程爆破实践中经受锻炼，让年轻人快速成长起来。

60.一日为师，终身为父

"一日为师，终身为父"，反映中国尊师重道传统文化的传承。冯叔瑜从小就从当私塾先生的父亲身上感受到那种为师如父般的大爱胸怀，如今冯叔瑜也开始带学生了，他对学生也一样为师如父般地给予学生关爱，不仅在学习科研方面给予指导，而且在生活上也给予关心帮助。博士生杨年华深有感触地说，冯叔瑜院士对我的关心就像是老父亲对自己的孩子一样。

杨年华在一次采访时动情地对记者说：

冯叔瑜院士不但关心我们的科研，对我们的生活也非常关心。我的师兄弟和同事都说，因为我长得瘦小，冯叔瑜院士对我最好，每次见到我都要关心我的生活、身体各方面，问我身体状况。生活有什么困难，他都会尽力帮助。冯叔瑜院士对别人无所求，但却热心助人，特别替人着想，平易近人。有时候我们出差回来带点礼物去看他，他就会说："你们来不要带礼物，能想到我就很高兴了。"冯叔瑜院士很温和，几乎从来不会发脾气。如果我们工作学习不到位，他也不会训斥，都是先让我们仔细想想。我们有不同观点争论时，他也不以老师的身份压人，总是说："我认为是这样，你们再仔细想想。"如果他觉得我们说得对，也从来不摆院士架子，会说："那就按你说的做吧。"冯叔瑜院士总是鼓励我们独立思考，勇于承担责任，如果考虑到项目不会有太大的问题，就会说："那你试试吧。"他生活很平实、思维很开放，他经常鼓励我们多出国参加交流。与国外先进技术相比，我国虽然在理论研究方面还有差距，但在爆破拆除方面我国还是走在世界前列。我们的学习能力强，只要发现国外比我们先进的东西，我们都可以搞得出来。比如爆破振动

庆贺冯叔瑜院士八十华诞合影留念

监测，结合通信技术的发展，我们目前可以远程诊断，即时了解情况。还有电子雷管，我国自行研制的电子雷管40元1发，而国外同类产品300元1发。我国的隧道爆破市场占全球的1/3到1/2，国际爆破集团澳瑞凯公司，也占近一半市场，现在他们只做服务，没有隧道机械装药装置等产品。总之，能跟随冯叔瑜院士学习工作，做他的学生，我们感到很幸运。

从1978年国家恢复培养研究生制度后，冯叔瑜院士先后带了5个博士研究生，1个博士后，10个硕士研究生，一直到2003年，冯叔瑜院士已经年近80岁高龄，院、所领导都考虑到冯叔瑜院士的身体状况，分别和冯叔瑜院士谈话，力劝他不要再带研究生学习了。冯叔瑜院士听了说："没问题，我身体还行，还可以带研究生呢。"

冯叔瑜院士说的是实话，他年近八十，还经常出差去一线、到工地、进现场。冯叔瑜院士的老伴和孩子都说，他这一辈子，在工地比在家的时间都多，在家里妻子总看不到丈夫的面，孩子也总看不到父亲的身影。冯叔瑜笑着说："这是当然。谁让我学的、干的是工程爆破呢！搞爆破不去工地，还能在办公室搞吗？"

"可是，您的年龄、您的身体……"

"没问题，我的身体棒着呢！"没等领导说完，冯叔瑜院士就打断领导的话说，"都是常年在工地跑，练就一副好身板呢！"

冯叔瑜院士说的还是实话，搞爆破常年跑工地，一年有三分之二的时间都在现场，真能锻炼人的好身体呢！

院、所领导还是委婉地劝说冯叔瑜院士："冯老啊，您在工程爆破领域奋斗了半个多世纪，当年您指导的博士生，如今也都成了博士生导师了，您也该休息休息放手让学生后辈们接力奋斗了。"

这倒是实情。铁道科学研究院每年招收研究生名额有限，的确也该

冯叔瑜传

让年轻人冲在前面去闯、去拼、去奋斗！如果都是自己亲自带，那年轻人又怎么成长起来？

最终，冯叔瑜院士接受了院、所领导的工作安排，不再直接带研究生，但研究生的学习，冯叔瑜院士还是很关心，经常过问。学生们有什么问题问到他，他同样耐心地讲解，像自己带研究生一样指导他们学习和实践。直到85岁高龄，冯叔瑜院士还亲自到重庆沙坪坝区铁路枢纽控制爆破项目工地考察，亲自给科技部部长写信，对沙坪坝《重庆铁路枢纽控制爆破技术》提出他的意见和建议，受到有关方面的高度重视。

冯叔瑜院士在其一生的工程爆破技术研究和工程项目实践中，致力于培养更多的工程爆破科技博士、硕士研究人员，致力于培训更多的工程爆破技术现场实操骨干，致力于普及工程爆破科技知识。冯叔瑜院士对他的学生、学员在爆破技术上传道授业、言传身教、严格要求。业界公认冯叔瑜院士是我国工程爆破技术领域的奠基人、引领者、传播者、创新者。经冯叔瑜院士培养、培训的学生学员遍及全国各地，多达数千人，真可谓桃李满天下，春晖遍四方。

近年来冯叔瑜院士年事已高，进入耄耋之年，院、所领导为他的健康着想，"强迫性"地逐渐卸下了冯叔瑜院士担负的行政职务，冯叔瑜院士仍然"不甘寂寞"，又把更多精力用来指导帮助年轻的科研人员，从学术思想、选题方向、科研方法等方面给予全面指导帮助。冯叔瑜院士常说，我虽然从行政管理岗位退下来了，但我热爱的工程爆破事业还在继续，我有责任把更多的年轻人推在前面，推向工程爆破科研一线，不断创新我国工程爆破科技研究，把工程爆破事业推向前进。在冯叔瑜院士创建的铁道建筑研究所爆破研究室，王中黔、顾毅成、张志毅、戈鹤川等都成长为工程爆破技术的著名科研学者、技术专家，在科研院所和工程爆破各协会团体组织的重要岗位担任领导职务。

61. 年轻人心目中的冯院士

冯叔瑜院士看着爆破研究室一批批年轻人健康成长起来，一个个都能独当一面，成为工程爆破业界的学者、专家，冯叔瑜由衷地感到高兴。

冯叔瑜看年轻人，年轻人也在看冯叔瑜。在爆破研究室年轻人的心目中，冯叔瑜是爆破研究室创建人、首任主任、领导，是中国工程爆破领域的战略科学家，是工程爆破地质学理论奠基人，是工程爆破科技权威、首屈一指的领军人，但更是一位可敬可爱为师如父般的长者。能够在冯叔瑜身边学习工作，学到了冯叔瑜院士科学、求实、严谨、缜密的学术思想和方法，学到了冯叔瑜院士爱党爱国、勇于探索、大胆创新的科学家精神，学到了冯叔瑜院士淡泊名利、甘为人梯、奖掖后学的大家风范，大家感到非常荣幸。

接任冯叔瑜院士担任爆破研究室第二任主任的王中黔和冯叔瑜院士指导的研究生张志毅、顾毅成联名撰写了《注重实际，寻求简化——冯叔瑜院士的科技工作方法》一文，文中对冯叔瑜院士50年来在工程爆破领域的科研与工程实践活动作了比较全面的研究，归纳分析了冯叔瑜院士注重实际、寻求简化的科学思维和科技工作方法。这篇文章的发表代表了大家的心声，大家感到这就是我们心目中的冯叔瑜院士。文章如下：

冯叔瑜院士是铁道科学研究院爆破研究室的创建者和学术带头人，也是铁道科学研究院的首席专家之一。在近五十年的工程爆破科研与实践中，他十分重视在哲理引导下的科学思维和生产实践，在科技方法上也显示了其独特的风格，那就是：注重实际，寻求简化。

冯叔瑜传

一、先进技术一定要用在建设中创造财富——不尚空谈、注重实际是他的思维准则

20世纪50年代初，冯叔瑜作为新中国公派的第一批留苏研究生，专攻铁道工程爆破专业，获得了技术科学副博士学位。1955年底，学成回国在铁道部工程总局任职的冯叔瑜，立即投入到新中国第一个铁路建设的高潮中。他想，我们中华民族是火药的发源地，先进的爆破技术一定要用到祖国建设中去创造财富。1956年，冯叔瑜在四川内宜铁路的号志口工地，首次采用定向爆破法开挖路堑，从路堑内向一侧抛掷石方约30%，同时保证了路堑对面200m处建筑物的安全。成功的喜悦激励着冯叔瑜，同时，也使铁道部的领导下决心推广洞室爆破技术。随后，冯叔瑜受铁道部工程总局委派和苏联专家齐齐金一起，参加了鹰厦、宝成、川黔、都贵等新线铁路线上的洞室爆破设计施工。1958年，他受命在铁道科学研究院创建了爆破研究室，在此期间，他和铁道兵的爆破专家朱忠节一起，对许多爆破工程实例进行了完整总结，技术上有所升华。1964年，在西南三线建设成昆铁路的会战中，国家科委组织了几十个多学科、跨部门的新技术战斗组，冯叔瑜担任爆破新技术战斗组组长，于1964至1967年三年多的时间中，在成昆、贵昆两条新线全线推广洞室爆破和深孔爆破，先后爆破了70多处重点石方工程，爆破石方近千万立方米，为加快石方施工进度、节省劳动力、降低成本作出了重要贡献。

冯叔瑜院士有句名言：在国家基本建设中哪里遇到了难题，都可以想一想，能不能用上爆破技术，他也正是这样实践的。

1958年，为了论证、筹备三峡工程，根据国家科委指示，组建了三峡水利爆破组，冯叔瑜任秘书长。爆破组成立后，重点研究定向爆破筑坝，开发爆破器材新品种。并在其后参与组织了18座

定向爆破筑坝的试验研究。其中，广东省水电厅马乃耀主持，冯叔瑜、朱忠节、霍永基等众多爆破专家参与的广东乳源南水定向爆破筑坝工程，采用1394t炸药，一次抛掷上坝方量105万 m³，形成堆石高625m的南水水库大坝。迄今仍在正常运营，发挥着蓄水、防洪、发电功能，该技术成果在国际有关会议上得到肯定。

20世纪70年代初，周恩来总理十分关心我国的航运建设。冯叔瑜又率领他的助手和学生，投入到水下爆破领域。在1971年到1972年间，参加了爆破专家马乃耀主持的广州黄埔港航道疏浚的水下爆破工程，创建了一套水下爆破施工工艺和爆破技术。两年内完成了长约2km，总计50万 m³的石方水下爆破开挖任务，并取得了水下爆破安全科研观测的系统数据，被誉为黄埔水下爆破法，填补了国内这一领域的空白。

针对农林部门对爆破技术的需求，冯叔瑜和马乃耀指导他们的同事在海南岛橡胶种植园进行了爆炸伐树和开挖植树坑的试验研究，于1979年合作编写了国内第一部农业爆破技术。

20世纪70年代中期，铁道部组织科研队伍在青藏高原进行了冻土爆破筑路技术的研究。在他的指导下，课题组初步解决了在高原冻土地区铁路桥涵基坑爆破快速开挖技术，为青藏铁路建设提供了高原冻土爆破技术储备。2002年，78岁高龄的他再次亲赴青藏高原考察，并指导冻土爆破技术专题研讨会的召开。

1972年，冯叔瑜代表交通部主持与日本大成公司的技术交流会，受到日本推销的控制爆破用TN炸药的启发，认识到我国城市、工厂和铁路线路的改建和改造，应用控制爆破很有必要。他深信，不用日本的特殊炸药也同样可以达到控制爆破的目的，进而先后组织控制爆破技术和在复杂环境下的控制爆破、铁路运营复线控制爆破技术专题研究组，在控制爆破技术研究中取得了丰硕成果，并紧密结合国内建设需要，亲身实践完成了北京国际饭店所在地原科技馆、新侨饭店礼堂、深圳市的罗湖火车站、首都协和医院锅炉房、钓鱼台国宾馆内改造工程、衡广复线石方开挖等几百处环境复杂的控制爆破工程。该项成果于1985年获得国家科技进步奖三等奖，同年和他的同事出版了结合国内实际的城市控制爆破专著，至今已发行16000册，成为拆除爆破领域广为应用的技术参考文献。

在冯叔瑜院士先进技术一定要用在建设中创造财富的思想指导下，他领导的爆破研究室，1959年至今，先后完成国家和部级重点科研项目30余项；获全国科学大会奖，国家发明奖，国家级、部（省）、院（局）级科学技术奖、成果奖等共32项；出版著作16部，译作3部；取得了丰硕的成果，成为铁路系统爆破技术研究、应用、推广的主力军。

冯叔瑜院士不仅十分重视爆破技术为经济建设服务，他还身体力行，不尚空谈、注意实际，参加工程实践。20世纪60年代初，不少人对洞室爆破开挖路堑存在疑问，主要是担心路堑边坡的稳定性。为此，他在1962—1964年间，率领由铁道部组织的来自全路科研、院校、施工和设计等16个单位共40余人，对十条铁路新线的大爆破边坡进行了160多处现场调查和分析研究，提出了详尽的大爆破路堑边坡调查报告。分析总结了正反两方面的经验，回答了一些同志的疑虑，提出地质条件对爆破效果的影响和爆破作用所引起的工程地质问题是互为因果的两个方面，前者是研究在各种地质条件下可能对爆破效果产生的直接影响；后者则是研究在爆破作用下工程地质方面可能发生的后果问题，从而为建立爆破工程地质学奠定了基础，同时推动了爆破技术的进一步发展。

20世纪80年代我国实行改革开放政策，更坚定了他的信念：提高爆破技术水平的最终目的，就是要推动生产力的发展。根据科技体制改革精神，为推广爆破新技术，把科研成果直接转化成生产力，1984年他倡导筹建了北京爆破联合工程公司。这是我国爆破界第一个科研生产联合体。如今，爆破公司这一新兴行业机构，已在全国各地开花结果。

近20年来，冯叔瑜几乎每年有一半的时间奔波在崇山峻岭、戈壁沙滩、黄土高原、中原大地、南海诸岛、东南沿海，举凡新中国成立以来主要的新建和旧线改造的铁路线上，都留下了他的足迹。参与和指导了国内几乎所有有影响的、具有突破性的重大爆破工程，备受同行们的尊敬。

二、高深理论只有应用在实践中才有价值——尊重科学、寻求简化是他的科研方法

众所周知，工程爆破在理论上是一门综合性、跨学科的边缘科学，它涉及的因素很多，而在实践中面临的问题更为复杂。苏联一位爆破权威认为，影响工程爆破效果的因素有60多个。国内外爆破理论研究者从理论出发，推导出一些非常复杂的计算公式，有时很难在实际工程中应用且与工程实际的出入也相当大。因此，他在实践中产生了把问题简化的想法。这种以理论为基础的简化型思维方式可以突出事物的主要特征，指出客观现象复杂过程之间的联系，得出可以用于实际的重要结论，并且易于推广。例如，为了推广爆破技术，建立一套行之有效的设计计算方法，在结合我国山区铁路的特点和引进苏联学者药包计算公式的基础上，冯叔瑜和朱忠节共同提出了平坦地面、斜坡、陡坡地形条件下路堑开挖的药包布置原则，并发展了边坡预留保护层、爆破漏斗、上破裂线的计算方法，逐步形成了一套具有中国特色的洞室爆破设计计算理论。这一设计计算方法简明易懂，可靠性强，至今仍是我国工程爆破技术人员进行洞室设计采用的主要方法。

冯叔瑜传

在定向爆破筑坝理论的研究中，冯叔瑜与朱忠节、马乃耀总结并提出了定向爆破的设计方法，以及坝址选择、药包布置、定向中心控制的原则。定向爆破筑坝的好坏，以抛掷岩体的数量和堆积形状来衡量，所以抛掷堆积计算是定向爆破设计的重要课题之一。冯叔瑜、朱忠节在铁路路堑爆破经验统计资料的基础上，提出了用于坝体抛掷堆积计算的体积平衡法，并得到了广泛的应用。迄今为止，我国采用定向爆破法筑坝的数量在国际上首屈一指，也是我国爆破技术的一大特色。

推动铁路石方施工机械化，是长期萦绕于冯叔瑜脑海中的重要课题。这是一个超越单纯爆破技术，涉及机械装备、管理体制、人员培训、技术标准等诸多因素的系统工程。面对这样复杂的问题，他的工作方法是：在样板工点的基础上，树典型、抓宣传、定标准。也就是选择一个或一组足以反映其他客体特性的载体，使研究的结果具有普适性。1965 年修建成昆铁路时，他就向铁道部提出建议，购置了一台法国产的深孔钻机供现场使用，同时改进国产 YQ-150 潜孔钻机进行深孔爆破试验。1973 年在邯长铁路铁道部第三工程局的东戌工地，1975 年在枝柳铁路铁道部第二工程局的马颈坳工地，多次引进矿山、水利等工业部门的深孔爆破技术；1979 年在西延铁路铁道部第一工程局的张家船工地又试验成功了路堑边坡光面爆破和预裂爆破新技术，使铁道系统的石方生产效率和机械化施工程度大幅度提高。在他的大力倡导和组织下，铁道部多次召开石方机械化施工经验交流会，宣传和推动深孔爆破、光面爆破、预裂爆破技术。20 世纪 80 年代，指导他的同事们相继制定了铁路石方深孔爆破技术规定、铁路石方路堑边坡光面爆破、预裂爆破技术标准、铁路增建第二线及改造既有线石方控制爆破施工技术规定等技术文件，从而使我国铁路石方机械化施工水平和施工质量得到了长足的进步。

工程爆破过程的瞬间高速和不可重复性，增加了其理论研究的难度；野外试验条件的多变性，更增加了捕捉科研数据的复杂性。冯叔瑜清楚地认识到，现代科学技术的发展决不能停留在经验的感性认识上，要在实测的基础上，应用简化型思维方法，探求逻辑上最简单的可能性及其结论，因而简化型思维方法实质上是科学抽象方法在工程技术领域的应用。20世纪60年代，为了解决大爆破引起的地震影响问题，他在爆破研究室指导开展了爆破振动量测工作。随后在20世纪70年代，又积极创造条件在研究室配备了测量爆炸冲击波、应力应变、噪声和观测爆破体运动过程的高速摄影设备，对复杂的对象和过程，舍去了次要因素，突出事物的主要特征，然后根据测试资料将研究的结果加以修正，使之与实际的对象和过程相符合。爆破研究室作为国内最早开展工程爆破野外测试的单位之一，不仅培养了一批专业基础扎实的试验研究人员，而且还为此后承担国家计委下达的"七七工程"和铁道部重大科研项目的重点试验观测任务打下了良好的基础。

自1979年起，在他指导下的硕士和博士研究生，向条形药包爆破作用机理和设计理论的研究发起了新的冲击。条形药包与集中药包因几何形态不同，在爆炸应力场分布和爆破漏斗特性方面也存在着差异，这是研究条形药包作用机理和设计理论的关键。我们运用现代最新试验技术和电子计算机的数值计算工具，并结合现场工程应用试验进行了系列研究，取得了相应成果。现在，条形药包已在国内洞室爆破中得到了广泛应用。

冯叔瑜院士正是以这种尊重科学和寻求简化的工作作风，成为我国工程爆破技术领域中的领头雁。

三、个人力量必须融汇于群体才更显光彩——甘作园丁、培育

冯叔瑜传

人才是他的学风境界

在工程爆破的设计中，极少见到单个药包布置，不论是洞室爆破还是深孔爆破，大多是几十个药包，乃至成百上千个炮孔，构成了整个爆破区域。在药包布置的设计中，有主药包，有辅助药包；有前排药包，后排药包；周边光面、预裂爆破药包；在井巷掘进中，还分掏槽药包、掘进药包、轮廓药包，不同性质的药包围绕着爆破设计的总体意图而又承担着各自独特的功能。这些承担着不同功能、不同负荷的药包，按照设计要求和统一指令，或同时击发，或毫秒延时，或间隔起爆，其如潮如涌的爆花，是一幅独特的壮丽奇观；正是在这些药包群体的共同作用下，坚硬的岩石被粉碎，整座大山可夷为平地，显示出爆破的巨大威力。展现在人们面前的，不再是爆破的破坏性，而是其他作业不可替代的建设性。

冯叔瑜院士深切地意识到，我们正像那些药包，要使爆破技术在我国普及、提高和创新，没有一大批众志成城的人才，没有融汇集体的智慧和力量是不行的。因此，他在致力于工程爆破技术研究的同时，十分重视爆破人才的培养、技术的普及和学术交流工作。

1955年11月底，他回国后所做的第一件事，是为铁道部工程总局的下属各工程局培训爆破技术人员，他在近50年中，培养的爆破技术人才数以千计。同时还与中国力学学会的爆破专家一起组织编写了针对培训爆破员、爆破工程技术人员、爆破器材管理人员、爆破工作领导人的四种教材，这批教材在1995年由公安部指定为培养考核全国爆破工程技术人员的基本教材。冯叔瑜院士也被公安部聘请为全国爆破工程技术人员培训考核专家组成员，他为国内产业部门、厂矿、公司、公安系统培养人才付出了辛勤的劳动。

1978 年国家教委恢复研究生培养制度以来，他成为我国工程爆破领域最早的硕士和博士生导师之一，已先后培养了 10 名硕士、5 名博士，指导了 1 名博士后。冯叔瑜对他的学生们在思想上言传身教以明志，在具体工作中则关怀备至、严格要求，常从学术思想、政治态度、选题方向、科研方法等方面给予全面指导。他在学会中倡导组建了青年爆破工作者委员会，为他们提供学习、创新、交流、团结、展示聪明才智的园地，希望他们脱颖而出，成长为我国工程爆破领域朝气蓬勃的跨世纪的新一代。

冯叔瑜热爱学会工作，认为高新技术的推广交流，互补互长是发展我国科学的重要手段之一。他常对他的学生和同事讲：搞学会工作需要有热心这项工作的人，需要奉献精神，做好服务，搞好学术交流，对促进爆破界的团结和技术水平的提高有着重要的意义。1978 年冯叔瑜和边克信、霍永基等老一辈爆破专家在中国力学学会的指导支持下，组建了爆破学组，后升格为工程爆破专业委员会，他先后出任第一届主任委员，第二届、第三届副主任委员。并于 1978 年在昆明、1982 年在福州、1986 年在南京、1989 年在西安、1993 年在武汉主持和参与召开了五届全国工程爆破学术交流会，出版了五部论文集，推动了我国工程爆破技术的发展。又于 1991 年在北京、1995 年在昆明，郑哲敏院士和冯叔瑜作为会议主席、副主席，主持召开了两届国际工程爆破技术学术会议，并出版了论文集，我国爆破工作者提交的一批具有国际先进水平的论文获得了好评，奠定了我国工程爆破技术在国际上的地位。

1994 年，冯叔瑜以其德高望重和爆破学科中的成就，丰富的学会工作经验，当选为中国工程爆破协会第一届第一副理事长。1998 年、2002 年又被推选为第二、三届名誉理事长，并全力支持协会前任常务副理事长、现任理事长汪旭光院士的工作，团结协会会员，做好协会工作，为我国工程爆破技术的发展作出了突出的贡献，2004年荣获中国工程爆破协会第一届中国工程爆破功勋奖。

62. 奖章的另一半

冯叔瑜院士有一个幸福的家庭。他常常感慨说："如果说我在事业上可以得到一块奖章的话，那么奖章的一半应当归功于我的爱人和我的孩子们。"

冯叔瑜院士的爱人向儒清女士自1950年与冯叔瑜从相识到相爱，喜结连理，从此向儒清女士便与冯叔瑜的事业紧紧联系在一起，给予冯叔瑜以无私的支持和鼓励。

还记得1951年冯叔瑜和向儒清新婚不久，成渝铁路局安排冯叔瑜到北京，参加铁道部组织的培训班学习苏联的经济核算制。学习还没有结束，冯叔瑜突然接到通知，参加新中国统一组织的第一批留学生赴苏联留学，选拔考试和准备时间都很紧急，紧急得冯叔瑜都来不及再回重庆跟新婚妻子道一声别，就直接从北京出发前往苏联了。

说实话，为这事向儒清开始也是耿耿于怀，走之前说好的去北京出差几天，学习完了就回来，怎么就直接出国去了那么远的苏联了呢？而且这一走就是5年不见面，大女儿出生也不回来看看？

冯叔瑜给妻子解释说，这是组织上的决定，是国家统一组织的，自己是党员，怎么能由得了自己不服从组织决定呢？

向儒清终于还是理解了冯叔瑜，毕竟由国家选派出国留学，那是多么光荣的事情啊！妻子再也没有任何怨言，默默地承担了全部家务劳动，全力支持冯叔瑜学成归来的研究工作。

冯叔瑜离家的时候妻子向儒清才刚刚怀孕，冯叔瑜留学回来，大女儿冯苏丽都快 4 岁了，已经满地跑着学会很多话了。冯叔瑜第一次回家见到自己的女儿，高兴地就要上前抱抱女儿，让女儿叫他"爸爸"。

女儿从出生还没见过"爸爸"，更别说叫"爸爸"了，她睁着大眼睛望着面前伸出双手的冯叔瑜，怯怯地叫了声："叔叔！"

冯叔瑜跟女儿说："我是你爸爸呀！怎么能叫我叔叔呢？"

女儿说："你不是爸爸，是叔叔。我爸爸在苏联留学呢！"说完就躲开冯叔瑜，直往妈妈怀里钻。

这样的情景在冯叔瑜其他几个孩子也有发生。孩子们小的时候总是很少在家见到爸爸，天天都跟妈妈在一起。孩子们抱怨爸爸总是出差、出差、出差。似乎一年 365 天，不是在出差，就是在出差的路上。妈妈给孩子们尽量用通俗的话解释说："你爸爸是搞放炮的，放炮不能在家里放，危险，当然要在外面放了。"

孩子们惊讶地说："原来爸爸是去放炮玩呀！过年的时候我们也放了炮呢！我们要跟爸爸一起去放炮玩。"

妈妈笑了，说："爸爸跟你们小孩子放的不是一样的炮呢！你们放的那是纸炮，爸爸放的是很大很大的炮，爸爸放炮是为国家开山、修路、干大工程呢！"

孩子们长大后，渐渐地理解爸爸的工作了，对爸爸出差再也没有怨言，只是叮嘱爸爸出差回来给他们带点好吃的。

冯叔瑜和向儒清育有三女一子，大女儿冯苏丽 1952 年出生，是北京丰台区城建局工作人员；二女儿冯宗玉 1958 年出生，自由职业；三女儿冯宗元 1960 年出生，是北京铁路局北京站工程师；儿子冯宗向 1961 年出生，是北京航天部计算机公司工程师。孩子们无论升学，还是工作，都是靠自己的努力。二女儿一度没有工作，有同事知道了跟冯叔瑜说："冯老您是院士，认识的领导多，也该动用您的人脉资源给女儿安排个好工作。您要是忙顾不过来，您只要说一声，我们来安排。"

冯叔瑜听了直摇头说:"各人的路都要靠各人自己走,孩子们也都一样。你们谁也不能借用我的名义办私事,给我的孩子、家人办私事也不行。"

这么多年来,冯叔瑜几乎每年都有三分之二的时间奔波在祖国各地铁路、水利、航道等大型工程建设工地。冯叔瑜常常很内疚地说:"这么多年来忙于事业,一直没有时间好好照顾家人,感觉挺内疚的。孩子们还小的时候,我每次回家都会惊奇地发现孩子们又长高了一大截。"

孩子们小的时候不理解爸爸,大了懂事了,也都理解爸爸了,也都更加心疼爸爸了。每次爸爸要出差了,孩子们都依依不舍,反复问爸爸最多的一句话是:"爸爸,您什么时候回来呀?"

63. 长寿之道

2024 年 6 月 20 日,冯叔瑜院士迎来了自己百岁生日。中国工程院、中国工程爆破协会、中国铁道科学研究院、铁道建筑研究所、爆破研究室等单位的领导分别送来了鲜花、花篮和生日蛋糕,以不同方式向冯叔瑜院士表示百岁寿辰最热烈的祝福、祝贺!

冯叔瑜院士在一次接受采访时谈到他的长寿之道时,很乐观地开玩笑说:"也许是我太专注于事业了,而爆破事业未竟,未有穷期,阎王爷把我的生死簿无限延长了呢!"

谈到长寿之道,冯叔瑜院士的体会是 4 个字:乐观,平衡。

乐观,就是要经常保持乐观向上的精神状态和积极心态。冯叔瑜院士说,知足才能常乐,科学家的研究表明,乐观的心态能调动人体各方面的积极因素,使人体机能始终保持健康旺盛的状态,增强免疫力,降低胆固醇含量,降低心血管疾病风险,使人体老化的进程变得缓慢,从而延长人的寿命。

平衡,就是要做到饮食平衡、劳逸平衡、名利平衡、心态平衡,一切影响人的健康因素的方方面面都要做到平衡。有人问过冯叔瑜院士，人家有的院士都是局级、部级大干部，您是哪一级别干部呢？冯叔瑜院士笑笑说："名利都是虚的，真正为社会做点事才是最实实在在的事。我的人生准则是，堂堂正正做人，努力保持自我，只要能体现自身的社会价值，为社会和人民多作自己应有的贡献，何必在乎职务级别的高低呢？"

最后，冯叔瑜院士非常乐观幽默地借用一部电视剧里的歌词说："我真的还想再活一百年！只想能为社会和人民多作贡献！"

老骥伏枥，志在千里。我们衷心地祝愿冯叔瑜院士真的还能再活一百年！

附 录
冯叔瑜大事年表

1924年　出生

1924年6月20日，冯叔瑜出生于四川省邻水县九龙镇一个清贫农家。祖父是秀才，一生以教私塾为职业。父亲冯舜钦子承父业，也是一名私塾教师。母亲李崇俭是农家妇女，除操持家务抚养五个孩子外，还需干些农活、养猪纺棉，以微薄的收入来补助家庭生活。冯叔瑜出生后父亲最初起名冯元初，上有两个哥哥、一个姐姐、一个妹妹，冯叔瑜在兄弟姐妹中排行老四。

1927年　3岁

冯叔瑜父亲的一个学生是共产党员，组织部队起义，把冯叔瑜的父亲叫去当秘书、参谋。后来蒋介石叛变，该学生在一次兵变中丧生，冯叔瑜的父亲又回到镇里教书。

1931年　7岁

父亲因无法容忍本地恶势力的迫害，到邻水县城仍以教书和代人书写信件、状词等为生。后来，父亲把母亲和冯叔瑜接去了县城里，留下其他孩子继续在村里生活。

1933 年 9 岁

父亲把冯叔瑜交给了自己的一个教私塾的朋友，鼓励冯叔瑜好好读书、多读书，认为只要是读书就有好处。冯叔瑜开始在父亲朋友的私塾学习《三字经》《千字文》等基础书籍，也开始接触《大学》《论语》《左传》等。孟子的思想对冯叔瑜很有影响，孟子的"天将降大任于斯人也，必先苦其心志，劳其筋骨"，在冯叔瑜心里留下了深刻的印象。

1934 年 10 岁

邻水县离川北很近，中国工农红军开进县城，冯叔瑜第一次在家里看到红军。由于家贫，冯叔瑜总是拖欠私塾先生的学费，尽管私塾先生是父亲的朋友，也认钱不认人，告诉冯叔瑜再不交学费就别来上学了。冯叔瑜只好退学回家。村里本家族有冯叔瑜父亲的一些好朋友，纷纷解囊相助，支持鼓励冯叔瑜继续上学，将来也能子承父业给本村家族的孩子教书。

1936 年 12 岁

冯叔瑜考入邻水县立第一高等小学。不再只学传统国学，而是开始了文理相间的课程学习，主要是算术、国语和常识。高等小学有图书馆，虽然图书不多，但冯叔瑜通过借书来学习，这是冯叔瑜获得课外知识的主要来源。

1938 年 14 岁

开始经历小升初考试，考试课程主要是语文、算数、常识等几门课。这年邻水全县参加小升初考试的多达几百人，仅录取四五十个人。冯叔瑜凭着扎实功底，顺利地考上邻水县立初级中学。初中开始住校，冯叔瑜趁放寒暑假时间，回家帮助家里干农活，插秧、收稻子。

1939 年　15 岁

1939 年初，家中发生不幸，父亲突然患霍乱去世，经济陷入绝境，母亲带着孩子在乡下老家靠种地维持生活。幸好家族有公产，族叔见冯叔瑜聪明好学，倡议本族乡亲接济助学，冯叔瑜才得以维持到初中毕业。冯叔瑜立志努力学习，立志学得一技之长，谋取求生活本领，子承父业，维持家计。

1941 年　17 岁

初中毕业后，冯叔瑜以第一名的成绩考取了大竹专区师范学校。后受同学相邀陪同去重庆报考中央工校，冯叔瑜抱着试试的心态也一起报了名，结果被中央工校机械工程科录取为公费生。经过同学相劝，冯叔瑜还是慎重选择去中央工校就读。战时社会动荡、生活艰难，许多同学对机械工程科学习不感兴趣，有的知难而退中途辍学，也有的转考其他学校。冯叔瑜虽然也感到机械专业和自己兴趣格格不入，但还是坚持中央工校的学习。

1944 年　20 岁

这年暑假，冯叔瑜在邻水的同学高中毕业来重庆报考大学，住在冯叔瑜的学生宿舍。同学来了，冯叔瑜不好意思回家，因为比同学们对重庆熟悉，就主动帮他们跑学校去报名。于是同学们鼓动冯叔瑜一起报名考试，冯叔瑜还是抱着陪同学考试，也检验一下自己学习成绩的目的，报名参加自上海迁到重庆的上海交通大学的招生考试，结果被上海交通大学土木工程系录取。于是冯叔瑜在同学们的劝说下，放弃中央工校的学习，转而在上海交通大学开始新的学业。虽然因为抗日战争时期社会动荡不安，上海交通大学从上海迁来重庆，教学依然十分严格，教师教学非常认真，同学们学成报国热情高涨。

1945 年　21 岁

抗战胜利后，上海交通大学准备由重庆迁往上海，学校开始着手准备搬迁事宜，冯叔瑜不想去上海，觉得去上海离家更远，于是想转到重庆大学。在亲戚朋友和同学们的劝说下，冯叔瑜最后决定还是远赴上海完成学业。亲戚朋友凑了一些学费，相当于当时一两黄金的钱。冯叔瑜拿着这些钱到了上海继续交通大学的学习生活。

1946 年　22 岁

年初，上海交通大学开始分两路从重庆回迁上海，一路走陆路，一路走水路。冯叔瑜走的是水路，坐小轮船从重庆出三峡就用了一个星期时间，好几百人一路走走停停。船到南京换乘火车到上海。这是冯叔瑜第一次坐火车，车厢里挤满了人，车顶上都有好多人，好多逃难的人都赶着搭乘火车早点回家。上海交大因为与铁路有关系，所以还能买到票。上海交通大学迁回上海本校后，教学条件更有了较大的改善。冯叔瑜在上海的大学基础课程学得比较扎实。

1947 年　23 岁

年初，国共和谈破裂，内战扩大，局势严重影响到学校的教学环境。冯叔瑜学好本事、实业救国的美梦被惊醒了。上海交通大学学生运动高涨，冯叔瑜和同学们一道参加到学生运动中来，通过在救贫救寒小组的活动，冯叔瑜对国民党政府有了更深刻的认识，更增加了对共产党的认识。

冯叔瑜传

1948 年　24 岁

1948 年 7 月，冯叔瑜从上海交通大学毕业。由于冯叔瑜在校期间参加过学生运动，学校当局不给参加过学生运动的同学分配工作，冯叔瑜面临着毕业即失业的严峻情况。身处异乡穷困潦倒的冯叔瑜生活无着落，顿时陷入绝境。没饭吃了，冯叔瑜就去找在暨南大学当教授的老乡，在他那去待了 20 天。还是冯叔瑜的教授老乡给国民党上海青年部的部长写了封推荐信，推荐冯叔瑜到交通部找这位教授老乡的同学，最后把冯叔瑜分配到交通部下属的成渝铁路局。于是冯叔瑜又找关系搭乘一家船运公司的船回到了重庆，直接去成渝铁路局去报到。这年 11 月，在系主任王达时教授帮助下，在重庆的成渝铁路局当了一名实习生。

1949 年　25 岁

中共地下党员、交通大学学生会原主席周盼吾因领导学生运动未能完成学业即避难重庆，重建因《挺进报》事件"而被破坏的中共川东地下党组织，正好住在冯叔瑜的单身宿舍里。两人频繁地接触，深入地交谈，在周盼吾的启发下，冯叔瑜进一步提高了认识，同年 3 月被介绍加入了中共重庆的地下党组织。

11 月 30 日重庆解放后，冯叔瑜受命筹建成渝铁路局的工会筹备会，并任工会筹备会主席，工会正式建立后任工会副主席。在这一时期，冯叔瑜产生了回归技术岗位的想法并向组织提出了这样的要求，党组织考虑了冯叔瑜的意向。

1950 年　26 岁

1950 年 6 月 15 日，参加成渝铁路开工大会。

7 月，冯叔瑜由实习生转为工务员，在重庆西南铁路局工务处设计科工作。党组织对时任铁路局工会副主席的冯叔瑜非常重视，着重培养，10月份，党组织派冯叔瑜去参加为期3个月的西南革命大学短期培训班，学习党的基本知识和革命理论。

这年，冯叔瑜与从事教师职业的向儒清从相识到相爱，经党组织批准，二人结为夫妇。

1951 年　27 岁

1951 年，冯叔瑜被批准成为中共正式党员。

上半年，新中国修建的第一条铁路成渝铁路开工建设，冯叔瑜参加了开工大会，聆听邓小平、贺龙等领导同志动员讲话。在成渝铁路建设中，冯叔瑜参与了技术工作，同时作为工会副主席，负责开工建设的宣传工作。

年中，成渝铁路局选派冯叔瑜等十余名技术人员到北京参加铁道部组织的进修学习，主要听苏联专家介绍铁路建设经验，学习苏联财会制度和经济核算等，培训期间还到北京铁路局沧州工务段参观养路工养路作业。

8月17日，冯叔瑜作为新中国公派第一批留苏学生，从北京乘专列赴苏联。到达莫斯科后，旋即转赴列宁格勒（今圣彼得堡）铁道运输工程学院建筑施工专业学习，专攻铁道工程爆破专业。指导教师有三名，其中第二任指导老师是苏联有名的 Д.Д. 毕久金（Ъизюгин）教授。

1952 年　28 岁

冯叔瑜在列宁格勒铁道运输工程学院学习。暑假，学校安排冯叔瑜等两人到西伯利亚铁路干线的巴尔瑙尔参观学习一个多月，参观学习土方机械化施工作业。

1952 年，冯叔瑜的大女儿冯苏丽出生。

1953 年　29 岁

冯叔瑜在列宁格勒铁道运输工程学院继续学习。暑假，学校安排冯叔瑜到黑海休假，没有具体的任务。冯叔瑜与苏联当地工人住同一个房间，结识了一些苏联朋友。

1954 年　30 岁

冯叔瑜在列宁格勒铁道运输工程学院继续学习。暑假，冯叔瑜到齐加诺夫州的库万德克和乌克兰的一处大坝工地学习实践。冯叔瑜住在工人家里，上班到工程处房间看文件，然后自己坐车去科尔多克煤矿工地，在师傅带领下参观土石方爆破施工，主要是简单的打眼放炮，几十个炮眼一块放，这是冯叔瑜第一次接触爆破。然后到乌克兰去参观大坝工地建设和机械化施工。

1955 年　31 岁

冯叔瑜在列宁格勒铁道运输工程学院继续学习。暑假，冯叔瑜赴库兹涅斯克钢铁基地参观铁路建设。住在山区工地附近专门的爆破列车上。一个中校列车长带着冯叔瑜一起工作、生活一段时间，又送冯叔瑜到西伯利亚的森林学习工程爆破。留学苏联这段时间，是冯叔瑜专心学习的美好时光。

10 月，冯叔瑜通过了列宁格勒铁道运输工程学院建筑施工专业论文答辩，获得苏联科学技术副博士学位。

11 月，冯叔瑜回国，被安排在铁道部工程基建总局担任工程师职务。在铁道部工程总局组织的爆破技术人员培训班讲课，培训爆破技术人员。

1956 年　32 岁

6 月，冯叔瑜参加全国十二年科技远景规划的起草工作，在中南海受到毛泽东、周恩来、朱德、陈云、邓小平、林伯渠、聂荣臻等党和国家领导人的亲切接见，并合影留念。

年初，受铁道部工程总局委派，冯叔瑜和正在中国帮助推广应用大爆破技术的苏联专家 А.И. 齐齐金（Цицигин）一起参加了鹰厦、宝成、川黔、都贵等新建铁路线上的大爆破施工设计。在此期间，对许多工程实例进行了完整总结，技术上有所升华。结合我国山区铁路的特点，冯叔瑜提出了在平坦地面、斜坡、陡坡地形条件下路堑开挖的药包布置原则，药包计算公式，爆破作用指数 n 的选择，以及可见漏斗深度、压缩圈半径、边坡预留保护层、上破裂线的计算方法，逐步形成了一套完整的设计计算理论。在内宜铁路的号志口工地，首次主持采用定向爆破法开挖路堑，从路堑内向一侧抛掷出石方约 30%，同时保证了路堑对面 200 米处的建筑物的安全。当年完成《爆破工程》初稿的写作。

1956 年，铁道部工程总局授予冯叔瑜六级工程师。

1958 年　34 岁

9 月，冯叔瑜调入铁道部铁道科学研究院铁道建筑研究所，着手建立施工研究室，并担任施工研究室主任、土工研究室副主任，工程师，重点研究铁路路基土石方的施工技术和机械化问题。11 月，铁道科学研究院根据国家科委指示，与中国科学院力学研究所、水利科学研究院土建所、长沙矿冶研究所以及北京工业学院等单位联合组建三峡工程水利大组下的爆破组，铁道科学研究院副院长李泮明任爆破组组长，冯叔瑜任秘书。爆破组成立后，重点研究定向爆破筑坝、开发爆破器材新品种。冯叔瑜亲自负责路基土石方大爆破课题，成员有赵英倩、董培青、李玉发等七人。冯叔瑜利用现场施工的机会，先后在川黔线的木竹河、都贵段的杨柳街，及丰台—沙城铁路的大台、雁翅等几处工点进行了洞室大爆破和定向爆破的试验与推广工作。

冯叔瑜传

冯叔瑜根据我国 1956—1958 年新建铁路路堑大爆破的经验，编写了《铁路路堑药包布置法》，发表于人民铁道出版社出版的《爆破工程经验选编》。

1958 年 6 月 8 日，冯叔瑜的二女儿冯宗玉出生。

1959 年　35 岁

河北邢台县东川口新建水库首次采用定向爆破筑坝，该项工程由北京水利设计院、水利水电科学研究院共同设计和组织施工。冯叔瑜和铁道兵工程爆破专家朱忠节受邀参加爆破工程设计，对药包布置、抛掷堆积等提出了合理的建议。爆破后效果良好，原设计平均堆积坝高 30 米，实际爆堆的马鞍形坝体最低点达到了 28 米，吸引了有关领导和苏联专家前来观摩。一时间全国水利掀起了定向爆破筑坝的高潮。这年，冯叔瑜还在川黔铁路的阿锁寨工点应用定向爆破法填筑了一条高约 20 米的路堤。冯叔瑜写了论文《东川口水库定向爆破筑坝的药包布置和体会》发表在 1959 年《水利水电建设》上。

这年秋天，冯叔瑜应长江水利委员会的邀请赴三峡工地，与长江办施工处的技术人员一道从三斗坪到南津关沿江坝进行现场勘查，最后认为南津关上游的平善坝比较适合定向爆破筑坝的要求，初步估算需要炸药一万五千吨，可填成高 200 米、坝顶宽 50 米的土石混合坝。后来因现场水工布置地方狭小、困难较大而未实施。年底，"反右倾"政治运动开始，各单位的合作和科研工作受到影响，三峡工程爆破组工作因此终止。

1959 年至 1962 年，冯叔瑜在任三峡工程水利大组的爆破组秘书期间，协助并组织了水电部及其他 30 多个科研单位开展定向爆破筑坝的研究工作。在这期间冯叔瑜与朱忠节、马乃耀总结并提出了定向爆破的设计方法，坝址选择，药包布置、定向中心控制的原则。冯叔瑜在铁路路堑爆破经验统计资料的基础上提出的坝体抛掷推积计算的"体积平衡法"得到了广泛应用,提高了定向爆破设计计算的可靠性和准确性。定向爆破技术为水电、矿山和交通部门堆筑水坝、尾矿坝和路堤奠定了基础,迄今为止我国采用定向爆破法筑坝的数量在国际上首屈一指,也是我国爆破技术的一大特色

1960 年 36 岁

冯叔瑜参与了广东省水电厅设计施工的南水水电站的定向爆破筑坝,这是当时国内采用定向爆破筑坝最成功的,并在国际大坝会议上作了经验介绍,迄今仍在正常运营发挥蓄水防洪发电的功能。此工程由广东省水电厅爆破专家马乃耀主持设计,冯叔瑜、朱忠节等多名爆破专家参与,此工程奠定了冯、朱、马三人长期合作的基础。

这年有 5 人调离施工室,施工室只有冯叔瑜、赵英倩、郭少康、李玉发 4 人坚持爆破研究工作。冯叔瑜编写出版了宝成铁路经验总结之一《爆破工程》,由人民铁道出版社出版。另外他的另一篇论文《爆破工程》,收入中国科学院情报所的《大爆破汇编》。

1960 年 3 月 19 日,冯叔瑜的三女儿冯宗元出生。

1961 年 37 岁

上半年,在北京铁路局科研所杨宏业的倡导下,冯叔瑜所领导的施工室与北京铁道学院 3 家单位合作,在山西轩岗黄土地区进行定向爆破工程模型试验,做了几十次各种药包布置定向抛掷堆积效果的试验,收集整理了大量资料,编写了一份很有科研价值的试验报告。

8 月,冯叔瑜发表了《南水定向爆破筑坝专题总结——药包布置问题》。

当年,铁道建筑研究所施工研究室撤销,并入路基土工研究室。

1961 年 12 月 8 日,冯叔瑜的儿子冯宗向出生。

冯叔瑜传

1962年 38岁

铁道建筑研究所决定恢复施工室编制，同时更名为"爆破研究室"。爆破研究室科技人员已增至10名，加上铁道兵科研所托管合作在爆破室的朱忠节、陈振来等人在室内联合搞课题研究。冯叔瑜、朱忠节主持承担了"路基土石方爆破技术"的研究，形成了一批成果，如"路基土石方定向爆破的研究——基本原理实验报告"发表于《路基土工研究报告集》第2集，《路基土石方大爆破设计中的几个问题》发表于1962年第5期的《铁道科学技术》，《土石方爆破技术的研究》发表于《铁道工程》。与朱忠节、马乃耀合著的《定向爆破筑坝抛掷与堆积形状计算基本原理探讨》发表在1962年第12期的《水利水电技术》上。

1963年 39岁

为了查明洞室大爆破路堑边坡的运行状况，总结经验，冯叔瑜率领由铁道部组织的唐山、北京、长沙、兰州铁道学院，铁一、二设计院，铁一、二、三工程局，铁道兵科研所和有关铁路管理局等17个单位40余人，对10条新建铁路线路的大爆破边坡进行了160多处工点的现场调查和分析研究。历时半年多，提交了10份分线报告和1份总报告。报告认为根据我国铁路路堑的特点，爆破设计必须充分考虑工点的工程地质条件与保证开挖成形的高陡边坡的完整性和稳定性，以免给今后的铁路运营带来后患。这份与朱忠节合作的《大爆破路堑边坡稳定情况调查报告（总报告）》发表在《铁道科学技术》1963年第1期上。通过总结经验，《铁道科学技术》连续在第6、7期发表了冯叔瑜《试论爆破工程与工程地质的关系问题》论文。这些成果和经验随后应用于成昆铁路建设中，使爆破技术成果的推广应用取得了显著成绩。

冯叔瑜任铁道科学研究院铁道建筑研究所爆破研究室主任。同年，任铁道科学研究院六级副研究员。冯叔瑜、朱忠节、马乃耀合著《大量爆破设计与施工》，由人民铁道出版社出版，全面阐述了爆破理论、大爆破和定向爆破的设计、施工等技术问题，在当时爆破技术专著尚不多见的年代，成为高等院校师生、设计施工部门技术人员必读的重要著作和指导这一领域工程实践的主要依据。

1964 年　40 岁

冯叔瑜任西南三线建设的成昆铁路指挥部大爆破战斗组组长。这是国家科委组织的多学科跨部门的新技术战斗组之一，主要任务是在贵昆和成昆两条新建铁路全线推广大爆破和深孔爆破，1964 年至 1966 年，先后爆破了 70 多处重点石方工程。同时着手改装当年国产的 YQ-150 和 YQ-100 型潜孔钻机，使之适用于铁路施工流动性大、行走轻便灵活的特殊需要。

1965 年　41 岁

在修建成昆铁路时，冯叔瑜争取铁道部购置了一台法国产的深孔钻机投入施工现场使用，同时改装了宣化风动机械厂生产的 YQ-150 潜孔钻机进行深孔爆破试验。

年底，冯叔瑜、罗书鑑组织了成昆铁路道林子车站大爆破，装药近 400 吨，爆破方量达到 40 万立方米，这是当时铁路建设中最大的一次洞室爆破。

这年，冯叔瑜的论文《岩石爆破抛掷距离计算公式的研究》收入《铁道科学技术论文集》。

1966 年　42 岁

5 月，"文化大革命"开始，冯叔瑜等人"靠边站"了。爆破研究室的科研工作一度处于瘫痪停顿状态。

1968 年　44 岁

爆破研究室科研工作陆续恢复。

9 月，冯叔瑜主持并带领爆破研究室同志成功进行北京东方红炼油厂站场洞室大爆破。

1969 年　45 岁

4 月至 5 月，冯叔瑜主持和带领爆破研究室同志成功进行北京大安山煤矿定向筑堤大爆破。

开始湘黔铁路建设，时任铁道部机械总局副局长赵锡纯带领冯叔瑜爆破研究室组成的一个战斗组，从株洲到贵阳沿线视察和调研一个多月，针对调研发现的工程难点，组织实施爆破。冯叔瑜带爆破组在工地一年多，帮助解决施工中的实际问题。

10 月，铁道建筑研究所大部分职工下放到焦枝铁路河南临汝工地参加劳动。

冯叔瑜用补发 9 个月国家津贴的 100 多块钱给上中学的大女儿买了辆自行车。

1970　46 岁

年底，冯叔瑜和下放到焦枝铁路河南临汝工地参加劳动的科研人员陆续回京上班。

1971　47 岁

湘黔铁路新线建设期间，冯叔瑜主持凯里车站及机务段煤水线、桐木寨、六个鸡和马田等 10 余处的洞室大爆破的方案设计，指导爆破施工。

4 月至 7 月，冯叔瑜参加了攀枝花钢铁公司的狮子山万吨级炸药的大爆破工程。工程是冶金部设计的，铁道兵一个师长兼指挥长请冯叔瑜等三峡爆破组有经验的专家参加项目设计审查。大爆破装填炸药 9000 多吨，已经做好爆破各项准备，接到上级通知，冯叔瑜和有关专家专程坐飞机到北京向有关部门作专题汇报，并在北京民族饭店专题研究此爆破问题。经过两个多星期的讨论，形成了会议纪要。同时得到上级批准实施爆破，取得圆满成功。

同年，冯叔瑜受邀参加了黄埔港航道开挖疏浚的水下爆破和科研观测工作，此项工作一直到 1972 年为止。

1972 年　48 岁

冯叔瑜代表铁道部主持与日本大成公司的技术交流会，受到日本推销 TN 炸药（一种城市爆破用的低威力炸药）控制爆破的启发，冯叔瑜想到我国城市、工厂和铁路线路的改建和改造，应用控制爆破很有必要，但在爆破技术上可以采用控制炮孔装药量的办法，以达到控制爆破的目的，而不需要使用日本的特殊炸药。

当年，铁道部、交通部合并，冯叔瑜参加了广州黄埔港航道疏浚的水下爆破工程，与现场主管马乃耀合作，创建了一套水下爆破的施工工艺和爆破技术。两年内完成了长约 2 公里，总计 50 万立方米石方的水下爆破开挖任务，并取得了水下爆破安全科研观测的系统数据。当时被誉为"黄埔水下爆破法"，填补了国内这一领域的空白。这一技术彻底改变了过去水下爆破水下作业的困难、落后状态，达到了国际先进水平。此方法后来得到广泛应用和推广，如交通部的航道局在青岛、大连都开始使用，长江的一些航道也开始使用。

铁道科学研究院爆破研究室成立了"水下爆破技术研究"课题组，

在冯叔瑜和罗书鑑指导建立水下爆破冲击波量测系统。

1973 年 49 岁

在冯叔瑜的提议下，在铁道部第三工程局刘圣化局长和缪垂祖总工程师的支持下，组建了"铁路深孔爆破石方机械化施工技术研究"课题组，参加了由铁道部第三工程局主持的在邯长线东戍车站进行的石方机械化施工的深孔爆破试验研究，这是铁路建设中第一次采用深孔爆破配合施工机械的机械化施工范例。为此，铁道部基建总局召开了推广这一新技术的全路现场示范会。此后，深孔爆破、光面爆破、预裂爆破等新技术在全路有了较大的发展。

在铁道部第三工程局邯长铁路的东戍工地，引进矿山等工业部门的深孔爆破技术。

1974 年 50 岁

2 月，冯叔瑜受邀赴陕西长安县，参与我国规模最大的千吨级定向爆破筑坝设计、施工和科研工作。

当年，青藏铁路西宁—格尔木段开工，冯叔瑜参与指导爆破研究室承担铁道部下达的"高原冻土爆破技术研究"和"青藏线高原冻土桥涵基坑爆破快速开挖试验研究"两项课题研究。

1975 年 51 岁

铁道部决定恢复重建国民党时期未能建成的皖赣线，施工队伍在爆破拆除废弃桥梁墩台、旧厂房等建筑物时，因拆除爆破技术水平低、爆破有害效应得不到控制，严重干扰了周边环境的安全和居民的正常生活而陷于困顿。为此，铁道部第三工程局、第四工程局请铁道科学研究院爆破研究室在爆破拆除工地进行爆破拆除试验研究，取得初步成效。

在铁道部第二工程局枝柳铁路的马颈坳工地，再次引进矿山等工业部门的深孔爆破技术，使铁路石方爆破的机械化程度提高到 80% 以上，工效由原来的 1 立方米 / 工天提高到 14.7 立方米 / 工天。

冯叔瑜关注控制爆破技术，对国外的控制爆破技术进行梳理，尤其关注日本的爆破技术，在《铁道科学技术》第 1 期发表《日本的控制爆破施工法》一文。

1976 年　52 岁

冯叔瑜指导爆破研究室从事"控制爆破技术"课题的研究，提出在复杂环境中进行建筑物和构筑物的拆除爆破要在以下 4 个方面进行有效的控制：（1）控制爆破时所产生的地震效应；（2）控制爆破时个别碎石的飞散距离；（3）控制爆破所产生的破坏范围；（4）控制建筑物在爆破后的倒塌范围和倾倒方向。采用爆炸力学、结构力学和材料力学的一般原理，对建筑物破坏和失稳分析，进行合理布孔、严格控制炮孔装药量，使用国内常规炸药同样能够达到日本采用低威力专用 TN 炸药进行控制爆破的目的。先后完成了孟县铁路大桥、陇海线黑石关钢桥、北京饭店防空洞、广东佛山水泥厂、广州市省政府招待所、深圳市旧火车站等重大工程的爆破拆除任务。

1977 年　53 岁

5 月，冯叔瑜和顾毅成受邀去铁道部第二工程局、内江化工厂协商联合研究开发新型炸药，筹建新型炸药生产线。（后因内江化工厂机构变动中断）

6 月，冯叔瑜组织铁科院爆破研究室与铁道兵科研所联合对成昆铁路大爆破工点边坡稳定情况进行调研。

参加国家计委主持的"七七工程"组织协调工作。

1978 年　54 岁

当年，铁道科学研究院授予冯叔瑜五级副研究员。

5 月，筹备并主持在西安召开的全国铁路石方施工机械化交流会。

7 月，担任《土石爆破文集》（第一届全国爆破学术会议论文选编）编委会主任，主持论文审编工作。

冯叔瑜和老一辈爆破专家在中国力学学会的支持下组建了工程爆破专业委员会并出任主任委员。

1979 年　55 岁

铁道科学研究院批准冯叔瑜研究员为硕士研究生导师，他开始指导硕士研究生。

针对农林部门对爆破技术的需求，冯叔瑜和马乃耀指导他们的同事在海南岛橡胶种植园进行了爆炸伐树和开挖树坑的试验研究，并与马乃耀、龚亚丽合作编写了国内第一部《农业爆破技术》，由广东科技出版社出版。

在铁道部第一工程局西延铁路的白水县张家船工地又试验成功了路堑边坡光面爆破、预裂爆破新技术，从而使我国铁路石方机械化施工水平和施工质量取得了长足的进步。

冯叔瑜总结"黄埔水下爆破法"经验，与马乃耀在 1979 年第一期的《力学与实践》上合作发表《现代海港建设与水下爆破》一文。在内部资料发表《定向爆破设计及计算》。

1980 年　56 岁

冯叔瑜出版专著《爆破工程》。在 1972 年与马乃耀合作参加广州黄埔港航道疏浚的水下爆破工程所创建的一套水下爆破的施工工艺和爆破技术，以及取得的水下爆破安全科研观测的系统数据两项重要研究成果的基础上，冯叔瑜、马乃耀于 1980 年由中国铁道出版社出版《爆破工程》著作，对爆破工程作了全面、系统的总结。

冯叔瑜主编由冶金工业出版社出版《土岩爆破文集》（第一辑），边克信、霍永基、杨振声任副主编。

8 月，参加《中国铁路现代化》研讨会，与顾毅成合作的论文《深孔爆破和石方机械化》被收入研讨会论文集。冯叔瑜与顾毅成合著的《论爆破技术在铁路露天土石方施工中的作用》被收入《铁道科学研究院论文集》；冯叔瑜、朱忠节、马乃耀三人合著论文《体积平衡法——定向抛掷爆破堆积计算》被收入冶金工业出报社出版的《土岩爆破文集》第一辑。

1981 年　57 岁

在党中央改革开放政策的鼓舞下，冯叔瑜意识到科研工作要密切结合生产，一方面可以在生产实践中锻炼和培养干部；另一方面还可以利用生产所得的收入，补助科研费用的不足。为此，积极倡议组建以科技力量为主体的爆破公司，并于 9 月与铁道部建厂局筹建北京联合爆破公司。

铁道科学研究院与铁道部建厂局和第三工程局合作承担完成"北京国际饭店工地（原北京科技馆旧址）钢筋混凝土整体框架结构控制爆破拆除技术"，取得了系统、完整、丰硕的成果，通过了国家建工总局的鉴定。

冯叔瑜、阎玉山、马乃耀三人合作撰写论文《工程爆破与工程地质相互关系的探讨（上）》和《工程爆破与工程地质相互关系的探讨（下）》分别发表于《铁道建筑》1981 年第 1、2 期。

1982 年　58 岁

冯叔瑜开始关注导爆管起爆的新型技术，撰写论文《导爆管起爆—— 一种新型传爆网路》发表在内部资料上。

冯叔瑜开始指导研究生理论研究，总结我国工程爆破测量技术的现状与应用。与王中黔合作在山东矿业学院出版的《爆破量测技术研究》（论文集）发表论文《我国工程爆破量测技术的应用和发展现状》。

10月，主持筹备召开第二届全国爆破学术会议（福州）。

1983年　59岁

与金骥良合作，在《爆炸与冲击》1983年第2期上发表《延长药包爆破漏斗特性的试验研究（论文缩要)》。

1984年　60岁

在铁道科学研究院的支持下，铁道建筑研究所与铁道部建厂工程局联合组建北京爆破联合工程公司正式注册成立，冯叔瑜担任第一任总经理。此后至1994年，北京爆破联合工程公司先后完成了200多个拆除爆破工程，如济南铁路分局机务段、北京医院门诊楼、厦门宾馆5号楼等，为城市建设和工矿企业的改造作出了贡献。

当年，冯叔瑜任中国力学学会爆破专业委员会第一届主任。此后任第二届、第三届副主任。

5月，北京国际饭店爆破技术获得全国建筑科技成果交易会金质奖和优秀项目奖。

6月，与朝鲜代表团座谈爆破技术。

冯叔瑜、朱忠节、马乃耀撰写的《控制爆破技术》论文发表在《爆炸与冲击》1984年第1期。冯叔瑜、顾毅成撰写的《工程爆破的现状与展望》在1984年内部资料上刊发。

1985年　61岁

冯叔瑜成为"在复杂地质险峻山区修建成昆铁路新技术"国家科学技术进步特等奖的获奖人之一。在冯叔瑜指导下，"控制爆破技术"获国家科技进步奖三等奖，铁道科学研究院为第一完成单位。同年，冯叔瑜和同事吕毅、杨杰昌、顾毅成等合著出版了国内第一部《城市控制爆破》专著。

1985 年至 1988 年，硕士研究生李忠武、张旭、刘文轩先后入学，在冯叔瑜的指导下完成学业获工学硕士学位，张旭和刘文轩硕士研究生毕业后留爆破室工作。

冯叔瑜任主编，边克信、霍永基、杨振声任副主编的《土岩爆破文集》（第二辑），由冶金工业出版社出版。其中收录冯叔瑜的《静力迫裂法》以及冯叔瑜、马乃耀、阎玉山的《爆破作用对地基基础和地下建筑物破坏程度的探讨》。

冯叔瑜也更加关注爆破的安全问题，专门撰写《爆破作业安全技术》，发表在《爆炸与冲击》1985 年第 1 期。

适逢冯叔瑜留学归国 30 年，他对 30 年的铁路爆破工作做了总结，写成《铁路爆破工程三十年》发表在《铁道工程学报》上。

1986 年　62 岁

1986 年，铁道科学研究院授予冯叔瑜四级研究员职称，当年年底，冯叔瑜担任博士生导师。

当年，大秦铁路新线开工，在冯叔瑜的指导下，铁道部隧道局、铁道科学研究院铁道建筑研究所、西南研究所合作成立了"隧道毫秒爆破时差对爆破效果影响研究"课题组及"铁路石方深孔控制爆破机械化施工技术"课题组。两课题组研究成果获 1989 年铁道部大秦办科技成果优秀奖。

1987 年　63 岁

在前两辑的基础上，由冯叔瑜任主编，边克信、霍永基、杨振声任副主编的《土岩爆破文集》（第三辑），当年由冶金工业出版社正式出版。

冯叔瑜传

此辑收入冯叔瑜撰写的《我国工程爆破的进展与前景》以及冯叔瑜、马乃耀、洪德君三人合写的《五层大楼的倾倒坍塌爆破拆除》。

冯叔瑜逐渐开始关注爆破药包的形状对爆破的影响，与张志毅、戈鹤川合作完成了《延长药包爆破漏斗特性》一文，发表在内部资料上。

1988 年　64 岁
1988 年，铁道科学研究院授予冯叔瑜三级研究员职称。

冯叔瑜与同事共同制定了一些技术规定，专门集结成册，名为《铁路增建二线及改建既有线石方控制爆破施工技术规定》，由中国铁道出版社正式出版。

冯叔瑜与张志毅、戈鹤川二人合作完成论文《应用非电接力式起爆网路的几点体会》，发表在《铁道施工技术》1988 年第 2 期。

1989 年　65 岁
冯叔瑜被聘为中国力学学会第二届工程爆破专业委员会副主任委员。

参加第四届全国爆破学术会议，两篇论文被收入论文集，分别是冯叔瑜、张志毅、戈鹤川《非电接力式爆破网路起爆延迟时间的误差分析》；冯叔瑜、马乃耀、张志毅《广东佛山汾江水泥厂控制爆破拆除》。

1990 年　66 岁
冯叔瑜编著的《爆破安全规程》获劳动部劳动保护科技进步奖二等奖。

冯叔瑜与吕毅、杨杰昌撰写《铁路爆破事业的回顾和展望》发表在 1990 年第 11 期《铁道建筑》。

1991 年　67 岁
冯叔瑜被聘为中国力学学会第三届《爆炸与冲击》编委。

当年，国际工程爆破技术学术会议在北京召开，这是国际工程爆破领域的一件大事。会议收集的学术论文代表了国际科研前沿水平，会议论文集名叫《国际工程爆破技术学术会议论文集》，由郑哲敏任主编，冯叔瑜任副主编。他作为副主编对论文集非常支持，亲自撰写了三篇论文。分别是与霍永基、边克信、杨振声合作的"Application of Engineering Blasting Techniques in China"；冯叔瑜、张志毅、戈鹤川的"Reseach and Experiment on Deep—borehole Short—delay Throw Blasting"；冯叔瑜、张志毅、戈鹤川的"A Study on the Piling Size of Directed Demolition"。

冯叔瑜指导的第一届博士生杨年华、颜事龙、陈叶青三人入学。

1992 年　68 岁

作为爆破协会第一副会长，冯叔瑜培训了许多人，总结多年的培训经验，冯叔瑜专门为全国的爆破工程技术人员撰写了教材，题目为《爆破工程——全国爆破工程技术人员培训教材》（上下册），由冶金工业出版社正式出版，有效地传播爆破工程技术和经验。

参加工务工程学会学术会议，冯叔瑜《爆破技术在工务工程中的应用》一文被收录论文集。

1993 年　69 岁

冯叔瑜被聘为中国力学学会第三届工程爆破专业委员会副主任委员。

1993 年，上海交通大学给冯叔瑜补发 1948 年的毕业证书。

这年，冯叔瑜科研成果颇丰，任副主编编纂了 3 本论文集——《工程爆破文集》（第四辑）、《工程爆破文集》（第五辑）、《工程爆破论文选编》，分别由冶金工业出版社、中国地质大学出版社正式出版。

冯叔瑜、张志毅、戈鹤川合作完成的论文《建筑物定向倾倒爆破堆积范围的探讨》、冯叔瑜、张志毅、戈鹤川合作完成的论文《深孔微差抛掷爆破的试验研究》、冯叔瑜、杨杰昌、王开、赵杰、金人夔合作完成的论文《衡广铁路复线工程运输繁忙地段石方爆破技术》均被收入《土岩爆破文集》（第四辑）。冯叔瑜、金骥良、杨年华合作完成的论文《延长药包爆破现状的分析研究》收入《工程爆破文集》（第五辑）。

1994 年　70 岁

6 月 18 日，铁道科学研究院举行庆祝冯叔瑜院士从事工程爆破事业 45 周年暨《冯叔瑜爆破论文选集》发行仪式。《冯叔瑜爆破论文选集》由铁科院学术委员会等单位合编，北京科学技术出版社出版发行。

9 月 6 日，由冯叔瑜发起的北京工程爆破学会在铁道科学研究院成立。冯叔瑜聘为名誉理事长。

10 月 11 日，中国工程爆破协会在人民大会堂召开成立大会暨第一次会员代表大会，冯叔瑜当选中国工程爆破协会首届第一副理事长。后任第二、三届名誉理事长，为推动和发展这一新兴行业作出了不懈努力。

冯叔瑜被西部探矿工程编辑委员会聘为西部探矿工程编委会名誉主任委员；被威海市公安局聘为威海市爆破安全专家审查组成员。

由冯叔瑜指导，铁道科学研究院与铁道部第三工程局共同完成的《柳桂高速公路罗山光面爆破》在柳州举行成果鉴定会。

冯叔瑜指导的第一届 3 名博士研究生完成论文答辩毕业，杨年华留所工作。

1995 年　71 岁

冯叔瑜当选中国工程院首批增选院士。

冯叔瑜院士被西部探矿工程编辑委员会聘为西部探矿工程编委会总顾问。

在冯叔瑜积极建议和推动下，铁道部建设司、公安局健全和落实铁路系统工程爆破培训考核制度，成立铁道部爆破技术人员培训考核办公室。

冯叔瑜院士的亲密战友马乃耀去世，冯叔瑜与边克信、杨振声、徐天瑞、张正宇、陈玉珍、陈常隆等深刻悼念，专门撰写《忆我国著名爆破专家马乃耀同志》一文，发表在 1995 年第 1 期的《爆破》杂志上。

冯叔瑜院士与杨年华合作的《条形药包爆破作用机理》发表在 1995 年第二期《中国铁道科学》上。

1996 年　72 岁

冯叔瑜院士指导的博士生陆续毕业走向工作岗位，在铁科院时期积累的一些科研成果陆续发表，主要是冯叔瑜指导研究的爆破理论类科研论文，以陈叶青、于亚伦、冯叔瑜名义发表的《用拉格朗日分析方法研究水泥石的动态力学性能》；陈叶青、冯叔瑜的《拉氏分析方法及强动荷载下水泥石的本构关系》；刘慧、王中黔、冯叔瑜的《爆轰气体后继破岩作用的数值分析方法》都显示了冯叔瑜院士对爆破理论的及时总结和积累。

1997 年　73 岁

冯叔瑜院士被聘为龙石矿业有限责任公司技术总顾问。

冯叔瑜院士继续悉心指导学生在爆破块度分布、爆破预测、爆破监测等方面进行研究，并有一系列科研成果分别在《爆炸与冲击》《爆破》《工程爆破》《铁道工程学报》上发表。

1998 年　74 岁

陈叶青、冯叔瑜合作完成论文《拉格朗日分析方法研究现状及应用中应注意的问题》，发表在《爆炸与冲击》1998 年第 1 期。

颜事龙、冯叔瑜、金孝刚合作完成论文《有机玻璃中条形药包爆炸破碎区发展过程的高速摄影研究》，发表在《爆炸与冲击》1998年第3期。

1999年　75岁

冯叔瑜院士关心学科前沿，我国地铁建设大规模发展，冯叔瑜院士对此也有自己的见解，与王中黔合著《地铁爆破的震动问题》发表在《中国铁道科学》上。

2000年　76岁

冯叔瑜院士进一步关注地铁爆破振动控制问题，与王中黔撰写《城市地铁爆破振动控制问题》一文发表在《中国铁路》上。

冯叔瑜院士利用数值模拟研究爆破的影响。丁希平、冯叔瑜、王中黔合作完成论文《超深对深孔台阶爆破作用影响的数值模拟》，发表在《中国矿业》2000年第2期。

冯叔瑜院士和顾毅成撰写《关于在青藏铁路高原冻土地区以桥代路的建议》报送铁道部，在青藏铁路建设中得以采纳。

2001年　77岁

冯叔瑜院士提出了高原冻土地区爆破快速施工、保护生态环境和安全作业三项基本原则及主要技术措施，同时指导博士、博士后开展高含冰量冻土爆破机理的试验研究和隧道及路堑爆破开挖的工程实践，取得丰硕的科研成果。与顾毅成合作提出"高原冻土地区路堑爆破开挖施工的基本原则"，发表在《中国铁路科学》上。

7月，冯叔瑜院士赴西宁参加中国铁道学会召开的青藏铁路学术研讨会，并赴格尔木、昆仑山口（海拔4767米）考察。

8月，冯叔瑜院士参加了中国力学学会、国家自然科学基金委员会数理学部、新疆维吾尔自治区科协、新疆维吾尔自治区科技厅、新疆维

吾尔自治区经济贸易委员会共同组织的力学与西部开发会议，与顾毅成
合写撰写论文《开发西部水资源与工程爆破技术》被收入会议论文集，
后来又在《工程爆破》第 4 期发表。

2002 年　78 岁

冯叔瑜院士被铁道科学院聘为首席专家；被《隧道建设》编辑部聘
为顾问委员会委员。

冯叔瑜院士始终关注爆破安全问题。与汪旭光院士共同提出"关于
在首都重要爆破工程中实施爆破安全评估和安全监理的建议"、与顾毅
成合写《安全：爆破工程永恒的主题——2001 年重大拆除爆破工程回顾》
发表在第 1 期的《爆破》上。

冯叔瑜院士关注冻土爆破的最新进展。与傅洪贤、张志毅合写《冻
土爆破研究的最新进展》发表在《铁道学报》2002 年第 6 期。

2003 年　79 岁

1 月，冯叔瑜院士参加中国测绘学会组织的《全面建设小康社会：
中国科技工作者的历史责任——中国科协 2003 年学术年会》并作报告，
与顾毅成合写的论文被收入年会论文集。

冯叔瑜院士继续关注青藏铁路冻土爆破进展。与戈鹤川合写的论文
《青藏铁路冻土爆破技术原则与器材选型》发表在《中国铁路》2003 年
第 4 期。

2003 年 10 月，冯叔瑜院士被邻水县人民政府聘请为四川省邻水中
学名誉校长。

2004 年　80 岁

冯叔瑜院士被聘为中国力学学会第六届《爆炸与冲击》编委。

冯叔瑜院士关注青藏铁路冻土开挖爆破参数。撰写论文《青藏铁路冻土开挖爆破参数的研究》发表在《工程爆破》上。论文《路堑爆破边坡质量控制技术的发展与分析》发表在《铁道建筑技术》上。

2005 年　81 岁

冯叔瑜院士被《市政技术》杂志社聘为高级顾问。

冯叔瑜院士总结多年来的爆破经验，预测爆破技术在水利水电工程中的前景，在 2005 年《工程爆破》第 4 期发表《爆破技术在水利水电工程中的应用和前景》一文。

2006 年　82 岁

冯叔瑜院士获中国工程爆破协会功勋奖。被铁道科学研究院聘为第八届学术委员会委员。

2007 年　83 岁

冯叔瑜院士关注国家创新体系建设，提出要创新铁道爆破技术。

冯叔瑜院士参加中国铁道学会、铁道部建设司组织的《光面预裂爆破》研讨会，发表论文《创新是铁道爆破技术发展不竭的动力——兼议路堑爆破一次成型经验的推广》，收入研讨会论文汇编集。

冯叔瑜院士对铁路的自主创新能力提出见解，认为日益发展的动车组为自主创新能力的提升开辟了一条新路径。在《光明日报》上发表了《动车组模式开辟了一条增强自主创新能力的成功路径》一文。

2008 年　84 岁

冯叔瑜院士被中国铁道学会聘为第六届理事会理事。

2009 年　85 岁

冯叔瑜院士被《路基工程》编委会聘为顾问。被选为 the second Asia-Pacific Symposium on Blasting Technology 的名誉主席。

这年，冯叔瑜院士还亲自到重庆沙坪坝区铁路枢纽控制爆破项目工地考察，给科技部部长亲自写信，对沙坪坝《重庆铁路枢纽控制爆破技术》提出他的意见和建议，受到有关方面的高度重视。

2010 年　86 岁

冯叔瑜院士指导学生关注新的爆破器材、爆破技术、爆炸环境，时刻引领前沿。

冯叔瑜院士与史长根、史和生、冯健合作发文《3Cr13Mo—42CrMo高耐磨耐蚀爆炸焊接复合轧辊试验研究》；在《压力容器》11 期上发文《爆炸焊接间隙与动态弯折角关系式的研究》。

2011 年　87 岁

冯叔瑜被铁道科学研究院聘为第九届学术委员会名誉主任。

2012 年　88 岁

冯叔瑜院士作为中国工程爆破协会的创始人之一参加中国爆破行业2012 年新春联谊会对中国爆破行业的发展提出了殷切的期望。

2013 年　89 岁

冯叔瑜院士接受院、所领导的安排，不再直接带研究生，但研究生的学习，冯叔瑜院士依然还是很关心，经常过问。学生们有什么问题问到他，他同样耐心地讲解，像自己带研究生一样指导他们学习和实践。

2014 年　90 岁

此后，冯叔瑜院士遵循院、所领导的"要求"，今后以保重身体健康为第一要务，在家含饴弄孙享天伦之乐。冯叔瑜院士幽默地称自己是"半失业状态的老头""典型的盲流"，他笑称："我还没退休，每星期就来办公室一天，也没有计划，有事情就做，没事就找点事做。"

2019 年　95 岁

与冯叔瑜院士相濡以沫共同度过 69 个春秋的妻子向儒清女士因病在北京去世，享年 92 岁，冯叔瑜院士亲自含泪扶棺，前往北京八宝山送别最后一程。

2024 年　100 岁

2024 年 6 月 20 日，冯叔瑜院士迎来了自己百岁生日。中国工程院、中国工程爆破协会、中国铁道科学研究院、铁道建筑研究所、爆破研究室等单位的领导分别送来了鲜花、花篮和生日蛋糕，以不同方式向冯叔瑜院士表示百岁寿辰最热烈的祝福、祝贺！

2025 年 4 月 14 日 8 时

中国共产党优秀党员，中国工程院院士，中国工程爆破事业的奠基人和学术带头人，中国铁道科学研究院集团有限公司首席专家、博士生导师，中国爆破行业协会终身名誉会长冯叔瑜同志，因病医治无效在北京逝世，享年 101 岁。

（引自中国科学院大学课题组《冯叔瑜院士学术成长资料采集工程项目研究报告》，传记作者做了重要补充和修改）

冯叔瑜主要论著目录

一、论文

1. 冯叔瑜：《铁路路堑药包布置法》，《爆破工作经验选编》，1958 年。

2. 冯叔瑜：《东川口水库定向爆破筑坝的药包布置和体会》，《水利水电建设》，1959 年。

3. 冯叔瑜：《爆破工程》，《大爆破汇编》（中国科学院情报所），1960 年。

4. 冯叔瑜：《药包布置》，《南水定向爆破筑坝专题总结》，1961 年。

5. 冯叔瑜：《路基土石方大爆破设计中的几个问题》，《铁道科学技术》1962 年第 5 期。

6. 冯叔瑜、朱忠节、马乃耀：《定向爆破筑坝抛掷与堆积形状计算基本原理探讨》，《水利水电技术》1962 年第 12 期。

7. 冯叔瑜：《路基土石方定向爆破的研究——基本原理实验报告》，《路基土工研究报告集》1962 年第 2 集。

8. 冯叔瑜：《土石方爆破技术的研究》，《铁道工程》1962 年。

9. 冯叔瑜：《试论爆破工程与工程地质的关系问题》，《铁道科学技术》1963 年第 6、7 期。

10. 冯叔瑜、朱忠节：《大爆破路堑边坡稳定情况调查报告（总报告）》，《铁道科学技术》1963 年第 1 期。

11. 冯叔瑜：《岩石爆破抛掷距离计算公式的研究》，《铁道科学技术论文集》，1965 年。

12. 冯叔瑜：《日本的控制爆破施工法》，《铁道科学技术》1975 年第 1 期。

13. 冯叔瑜：《多年冻土地区桥涵基坑爆破开挖技术细则》，内部资料，1978 年。

14. 冯叔瑜：《定向爆破设计及计算》，内部资料，1979 年。

15. 冯叔瑜，马乃耀：《现代海港建设与水下爆破》《力学与实践》1979 年第 1 期。

16. 冯叔瑜、顾毅成：《论爆破技术在铁路露天土石方施工中的作用》，《铁道部科学研究院论文集》，1980 年。

17. 冯叔瑜、朱忠节、马乃耀：《体积平衡法——定向抛掷爆破堆积计算》，《土岩爆破文集》第一辑，冶金工业出报社 1980 年版。

18. 冯叔瑜、顾毅成：《深孔爆破和石方机械化》，《中国铁路现代化》研讨会论文集（铁道部科学研究院），1980 年。

19. 冯叔瑜、阎玉山、马乃耀：《工程爆破与工程地质相互关系的探讨（上）》，《铁道建筑》1981 年第 1 期。

20. 冯叔瑜、阎玉山、马乃耀：《工程爆破与工程地质相互关系的探讨（下）》，《铁道建筑》1981 年第 2 期。

21. 冯叔瑜、王中黔：《我国工程爆破量测技术的应用和发展现状》，《爆破量测技术研究》（论文集），1982 年。

22. 冯叔瑜：《导爆管起爆——一种新型传爆网路》，内部资料，

1982 年。

23.金骥良、冯叔瑜:《延长药包爆破漏斗特性的试验研究（论文缩要)》,《爆炸与冲击》1983 年第 2 期。

24.冯叔瑜、朱忠节、马乃耀:《控制爆破技术》,《爆炸与冲击》1984 年第 1 期。

25.冯叔瑜、顾毅成:《工程爆破的现状与展望》,内部资料,1984 年。

26.冯叔瑜:《静力迫裂法》,《土岩爆破文集》(第二辑),冶金工业出版社 1985 年版。

27.冯叔瑜、马乃耀、阎玉山:《爆破作用对地基基础和地下建筑物破坏程度的探讨》,《土岩爆破文集》(第二辑),冶金工业出版社 1985 年版。

28.冯叔瑜:《铁路爆破工程三十年》,《铁道工程学报》1985 年。

29.冯叔瑜:《爆破作业安全技术》,《爆炸与冲击》1985 年第 1 期。

30.冯叔瑜:《爆破作业安全技术》,《爆炸与冲击》1985 年第 1 期。

31.冯叔瑜:《铁路爆破工程三十年》,《铁道工程学报》1985 年第 2 期。

32.冯叔瑜:《我国工程爆破的进展与前景》,《土岩爆破文集》(第三辑),冶金工业出版社 1987 年版。

33.冯叔瑜、马乃耀、洪德君:《五层大楼的倾倒坍塌爆破拆除》,《土岩爆破文集》(第三缉),冶金工业出版社 1987 年版。

34.冯叔瑜、张志毅、戈鹤川:《延长药包爆破漏斗特性》,内部资料,1987 年。

35.冯叔瑜、张志毅、戈鹤川:《应用非电接力式起爆网路的几点体会》,《铁道施工技术》1988 年第 2 期。

36.冯叔瑜、张志毅、戈鹤川:《非电接力式爆破网路起爆延迟时间的误差分析》，第四届全国爆破学术会议，1989 年。

37. 冯叔瑜、马乃耀、张志毅：《广东佛山汾江水泥厂控制爆破拆除》，第四届全国爆破学术会议，1989 年。

38. 冯叔瑜、吕毅、杨杰昌：《铁路爆破事业的回顾和展望》，《铁道建筑》1990 年第 11 期。

39. 冯叔瑜、霍永基、边克信、杨振声：《Application of Engineering Blasting Techniques in China》，《国际工程爆破学术会议文集》（北京），1991 年。

40. 冯叔瑜、张志毅、戈鹤川：《Reseach and Experiment on Deep—borehole Short—delay Throw Blasting》，《国际工程爆破学术会议论文集》（北京），1991 年。

41. 冯叔瑜、张志毅、戈鹤川：《A Study on the Piling Size of Directed Demolition》，《国际工程爆破学术会议论文集》（北京），1991 年。

42. 冯叔瑜：《爆破技术在工务工程中的应用》，工务工程学会学术会议，1992 年。

43. 冯叔瑜、吕毅、杨杰昌：《铁路爆破事业的回顾与展望》，《铁道建筑》1992 年。

44. 冯叔瑜，吕毅，杨杰昌 . 铁路爆破事业的回顾和展望》，《铁道工程学报》1993 年第 2 期。

45. 冯叔瑜、张志毅、戈鹤川：《建筑物定向倾倒爆破堆积范围的探讨》，《土岩爆破文集》（第四辑），冶金工业出版社 1993 年版。

46. 冯叔瑜、张志毅、戈鹤川：《深孔微差抛掷爆破的试验研究》，《土岩爆破文集》（第四辑），冶金工业出版社 1993 年版。

47. 冯叔瑜、杨杰昌、王开、赵杰、金人燮：《衡广铁路复线工程运输繁忙地段石方爆破技术》，《土岩爆破文集》（第四辑），冶金工业出版社 1993 年版。

48. 冯叔瑜、金骥良、杨年华：《延长药包爆破现状的分析研究》，《工程爆破文集》（第五辑），中国地质大学出版社 1993 年版。

49. 杨年华、冯叔瑜：《条形药包爆破作用机理》，《中国铁道科学》1995 年第 2 期。

50. 冯叔瑜、边克信、杨振声、徐天瑞、张正宇、陈玉珍、陈常隆：《忆我国著名爆破专家马乃耀同志》，《爆破》1995 年第 1 期。

51. 陈叶青、于亚伦、冯叔瑜：《用拉格朗日分析方法研究水泥石的动态力学性能》，《北京科技大学学报》1996 年第 4 期。

52. 陈叶青、冯叔瑜：《拉氏分析方法及强动荷载下水泥石的本构关系》，《中国铁道科学》1996 年第 3 期。

53. 刘慧、王中黔、冯叔瑜：《爆轰气体后继破岩作用的数值分析方法》，《爆破》1996 年第 3 期。

54. 丁希平、冯叔瑜、魏伴云：《室爆破法采石级配预测》，《爆炸与冲击》1997 年第 4 期。

55. 刘慧、冯叔瑜：《炸药单耗对爆破块度分布影响的理论探讨》，《爆炸与冲击》1997 年第 4 期。

56. 刘慧、史雅语、冯叔瑜：《招宝山超小净间距双线隧道控制爆破监测》，《爆破》1997 年第 4 期。

57. 陈叶青、唐志平、冯叔瑜：《拉氏分析方法的回顾与现状》，《工程爆破》1997 年第 3 期。

58. 刘慧、冯叔瑜：《爆破块度分布预测的分形损伤模型》，《铁道工程学报》1997 年第 1 期。

59. 陈叶青、冯叔瑜：《拉格朗日分析方法研究现状及应用中应注意的问题》，《爆炸与冲击》1998 年第 1 期。

60. 颜事龙、冯叔瑜、金孝刚：《有机玻璃中条形药包爆炸破碎区发展过程的高速摄影研究》，《爆炸与冲击》1998 年第 3 期。

61. 冯叔瑜、王中黔：《地铁爆破的震动问题》，《中国铁道科学》1999 年第 2 期。

62. 冯叔瑜、王中黔：《城市地铁爆破振动控制问题》，《中国铁路》2000 年第 6 期。

63. 丁希平、冯叔瑜，王中黔：《超深对深孔台阶爆破作用影响的数值模拟》，《中国矿业》2000 年第 2 期。

64. 冯叔瑜、顾毅成：《开发西部水资源与工程爆破技术》，中国力学学会、国家自然科学基金委员会数理学部、新疆维吾尔自治区科协、新疆维吾尔自治区科技厅、新疆维吾尔自治区经济贸易委员会：《力学与西部开发会议论文集》，中国力学学会、国家自然科学基金委员会数理学部、新疆维吾尔自治区科协、新疆维吾尔自治区科技厅、新疆维吾尔自治经济贸易委员会，2001 年。

65. 顾毅成、冯叔瑜：《高原冻土地区爆破开挖的主要特点及技术对策》，中国力学学会、国家自然科学基金委员会数理学部、新疆维吾尔自治区科协、新疆维吾尔自治区科技厅、新疆维吾尔自治区经济贸易委员会：《力学与西部开发会议论文集》，中国力学学会、国家自然科学基金委员会数理学部、新疆维吾尔自治区科协、新疆维吾尔自治区科技厅、新疆维吾尔自治区经济贸易委员会，2001 年。

66. 丁希平、王中黔、冯叔瑜：《堵塞长度对台阶爆破作用影响的数值模拟》，《煤炭学报》2001 年第 4 期。

67. 顾毅成、冯叔瑜：《高原冻土地区路堑爆破开挖施工的基本原则》，《中国铁道科学》2001 年第 6 期。

68. 冯叔瑜、顾毅成：《开发西部水资源与工程爆破技术》，《工程爆破》2001 年第 4 期。

69. 冯叔瑜、顾毅成：《安全：爆破工程永恒的主题——2001 年重大拆除爆破工程回顾》，《爆破》2002 年第 1 期。

70. 傅洪贤、冯叔瑜、张志毅：《冻土爆破研究的最新进展》，《铁道学报》2002年第6期。

71. 冯叔瑜、杨年华、张志毅、邓志勇、刘慧、王中黔：《秦岭硬岩特长隧道快速爆破掘进技术》，中国科学技术协会、四川省人民政府：《加入WTO和中国科技与可持续发展——挑战与机遇、责任和对策（上册）》，中国科学技术协会、四川省人民政府，2002年。

72. 冯叔瑜、汪旭光：《八、重要建议　关于在首都重要爆破工程中实施爆破安全评估和安全监理的建议》，田小平主编，2002年。

73. 戈鹤川、冯叔瑜：《青藏铁路冻土爆破技术原则与器材选型》，《中国铁路》2003年第4期。

74. 冯叔瑜、顾毅成：《路堑爆破边坡质量控制技术的发展与分析》，中国测绘学会：《全面建设小康社会：中国科技工作者的历史责任——中国科协2003年学术年会论文集（上）》，中国测绘学会，2003年。

75. 傅洪贤、冯叔瑜、张志毅：《青藏铁路冻土开挖爆破参数的研究》，《工程爆破》2004年第1期。

76. 冯叔瑜、顾毅成：《路堑爆破边坡质量控制技术的发展与分析》，《铁道建筑技术》2004年第4期。

77. 冯叔瑜、张正宇、刘美山：《爆破技术在水利水电工程中的应用和前景》，《工程爆破》2005年第4期。

78. 冯叔瑜：《创新是铁道爆破技术发展不竭的动力——兼议路堑爆破一次成型经验的推广》，中国铁道学会、铁道部建设司：《光面预裂爆破论文汇编》，中国铁道学会、铁道部建设司，2007年。

79. 冯叔瑜、顾毅成：《路堑爆破边坡质量控制技术的发展与分析》，中国铁道学会、铁道部建设司：《光面预裂爆破论文汇编》，中国铁道学会、铁道部建设司，2007年。

80. 冯叔瑜：《动车组模式开辟了一条增强自主创新能力的成功路

径》，《光明日报》2007 年第 11 期。

81. 傅洪贤、冯叔瑜、张志毅：《青藏高原冻土爆破特性的试验研究》，《岩土工程学报》2007 年第 6 期。

82. 史长根、冯叔瑜、史和生、冯健：《3Cr13Mo-42CrMo 高耐磨耐蚀爆炸焊接复合轧辊试验研究》，《爆破器材》2010 年第 5 期。

83. 冯健、冯叔瑜、史和生、谢佩诚：《爆炸焊接间隙与动态弯折角关系式的研究》，《压力容器》2010 年第 11 期。

二、著作

1. 冯叔瑜：《爆破工程》，铁道部工程总局，1956 年。

2. 冯叔瑜：《铁路路堑药包布置法》，人民铁道出版社 1958 年版。

3. 冯叔瑜：《宝成铁路总结之一：爆破工程》，人民铁道出版社 1960 年版。

4. 冯叔瑜、朱忠节、马乃耀：《大量爆破设计与施工》，人民铁道出版社 1963 年版。

5. 冯叔瑜、马乃耀、龚亚丽：《农业爆破技术》，广东科技出版社 1979 年版。

6. 冯叔瑜、马乃耀：《爆破工程》，中国铁道出版社 1980 年版。

7. 冯叔瑜、吕毅、杨杰昌、顾毅成：《城市控制爆破》，中国铁道出版社 1985 年版。

8. 冯叔瑜等：《铁路增建二线及改建既有线石方控制爆破施工技术规定》，中国铁道出版社 1988 年版。

9. 冯叔瑜等：《爆破工程（上下册）——全国爆破工程技术人员培训教材》，冶金工业出版社 1992 年版。

三、文集

1.冯叔瑜主编，边克信、霍永基、杨振声副主编：《土岩爆破文集》（第一辑），冶金工业出版社 1980 年版。

2.冯叔瑜主编，边克信、霍永基、杨振声副主编：《土岩爆破文集》（第二辑），冶金工业出版社 1985 年版。

3.冯叔瑜主编，边克信、霍永基、杨振声副主编：《工程爆破文集》（第三辑），冶金工业出版社 1987 年版。

4.郑哲敏主编，冯叔瑜副主编：《国际工程爆破技术学术会议论文集》，1991 年版。

5.霍永基主编，冯叔瑜、边克信、杨振声副主编：《工程爆破文集》（第四辑），冶金工业出版社 1993 年版。

6.霍永基主编，冯叔瑜、边克信、杨振声副主编：《工程爆破文集》（第五辑），中国地质大学出版社 1993 年版。

7.霍永基主编，冯叔瑜、杨振声、朱瑞赓、徐天瑞副主编：《工程爆破论文选编》，中国地质大学出版社 1993 年版。

（转引自中国科学院大学课题组《冯叔瑜院士学术成长资料采集工程项目研究报告》）